人工智能全球格局

未来趋势与中国位势

国务院发展研究中心国际技术经济研究所
中国电子学会　　　　　　　　　　　　　著
智慧芽

中国人民大学出版社
·北京·

审慎思考中国人工智能战略

中国工程院院士 *[签名]*

　　2016 年以来，谷歌人工智能程序 AlphaGo 在围棋人机大战中先后战胜李世石和柯洁，沉寂了 60 年的人工智能一下子成为社会关注的焦点。人工智能技术成为当今科技热点，人工智能科技公司成为风险资本追逐的对象，包括中国在内的科技大国纷纷制定人工智能发展战略，可以说人类进入了人工智能的新时代。而这一新时代的到来，离不开芯片、存储器、光纤、移动通信、超算和大数据等底层技术的突破。以过去十年的时间为基准，光纤通信容量提升了 100 倍，移动通信速率提升了 1 000 倍，超算能力提升了 1 000 倍，数据量提升了 32 倍。信息采集、传输和存储效率的提升，以及计算能力的迅猛发展，奠定了人工智能时代的基础。以此为基础，深度学习算法实现突破，则是揭开人工智能新时代序幕的转折点。2006 年，杰弗里·辛顿提出的深度置信网络，解决了深层神经网络的训练问题，一举开创人工智能发展的新局面。

　　在大数据、算力和算法三驾马车的拉动下，人工智能技术快速进步并已经在许多方面超越了人类。在语音识别上，微软的语音交互识别系统错误率低至 5.1%，百度的汉语识别系统准确率高达 97%，都优于专业速记员；在人脸识别上，中国依图科技在千万分之一误报下的识别准确率接近 99%，连续多年获得美国国家标准技术局举办的人脸识别算法测试的冠军。除此之外，人工智能可以做的事情还有很多，甚至可以颠覆科学技术的研究过程。例如，谷歌 DeepMind 利用深度学习开发 Alpha Fold 程序，能够根据基因序列预测蛋白质的 3D 结构，有望治疗包括癌症在内的众多疾病。再如，美国斯坦福大学的科学家创建了一个人工智能程序，这个人工智能程序只用几小时就完成了元素周期表的重建。

2018 年以来，人工智能发展进入快车道，很快就渗透到医疗、交通、金融、农业、工业等各个领域。就像 18 世纪的蒸汽机、19 世纪的电力和 20 世纪的信息技术一样，人工智能具有足够大的技术辐射效应，能够为全球经济发展提供新的强劲引擎。关于人工智能对经济效益的贡献，普华永道曾经做过预测，2017 年到 2030 年人工智能对经济增长的贡献将超过全部 GDP 的 55%，其中中国占全球将近一半，2030 年人工智能会带来 7 万亿美元的 GDP，占总 GDP 的 26.1%，不可谓不大。更重要的是，正如《人工智能全球格局：未来趋势与中国位势》一书所言，人工智能还会带来科学研究范式的革命，帮助人类破译生物、天文、物理等领域的奥秘，人工智能的想象空间巨大。

在很多人看来，人工智能技术似乎已经无所不能，更有一些观点认为人工智能会导致人类大批失业，甚至在不远的未来人工智能将会统治人类。社会舆论的力量，已经将人工智能推到了"近乎可怕"的高度。但事实上，人工智能发展仍然处在很初级的阶段，需要解决的问题还有很多。图灵奖得主朱迪亚·珀尔讲过，深度学习只是一种非常通用和强大的曲线拟合技术；诺贝尔经济学奖获得者托马斯·萨金特讲过，人工智能其实就是统计学，只不过用了一个华丽的辞藻。与大脑相比，人工智能还存在"算法黑箱"、数据需求量大、抗噪性差、能耗高等许多不足，离真正全面应用还很远。

毫无疑问，人工智能已经成为世界各国竞争角逐的焦点，人工智能的发展水平是国家核心竞争力的重要体现。《人工智能全球格局：未来趋势与中国位势》全面深入地描述了各国政府、科技巨头、风投机构和初创企业在人工智能领域的布局，也展现出了各机构、企业和个体对把握人工智能这一颠覆性技术、顺应智能时代潮流的决心。但就像前几次工业革命一样，人工智能的发展并不会一蹴而就，需要经过几代人的努力才会"遍地开花"。在人工智能发展的热潮中，我们必须冷静、客观、审慎地看待它，更加认真地审视中国在人工智能产业中的实力。不妨扪心自问：人工智能相比传统模型的优势到底是什么？人工智能产业的核心技术有哪些？中国企业在人工智能基础算法上的投入和产出如何？回答不好这些问题，中国人工智能产业发展之路仍将困难重重，甚至在未来有可能丧失竞争优势。

《人工智能全球格局：未来趋势与中国位势》为我们提供了客观看待人工智能、认真审视自我的机会。本书是站在热潮上的冷思考，以历史眼光和全球视野看待人工智能的过去与未来；从大国博弈与企业争雄两个层面解读各国的人工智能战略以及企业在专利、人才等方面的布局；从数据、算力、算法三方面展望人工智能技术的发展，从数据、技术、资本、智力和制度五个维度分析中国在人工智能技术与应用领域的优势及努力方向。本书用专门的章节来讨论人工智能带来的伦理挑战，介绍了一些国家和机构关于人工智能伦理问题的规制原则。本书对人工智能发展状况进行评述，重点不在技术解释，也不在应用案例，目的是给读者带来关于人工智能发展演进全程和全局的认识。本书文风简朴、通俗易懂，适合大众读者阅读，也可供从事人工智能战略研究、投资决策和项目管理的人员及领导干部参考。

习近平总书记在 2018 年 10 月 31 日中央政治局集体学习会议上指出"人工智能是新一轮科技革命和产业变革的重要驱动力量，加快发展新一代人工智能是事关我国能否抓住新一轮科技革命和产业变革机遇的战略问题"，"各级领导干部要努力学习科技前沿知识，把握人工智能发展规律和特点，加强统筹协调，加大政策支持，形成工作合力"。期望本书能帮助广大读者了解科技前沿知识、把握人工智能发展规律和趋势。

第四次工业革命的机遇和挑战

百度首席技术官　王海峰 博士

18 世纪以来人类经历的三次工业革命，分别以机械技术、电气技术和信息技术为核心驱动力。今天，以人工智能为核心驱动力量的第四次工业革命已经来临，人工智能成为新的生产力，正在深刻影响人们的生产生活方式，引领人类社会进入智能时代。

在大数据、移动互联网、物联网以及脑科学等新理论新技术驱动下，人工智能呈现出深度学习、跨界融合、人机协同、群智开放、自主操控等新特征，将对经济发展、社会进步、国际政治经济格局等产生深远影响。当前阶段，世界各国政府高度重视人工智能的发展，中国、美国、日本和欧盟各国等纷纷制定发展人工智能的国家战略规划，学术界、产业界乃至整个社会都对人工智能非常关注和投入，人工智能被认为是科技创新的下一个"巨型风口"。在这样关键的变革时期，我们需要正确认识人工智能，审慎客观地思考人工智能技术和产业，切实促进人工智能与社会经济发展深度融合，发挥其作用和价值。

一是要把握人工智能发展规律，推动产业健康发展。经过60多年的发展，人工智能经历了早期的人工规则、后期的机器学习和目前的深度学习三个典型阶段。在不同阶段，算力、算法和数据存在数量级的性能（规模）差距，因此各阶段人工智能的技术原理不尽相同，商业逻辑、产品形态也有很大差异。在新一轮浪潮中，尽管人工智能技术已广泛应用于互联网、金融、教育、交通和医疗等众多领域，但人工智能发展仍处于初级阶段，技术存在一定的边界，并非万能的。只有深刻理解人工智能的内涵与外延，把握人工智能发展规律，才能推动产业健康发展，促进人工智能与实体经济进一步融合。

二是要建设人工智能生态体系，提高自主可控能力。作为颠覆性、战略性的前沿科技，人工智能的发展会对未来国家之间的竞争格局产生决定性影响。而人工智能产业的竞争力，归根结底在于人工智能生态体系的竞争力，包括基础算法、人工智能芯片、学习框架、数据、应用、人才等层面。实践证明，缺乏生态体系的技术，终究会被历史淘汰，也难以实现自主可控，难以承担国家安全的重任。面对新一轮人工智能热潮，我们需要冷静思考，不盲目、不跟风，在全面创新发展的同时，加强前沿基础理论研究，积极推进人工智能生态体系建设。

三是要重视人工智能伦理问题，及早识别重大风险。伦理可谓"标准的标准"，其对人工智能产业的健康有序发展有着重要的指导意义。当前，人工智能应用加速落地，在一些领域已开始帮助人甚至代替人进行决策，如产品检验、汽车驾驶、疾病诊断、城市管理等。但同时，人工智能引发的伦理道德、隐私保护、社会治理等问题也开始显现。目前，人工智能的发展还存在很多不确定性，法律规制因为有着一定的滞后效应，无法对人工智能进行有效监管。对此，中国应加快人工智能伦理研究步伐，积极参与全球人工智能伦理原则的研究和制定，及早识别人工智能治理的重大风险，让人工智能更好地造福大众。

《人工智能全球格局：未来趋势与中国位势》一书深入浅出，能够以一种理性、客观的态度分析新一轮人工智能热潮带来的机遇和挑战，其中许多观点和阐述都很精彩。首先，本书从源头出发，思考了当前人工智能技术的本质，回顾了人工智能的发展历史，也对其未来做了展望。其次，书中介绍并解读了大国关于人工智能的战略和企业人工智能生态，包括科技巨头在技术、专利和人才等方面的布局，同时梳理了在某项技术或应用场景上深耕的独角兽企业，以及资本市场的投资走向。再次，本书从数据、算法和算力的角度深入分析了人工智能技术的现状和发展趋势，同时从数据、技术、资本、制度等层面阐释了中国发展人工智能的特点和优势。最后，本书也对人工智能伦理做了专门分析，揭示我们面临的机遇与挑战。《人工智能全球格局：未来趋势与中国位势》一书论述全面，文字通俗易懂，可以让读者对人工智能的发展历程和未来趋势有全局了解，兼具科普和参考价值。

　　习近平同志指出"人工智能是引领这一轮科技革命和产业变革的战略性技术，具有溢出带动性很强的'头雁'效应"。人工智能的发展和突破需要各界齐心协力、共同推动。希望大家在了解人工智能的基础上，积极投身到以人工智能为核心驱动力的科技革命和产业变革中来。

人工智能的中国位势和未来趋势

国务院发展研究中心国际技术经济研究所所长　郭玖晖

数年前还少有人问津的人工智能在 2016 年的人机围棋大战中一举闻名。究其原因，一方面，得益于算力（芯片）、算法和数据的突破，人工神经网络能够以前所未有的规模有效运行，曾经天文数字般的计算量已不再是阻碍；另一方面，AlphaGo 在人机围棋大战中的胜利，赋予了人们对人工智能技术无限的遐想，自动驾驶、实时精准翻译、全能机器人等科幻片中才存在的技术似乎就在眼前。

一石激起千层浪。2016 年，美国白宫发布《为人工智能的未来做好准备》等报告后，人工智能技术彻底得到了各国政府、资本界、产业界和学术界的高度重视。科技强国纷纷发布自己的人工智能战略，科技巨头纷纷向人工智能方向转型，人工智能相关的创业公司大量涌现，社会投资快速翻倍。"人工智能＋"的概念广为大众接受，人工智能技术在农业、金融、法律、交通、工业等领域的落地应用席卷而来，小到桌子上摆放的智能音箱，大到智能化工厂中的生产线，人工智能技术已经渗透到社会生产生活的各个环节。与此同时，算法歧视、数据滥用、智能杀人武器和人工智能伪造视频等问题相继曝光，人们开始空前关注人工智能带来的伦理、安全等一系列问题。一时间，全球社会掀起了一波研究、应用与讨论人工智能技术的热潮。

当前，改革开放已逾四十年，中国经济步入"新常态"，亟须实现经济转型和产业升级。人工智能技术的"再次兴起"，恰逢其时地为中国经济向创新型经济转变提供了重要驱动力。我们期待的是，人工智能技术能够加速科学技术创新的步伐，能够切实有效地提高社会生产效率，能够帮助中国在一些核心产业上"弯道超车"。令人振奋的是，中国在人工智能发展上有着得天独厚的优势。在人工智能论文发表和专利申请数量上，中国已经位于第一梯队；在数据的规模与利用上，中国也有着其他国家无可比拟的优势。

然而，盲目乐观并不会帮助中国人工智能产业获得竞争力。我们需要看到的是，在人工智能基础算法研究上，中国仍与美国、加拿大和英国存在明显差距；在产业链分布上，中国更加集中于应用落地端，在基础算法、芯片等产业环节的占比较低。这些因素都是中国人工智能产业发展中的风险点。在日新月异的技术迭代过程中，稍有不慎，过往的优势很可能会转眼化为乌有。另外，我们需要思考的是，"人工智能＋"时代的核心竞争力到底是"人工智能"还是"＋"（plus）？欧美日韩等科技强国积累的产业优势，或许可以在"人工智能＋"时代得到进一步积累。"弯道超车"又谈何容易？因此，有必要从当前中国位势和未来发展趋势层面，对人工智能进行全面系统的解读。

在研究科技政策的过程中，国际技术经济研究所常常有如下体会：一是针对颠覆性技术的不合理解读，可能会导致科技资源的低效配置甚至是政府部门的错误决策；二是颠覆性技术引发的伦理问题、社会治理问题得不到有效重视，从长期看会酝酿巨大的社会矛盾；三是对自身的优势和劣势认识不足，可能会导致人才与资金的不合理投入甚至浪费，削弱科技竞争力。投射到人工智能技术上，我们关心的问题包括：人工智能技术究竟发展到什么阶段，与人类智能相比有什么具体特征？人工智能当前能胜任哪些工作？未来人工智能技术会如何发展，将会带来哪些社会治理问题？政府应该在人工智能产业发展中扮演什么角色？等等。

为回答上述问题，本书从四部分展开，以探讨中国人工智能的未来。

第一部分（第一至三章）：主要包括当前人工智能技术的本质、六十年来人工智能的发展路线图，以及人工智能未来的进化方向。

第二部分（第四至七章）：主要包括世界各国人工智能科技政策特点、科技企业的人工智能商业路线、人工智能的专利分布情况，以及人工智能人才在全球流动的情况。

第三部分（第八、九章）：主要包括人工智能技术未来可能的突破路径，以及人工智能引发的伦理问题及治理方法。

第四部分（第十、十一章）：主要包括人工智能时代的中国之路，以及专家视角下的人工智能科技政策路线。

希望本书可以为读者提供一个更加全面的视角，重新理解人工智能技术及其带来的变革，把握人工智能的未来发展趋势，更理性地推进人工智能发展。

目　录

第十章

人工智能时代的中国之路

第十一章

专家视角：　人工智能时代的机遇与挑战

第一章

重新理解人工智能

一切思维不过是计算（加加减减）。

——托马斯·霍布斯

新一轮人工智能热潮的兴起

"人工智能"（artificial intelligence，AI）这一概念，公认为是在1956年达特茅斯会议上被首次提出的。在60多年的发展历程中，人工智能的研究几经沉浮，数次因新技术的提出而获得空前关注，又数次因为商业化的不顺利遭遇鄙弃。在积累了大量的新技术后，近年来人工智能又以风卷残云之势汹涌而至，展现出了巨大的商业、社会价值，引发了各国政府、学术界、产业界的极大热忱。

◎ AlphaGo 引发的全球人工智能热潮

据荷兰数学家约翰·特罗普（John Tromp）计算，十九路围棋的全部合法局面数约为 2×10^{170} ，远远超过英国天文学家亚瑟·艾丁顿（Arthur Eddington）估算的宇宙中质子总数 1.57×10^{79} 。曾经有观点认为，围棋具有高度的复杂性和深厚的文化秉性，因此在这一领域"机器智能"几乎不可能战胜人类。

2016年3月，DeepMind公司基于深度学习技术的AlphaGo程序，以4∶1的成绩战胜韩国围棋职业九段棋手李世石。2017年10月，DeepMind更是推出了基于强化学习技术的AlphaGo Zero程序，它能够在无师自通的情况下实现自我博弈，最终以100∶0的成绩战胜了前任AlphaGo。

DeepMind公司AlphaGo程序的横空出世，给了人们当头一棒："机器智能"战胜人类的时刻终于到来，而且来得竟如此之快！一时间，"人工智能"一词在媒体和网络上风头无两。2016年，媒体热炒、资本热捧、国家战略陆续跟进，人工智能在短时间内就引发了全球各界人士的广泛关注。创业者希望缔造下一个商业神话，投资者希望发掘下一个独角兽企业，会计、律师、医生等从业者希望知道"何时被取代"，政界人士希望知道如何把握人工智能发展浪潮。2016年也被媒体称为"人工智能发展元年"。

AlphaGo 之所以能够引发世人的广泛关注，在于它有效地结合了科研和工程两方面的工作。DeepMind 公司采用的卷积神经网络（CNN）、参差网络（ResNet）、蒙特卡洛搜索树（MCTS）等算法或技术，都不是独创或是近期才发明的。但DeepMind 能够有效整合不同技术方案，成功利用人工智能技术解决现实难题，确实是一次壮举。AlphaGo 的出现，让世人认识到人工智能商业化的巨大潜力，因此在短时间内就引发了全球人工智能热潮。

◎ 全球人工智能关注度变化趋势

新一轮人工智能热潮体现在公众对技术的关注度上。从全球范围内看，"大数据"（big data）一词于 2010 年首次进入大众视野，其关注在 2011 年至 2014 年获得快速增长，并在此后长期保持稳定。相比之下，对"机器学习"（machine learning）、"人工智能"（artificial intelligence）和"深度学习"（deep learning）的关注度从 2013 年开始逐渐上升。随着 2016 年

AlphaGo 战胜人类围棋名手李世石后，与人工智能相关的词汇的关注度开始陡然上升。其中，"机器学习"已经取代"大数据"成为网络上最受关注的技术关键词，"人工智能"和"深度学习"等词汇的关注度均有相同程度的增长（见图 1-1）。

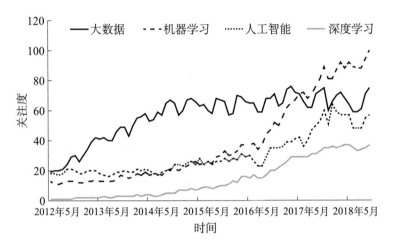

图 1-1　全球人工智能技术关注度（2012 年 5 月至 2018 年 5 月）

资料来源：谷歌趋势。

值得注意的是，世界各国对人工智能相关词汇的关注度有显著差异。在 2017 年 10 月至 2018 年 10 月期间，东亚三国（中国、日本和韩国）对"深度学习"的关注度最高，美国、英国、德国、加拿大、印度对"机器学习"的关注度最高，法国、俄罗斯、巴西、墨西哥对"大数据"的关注度最高（见图 1-2）。这一趋势反映出世界不同地域对待人工智能技术的态度，其背后的逻辑引人深思。

"深度学习"无疑代表着人工智能技术的发展前沿，可见东亚国家对前沿技术的接受程度似乎最高。这与中日韩数字经济的高速发展密不可分，同时也显示出东亚国家对把握新一轮科技革命的渴望。机器学习是当前人工智能浪潮的根技术，北美、西北欧、印度对人工智能的重视程度同样很高，但关注的技术领域范围似乎更广。大数据是人工智能发展的底层技术，法国、俄罗斯、巴西、墨西哥对人工智能的关注度略逊一筹，这与这几个国家的数字经济发展水平基本一致。

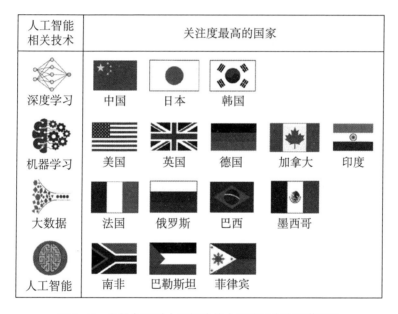

图 1-2　世界各国对人工智能技术关注度存在显著差异
（2017 年 10 月至 2018 年 10 月）

资料来源：谷歌趋势。

◎ 全球人工智能投融资爆发

新一轮人工智能热潮体现在初创企业数量和资本投入密度

上。随着人工智能热度的不断上升，全球人工智能初创企业正如雨后春笋一般涌现。据 CB Insights 统计，2011 年全球人工智能初创公司仅有 70 家，而这一数字在短短五年间就翻了 5 倍，到 2015 年已经超过了 400 家。另据清华大学中国科技政策研究中心统计，中国人工智能企业数量从 2012 年开始迅速增长，截至 2018 年 6 月，中国人工智能企业数量已达到 1 011 家，但与美国 2 028 家的数量还存在明显的差距①。

在人工智能技术不断取得突破的背景下，各国政府、社会资本、产业界均对人工智能产生强烈兴趣，纷纷投入大量财力加强人工智能研发，争夺科技发展的制高点。2013 年以来，全球人工智能行业投融资规模就开始呈现不断上涨的趋势。2017 年成为人工智能爆发的一年，Facebook、谷歌、微软、百度、阿里巴巴和腾讯等科技巨头纷纷发布自己的人工智能战略，全球人工智能投融资总规模约 400 亿美元，融资 1 000 余笔。其中，中国人工智能企业融资总额占全球融资总额 70％，融资笔数占比达 31％（见图 1-3）。

无论从企业数量上还是从投融资规模上看，美国和中国无疑都是人工智能领域的重量级玩家。两国的科技巨头通过重新制定战略、大规模收购和并购等手段，已经在全球人工智能产业领域获得了极高的话语权。但从人均人工智能初创企业数量和人均投融资水平上看，英国、法国、德国和以色列等国家完

---

① 清华大学中国科技政策研究中心．中国人工智能发展报告 2018，2018.

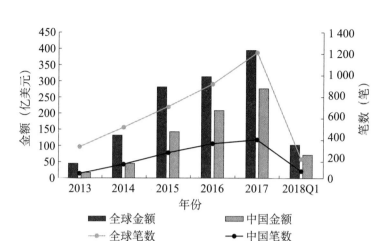

图1-3 全球/中国人工智能投融资变化趋势
资料来源：清华大学中国科技政策研究中心。

全不落下风。

其中，英国拥有世界最优秀的高等教育体系，已经孕育出了 DeepMind 一众技术实力雄厚的初创企业。英国是人工智能鼻祖阿兰·图灵的诞生地，其人工智能的未来发展潜力不可估量。法国的数学研究水平傲视全球，航空航天、汽车工业、高端制造业的实力不容小觑，其发展人工智能的底蕴深厚。德国拥有马克斯·普朗克学会和弗劳恩霍夫协会等著名科研机构，在工业 4.0、智能制造、汽车等领域的技术积累深，未来德国或可通过上述领域优势谱写人工智能发展的新篇章。以色列在网络安全、国防军事等领域的优势明显，其第二大城市特拉维夫是世界的"创业圣地"，已经孕育出数量众多的初创企业和独角兽企业，以色列亦将成为全球人工智能发展的重要一极。

目前，中美两国在人工智能领域的发展受到全球关注，围绕哪国将成为人工智能领导者的争论频频出现。比如，微软创始人比尔·盖茨认为美国具有先发优势，并且掌握了绝大部分核心技术，中国在人工智能领域不可能超越美国。李开复则认为，中国拥有大量数据，且拥有大量优秀的工程师，将很可能在未来数年超越美国。毫无疑问，中美两国成为全球人工智能发展的"核心焦点"。但是，人工智能领域的竞争并不局限于语音识别、视频识别、智慧医疗及芯片等领域，"人工智能＋"所涉及的领域远广于此。英国、法国、德国和日本等国在工业 3.0 时代积累起来的优势，在人工智能时代或许会延续下去，人工智能的竞赛才刚刚开始。

◎ 世界各国积极制定人工智能战略

全球人工智能热潮体现在各国竞相发布的顶层战略上。当前，人工智能已上升到国家层面的激烈博弈，越来越多的国家争相制定发展战略与规划，世界主要国家进入了全面推进人工智能发展的全新战略时代，人工智能竞争趋向白热化。

自 2013 年起，世界主要国家开始对人工智能进行系统性布局，如法国政府发布了《法国机器人发展计划》（"France robots initiatives"）。但在初期阶段（2013—2016 年），各国对人工智能的重视度普遍不足，与人工智能技术相关的政策主要集中于机器人、脑科学及其他高新技术领域。

2016 年，谷歌人工智能程序 AlphaGo 战胜韩国围棋名手李世石后，世界各国政府纷纷认识到人工智能技术真正的潜力。在这一年，诸多国家开始讨论人工智能可能给社会、经济带来的颠覆性影响，人工智能一词频频现于各类政府报告中。其中最典型的，就是奥巴马政府发布的《为人工智能的未来做准备》（"Preparing for the future of artificial intelligence"）、《国家人工智能研究与发展战略计划》（"National artificial intelligence research and development strategic plan"）和《人工智能、自动化与经济》（"Artificial intelligence，automation，and the economy"）报告。

受美国政府关注、媒体宣传和资本追捧的影响，世界各国政府纷纷调研人工智能给工业生产、经济活动、社会生活等方面带来的影响，相继发布了符合自身国情的人工智能战略。2017 年和 2018 年，与人工智能相关的国家级战略密集出台，社会关于人工智能的大讨论激烈展开，各国政府关于人工智能发展的思路也逐渐清晰。根据资源禀赋的差异，各国制定了符合自身国情的人工智能战略（详细内容见第四章）。

热潮下的冷思考：当前人工智能技术的本质

在沉寂了数十年以后，人工智能借 AlphaGo 事件重新回到大众视野，并成为媒体吸引关注、业界吸引投资的"风口"。如前面所言，AlphaGo 事件引发的全球广泛关注、密集的投融资、各国政府纷纷公布的顶层战略，这些无一不反映出人工智能的热度。在一些宣传口径中，人工智能似乎已经"无所不能"，人类社会被人工智能终结的日子马上就要到来。

毋庸置疑，人工智能已经成为最前沿的科技领域，将给经济发展、社会形态的方方面面带来颠覆性的影响。但过度、不切实际的宣传只会带来泡沫，只会导致科技政策与现实脱轨。目前，人工智能研究到底处于什么阶段？AlphaGo除了下围棋外，还能帮助我们处理什么难题？抛开那些不切实际的宣传，只有清晰地了解人工智能到底是什么，以及当前人工智能技术的本质，我们才能真正有效地利用人工智能这一利器，同时避免其带来的社会冲击。

◎ 人工智能与自然智能的区别

从本质上看，人工智能是指由人工创造的智能，与其对应的是生物进化所形成的"自然智能"（natural intelligence），特别是具有最高智慧的"人类智能"（human intelligence）。只看相同之处，无论是人工智能还是自然智能，一个智能体都需要具备感知环境的能力，将感知的信息进行处理、分析、决策的能力，以及实现既定任务的能力。

在智能的发生过程中，人工智能与自然智能在不同环节上有一些相似之处。在感知环节，自然智能依靠皮肤、眼睛、耳朵等器官获取温度、视觉、听觉等信息，人工智能则依靠摄像头、扫描仪等传感器获取外部信息。在行为环节，自然智能依靠肌肉、腺体等完成既定任务，人工智能则依靠机器手、显示器等完成既定任务。

人工智能与自然智能在智能的形成过程中，最大的不同之处在记忆、分析推理、决策这三个环节①。自然智能依靠的是大脑的生物神经系统，而当前的人工智能技术依靠的是 GPU、TPU、ASIC 等信息处理单元，云计算、雾计算以及卷积神经网络等算法。表面上看，两者实现的功能是相似的；实际上，两者产生智能的机理完全不同（见图 1-4）。

首先，人工智能与自然智能的物理载体有本质区别。人工智能的物理载体采用的是冯·诺依曼架构的 CPU、GPU、FP-GA 和 ASIC 等高性能处理器，以及高性能存储器等。这些物理器件都是基于经典图灵机模型创造的，因而从诞生时就局限于图灵机的理论边界之内。而自然智能的物理载体是由非线性动力学驱动的生物神经系统，其中的存储单元和计算单元在结构和功能上是一体的。

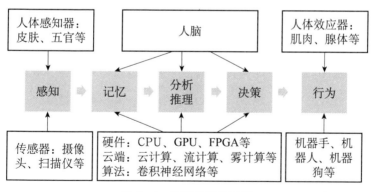

图 1-4 智能的发生过程

资料来源：中国发展研究基金会。

---

① 中国发展研究基金会. 投资人力资本，拥抱人工智能：中国未来就业的挑战与应对，2018.

其次，人工智能和自然智能的运算方式有本质区别。当前，常用的人工智能算法有数十种之多。每种算法都擅长解决某一类任务，但在不同任务之间的迁移能力却很弱。虽然人类大脑的运行机制尚未破译，但自然智能的小样本学习能力、不同任务间的迁移能力却是现阶段人工智能所望尘莫及的。

在仅有 20 瓦特左右功率的条件下，人类大脑可以在极短的时间内对通过视觉、听觉、嗅觉或触觉获取的信息迅速做出决策，并对未来做出预判。试想一下，当别人口里说出"榴莲"一词时，我们的大脑会瞬间联想到它粗糙的外壳、难以言表的气味和特殊的口感，甚至会很快做出购买榴莲酥的决定。此过程涉及的语音识别、语义处理、图像识别等任务，现阶段人工智能需要用不同的算法进行处理，且不同算法的运行过程无法有效结合。显而易见，现阶段人工智能的运算机制与自然智能完全不同。

目前，人工智能研究领域主要包括自然语言处理、语音识别、计算机视觉、规划与推理等。按图 1-5 粗略的划分，人工智能的各研究领域可以与人类智能中的各种能力一一对应起来。尽管人工智能的运算机制与人类大脑有本质不同，但其在任务目标上却与人类无限逼近。

总结来看，现阶段人工智能是对人类各类行为的模仿，主要利用深度学习等算法对结构化的海量数据进行统计学习，其内在机制与真正的智能没有关系。由此，我们可以引申出现阶段人工智能的重要特征：

● 人工智能以人类智能为基准，主要目的是实现自主学习、知识运用、处理新问题等人类具备的基本能力。

● 人工智能是人类智能的延伸，同样具有一定的感知、记忆、分析、决策和行为能力。

● 人工智能的实现需要借鉴人类智能，但模仿人类智能并非实现人工智能的唯一方式。

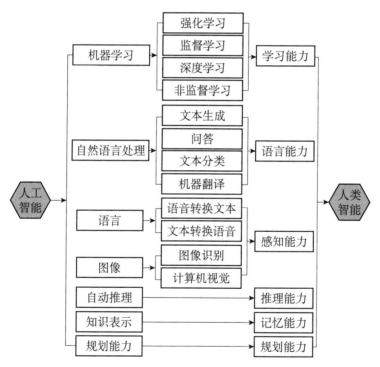

图 1-5　人工智能研究领域与人类智能的关系

◎ **深度学习是当前人工智能热潮的技术基础**

一般而言，新技术在成熟应用前需要经历 5 个阶段：技术促动期、过高期望的峰值、泡沫化的低谷期、稳步爬坡期、实质生产的高峰期（传统 Gartner 技术循环曲线）。但人工智能在60 多年的发展过程中，却经历了三次大起大落（boom-and-bust），其表现与传统 Gartner 技术循环曲线有着显著区别（见图 1 - 6）。

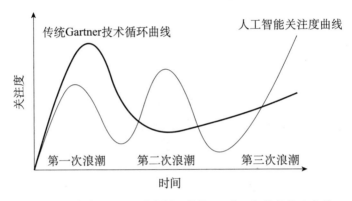

图 1 - 6　传统 Gartner 技术循环曲线 VS 人工智能关注度曲线

究其原因，主要是在三次人工智能浪潮中，人工智能的核心思想和底层技术有着本质上的区别，导致其应用场景范围、商业表现力存在显著差异。

第一次浪潮时间段约为 1956—1974 年，其核心是符号主义（逻辑主义），当时最大的成果是逻辑推理、启发式搜索。例如，1956 年，卡内基梅隆大学的 LT 程序证明了《数学原理》第二章的 38 条定理；1963 年，经过改进的 LT 程序证明了《数学原理》第二章的 52 条定理，该程序随后被改进成 GPS。第一次浪潮中产生的方法可以说是基于知识驱动或模型驱动的，主要建立在基于"if-then"结构的人工设定的形式逻辑基础上①。这一阶段的成果几乎无法解决实用问题，计算能力也严重不足，导致人们对人工智能的未来产生失望，社会资本开始退出，政府资助不断下降，最终引发第一轮人工智能寒冬到来。

第二次浪潮时间段约为 1974—2006 年，这一时期符号主义与连接主义同步发展。在这一次浪潮中，专家系统和知识工程开始进入商用阶段，人工智能神经元网络方法亦开始盛行。1974 年，保罗·韦伯斯（Paul Werbos）提出了反向传播算法（back propagation algorithm，BP 算法），使得多层人工智能神经元网络的学习成为可能。1982 年，约翰·霍普菲尔德（John Hopfield）提出可用作联想存储器的互联网络——Hopfield 网络。80 年代，新一波人工智能热潮开始兴起，成果集中在语音识别、语音翻译等领域，包括日本提出的第五代计算机等。尽管当时有商业应用的实例，但应用范畴却很有限。人工智能热潮在 90 年代开始逐渐消退。

第三次浪潮从 2006 年开始至今，其核心是深度学习的突破。2006 年，杰弗里·辛顿（Geoffrey Hinton）、杨立昆（Yann LeCun）和尤舒亚·本吉奥（Yoshua Bengio）发表了多篇关于"深度神经网络"的文章。在不断发展的计算能力和大数据技术的加持下，人们发现深度学习技术可以解决前两次人工智能浪潮中解决不了的问题。2015 年 12 月，微软亚洲研究院

---

①　黄璜. 人工智能之辨：计算本质、目标分类与议题划分. 电子政务，2018（3）.

在 ImageNet 计算机识别挑战赛中凭借深度神经网络技术的突破，获得图像分类、图像定位以及图像检测全部三个主要项目的冠军。2016 年 3 月，谷歌 DeepMind 开发的人工智能程序 AlphaGo 以 4∶1 的战绩击败韩国围棋职业九段选手李世石，被认为是人工智能发展的重要里程碑。

如前所述，第三次人工智能浪潮取得了前所未有的成功。人工智能应用已经无处不在，如 iPhone 手机中的人脸识别、讯飞语音识别、AlphaGo 围棋程序、自动驾驶汽车等。而深度学习无疑是这一次人工智能浪潮的技术基础。

理论上，深度学习是机器学习的一个研究分支，借鉴的是概率统计（建模、学习）的方法。机器学习是通过计算模型和算法从数据中学习规律的一门学问，在各种需要从复杂数据中挖掘规律的领域有很多应用，已成为当今广义的人工智能领域最核心的技术之一。近年来，随着算法的进步、算力的发展（GPU、FPGA、ASIC）和数据的指数级增长，多种深度神经网络在大量机器学习问题上取得了令人瞩目的成果，深度学习掀起了机器学习理论、方法和应用研究的一个新高潮。

作为一种深层的机器学习模型，深度学习的理论基础是人工神经网络。如图 1 - 7 所示，深度学习的发展最早可追溯至 1943 年心理学家沃伦·麦卡洛克（Warren McCulloch）和数学家沃尔特·皮茨（Walter Pitts）提出的神经元数学模型。此后，深度学习的发展经历了多个重要节点。1958 年，弗兰克·罗森布拉特（Frank Rosenblatt）提出感知机模型；1974 年，保罗·

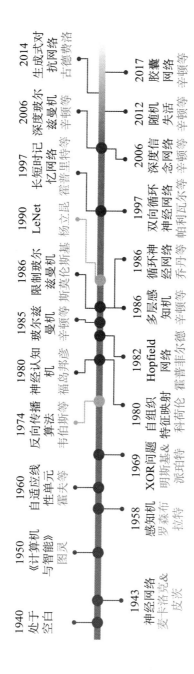

图1-7 深度学习技术发展历程

资料来源：Favio Vazquez.A weird introduction to deep learning.[2019-01-01].http://towardsdatascience.com/a-weird-introduction-to-deep-learning-78288036360.

韦伯斯采用反向传播算法来训练一般的人工神经网络；1982 年，约翰·霍普菲尔德提出 Hopfield 网络，这是最早的递归神经网络（RNN）；1990 年，杨立昆提出了深度学习常用模型之一——卷积神经网络（CNN）；2006 年，杰弗里·辛顿正式提出了深度学习的概念。

深度学习与相关机器学习技术的进步，使得计算机不再需要明确的编程，而是通过"吸收和分析"海量的数据来完成自我训练，并可对未知的数据做出预测。自 2006 年诞生以来，深度学习持续受到学术界、产业界的广泛关注。从 2011 年开始，谷歌研究院和微软研究院的研究人员先后将深度学习应用到语音识别上，使识别错误率下降了 20%～30%。2012 年，杰弗里·辛顿团队在图片分类比赛 ImageNet 中，使用深度学习打败了谷歌团队，并将图片识别错误率降低了 14%。

此后，深度学习在图像、语音、自然语言处理等领域获得了极为广泛的应用，奠定了新一轮人工智能发展的基础。在商业和媒体的宣传推动下，近几年来深度学习备受关注，与 20 世纪 80 年代的专家系统、日本第五代计算机开发几乎类似，被学术界和产业界视为实现人工智能长期愿景的主要途径。

◎ 人工智能研究处于什么阶段？

在达特茅斯会议 10 年后，人工智能因其技术进展与当初描绘的愿景相差甚远，受到了产业、学术、政府各界的广泛批评，人工智能研究经历了第一轮寒冬。在这段人工智能寒冬期中，不少哲学家开始对人工智能的长期愿景进行深入思考。20 世纪 70 年代，美国哲学家约翰·塞尔（John Searle）所提出的"强人工智能"（strong AI）和"弱人工智能"（weak AI）对后世有较大影响。在此基础上，牛津大学哲学家尼克·波斯特洛姆（Nick Bostrom）还提出了"超人工智能"（super AI）的概念。

弱人工智能：模拟人或动物解决各种智能问题的技术，包括问题求解、逻辑推理与定理证明、自然语言理解、专家系统、机器学习、人工神经网络、机器人学、模式识别和机器视觉等。一般而言，弱人工智能是只擅长处理某一单方面任务的人工智能，也可称为"专用人工智能"。

强人工智能：具有自我意识以及自主学习、自主决策能力的人工智能，是人工智能发展的终极目标。强人工智能在各方面都能与人类智能比肩，人类能从事的脑力活动它都能从事，也可称为"通用人工智能"。目前，有关强人工智能的研究大多集中于伦理道德层面，霍金、比尔·盖茨、马斯克等人都曾表示对人工智能具有自我意识的忧虑。

超人工智能：在几乎所有领域都比最聪明的人类大脑聪明很多，包括科学创新、通识和社交技能。波斯特洛姆认为超人工智能在几乎所有领域远远超过人类，具备远超过强人工智能的强大能力，从而会给世界带来存在性风险：智慧生命灭亡或永久失去未来发展潜能。

在一些舆论中，人工智能超越人类智能的奇点（singularity）似乎马上就要来临，强人工智能的实现似乎就在眼前（见

图1-8）。但实际上，人工智能的发展还处在弱人工智能阶段的初期。尽管在目前，以深度学习为基础的弱人工智能技术在自然语言处理、机器翻译、图像识别、语音识别等方面取得了巨大成功。然而，深度学习存在难以解释（黑箱）、透明度低、需要大量数据和计算资源、易受对抗样本影响等一系列问题，无法在军事、医疗等关键领域真正替代人类决策。

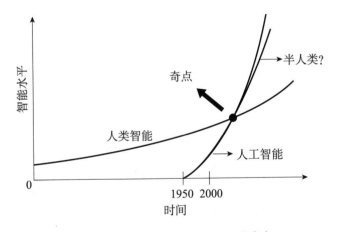

图1-8 人工智能超越人类智能的奇点

资料来源：Holly Olivia. Technological singularity：from fiction to reality. ［2019－01－01］. http：//innovationforevolution. wordpress. com/2014/10/29/ technological-singularity-from-fidoon-to-reality/.

在2017年神经信息处理系统大会上，谷歌工程师阿里·拉希米（Ali Rahimi）在获奖发言中称：“深度学习成为今天的炼金术。”暂不论该观点的合理性，深度学习研究中理论的匮乏已经得到了相当广泛的认可。深度学习的理论基础是人工神经网络，而人工神经网络的理论研究早在机器学习的浪潮出现前就开始了。然而直到今天，神经网络的相关理论还较为原始，解释力不足、资源消耗过大等问题依然困扰着这一领域。

在过去 60 年的发展历史中，人工智能的研究领域不断扩大，并且与计算机科学、数学、物理学、生物学、逻辑学等学科紧密相连。目前，人工智能的研究范围包括机器学习、自然语言处理、语言处理、图像处理、智能搜索、知识表示、知识推理与规划等诸多领域。我们可以将其归纳为 6 个大类：

（1）计算机视觉（图像分析、视频分析等）；

（2）自然语言处理（语音识别、语义分析等）；

（3）机器学习（监督学习、半监督学习、强化学习、深度学习等）；

（4）博弈与伦理（多代理人交互、对抗与合作等）；

（5）机器人学（人机接口系统、运动规划、任务规划等）；

（6）认知和推理（包含各种社会常识、物理常识等）。

但遗憾的是，自 20 世纪 80 年代以来，人工智能的研究被划分为以上几大学科，相互独立发展。这种领域的分化，直接造成了人工智能研究思路"混乱"的局面。目前，学术界和业界基本抛弃了以逻辑推理和启发式搜索为主的研究方法，深度学习这一机器学习的分支成为人工智能领域的热门方向。这一现状，削弱了各研究领域的交叉性，不利于人工智能基础理论的进一步发展。

总体来看，当前的人工智能仍然处于专用人工智能阶段，仍然处于弱人工智能的初级阶段。目前有关人工智能的研究多集中于深度学习领域，但深度学习的理论基础仍然薄弱，技术瓶颈或许会导致人工智能的应用受到限制。一方面，我们应该肯定当前人工智能技术带来的颠覆性；但另一方面，我们也应该对人工智能的发展阶段了然于胸，如此才能更合理地指导人工智能发展。

第三次人工智能浪潮的颠覆性和局限性

进入 21 世纪以来，全球依次经历了信息化时代、大数据时代，目前正过渡到智能化时代。以深度学习为代表的人工智能技术，正加速与交通、医疗、教育、安防、农业等传统行业融合，给人类生产生活的各方面带来变革。作为一种颠覆性技术，人工智能的广泛应用将对现有社会体系产生深刻的影响：一方面，人工智能将推动生产力迅速提升，为人类探索未知世界提供无限可能；另一方面，人工智能的广泛应用也会带来网络信息安全、法律与伦理道德等诸多方面的问题。

但从发展阶段上看，现有的人工智能技术离实现通用人工智能、强人工智能还有很大差距。深度学习等人工智能技术本身存在一定的局限性，尚待进一步的发展和突破。如果人工智能技术不能与时俱进，其与各行业的深度融合就会受阻，进而会影响到其技术落地与商业化的潜力，导致其颠覆性价值不能得到体现。

◎ 人工智能技术带来的颠覆

在算法、算力、数据这三驾马车的拉动下，人工智能以超乎想象的速度进步，不断颠覆着社会生产生活的各方面。面向特定领域的人工智能由于应用背景需求明确、领域知识积累深厚、建模计算简单可行，因此形成了人工智能领域的单点突破，在局部智能水平的单项测试中可以超越人类智能。如在图像识别领域，深度神经网络的统计学习模型持续创新，ImageNet 图像识别的错误率已由 2010 年的 28％降低至 2017 年的 2％左右，明显超出了人类的平均水平（见图 1-9）。

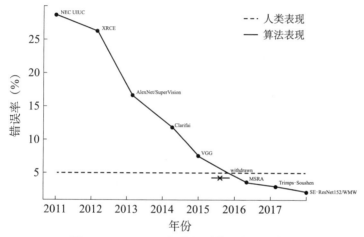

图 1-9　ImageNet 图像识别错误率历年变化

资料来源：Electronic Frontier Foundation. Measuring the progress of AI research.［2018-12-17］.

在资本的追逐下，人工智能企业不断兴起，逐渐渗透进人们生产生活的各个方面。Bloomberg Beta 风险投资人什芬·兹利斯（Shivon Zilis）对从事机器学习的企业进行了梳理，将人工智能企业分为以下几类：第一类专注于核心技术（core technologies），涉及领域包括人工智能、深度学习、机器学习、图像识别、语音识别、自然语言处理等；第二类专注于企业经营

（rethinking enterprise），涉及领域包括销售、安全、欺诈检测、招聘、市场、智能工具等；第三类专注于产业界（rethinking industries），涉及领域包括广告、农业、教育、金融、法律、制造业、制药业、油气业、自动驾驶、医疗等；第四类专注于人类拓展（rethinking humans），涉及领域包括增强现实、姿态计算、情绪识别、机器人等；第五类专注于支持性技术（supporting technologies），涉及领域包括硬件、数据收集、数据处理等（见图1-10）。

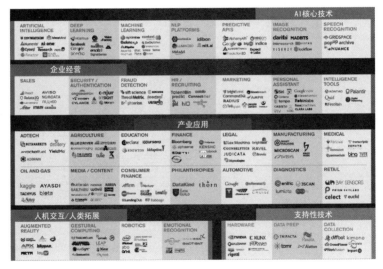

图1-10　机器学习产业图谱

资料来源：Shivon Zilis. The current state of machine intelligence，2014. 2018年该图谱已更新至3.0版本，参见 http：//www. shivonzilis. com/。

毫无疑问，人工智能已经渗透至社会各行业、各领域，智能翻译、智能选股、自动驾驶、智能搜索、定理证明、指纹识别、人脸识别、语音识别等相关应用已经无处不在。人工智能的价值在市场上已经体现得更为淋漓尽致。Gartner公司发布的数据显示，人工智能行业的总价值将在 2018 年达到 1.2 万亿美元，比 2017 年增长 70%，而到 2022 年时人工智能的商业价值将达到 3.9 万亿美元。

人工智能的颠覆性影响，正在于其多学科融合、高度复杂的特性会引发科学技术产生链式突破，带动各领域的创新能力快速跃升。随着计算成本的降低、机器学习算法的进步和大数据技术的发展，人工智能的颠覆性潜力将会迅速提升。未来，所有的企业或许都可以被称为人工智能公司，因为当人工智能时代来临时，所有的事情、所有的业务都可以进行数据化、连接和运算，并且随之产生的智慧也可放置于云端，为人所用。

但与此同时，当前的人工智能技术具有高度的不确定性。新一代人工智能为人们生产、生活带来便利的同时，也对国家安全、社会治理、伦理道德等产生了强烈冲击。

以"人工智能伪造技术"为例，2017 年 5 月，加拿大创业公司琴鸟（Lyrebird）发布的人工智能语音系统，可通过分析讲话记录与文本之间的关联，模仿人类讲话并加入逼真的情感和语调，成功模仿了特朗普、奥巴马和希拉里的对话；2017 年 7 月，美国华盛顿大学开发出"可伪造真人视频"的人工智能技术，该技术可将音频文件转化成真实的口型并嫁接至视频中的人脸上，生成的新视频让人难以辨别真伪；2017 年 11 月，英伟达利用生成式对抗网络（GAN）生成的人物照已经达到了真假难辨的地步（见图 1-11）。随着人工智能技术的不断进步，音频、视频、笔迹和图片等数据的伪造技术将会更加逼真，甚至达到专业人士也难以辨别的地步。

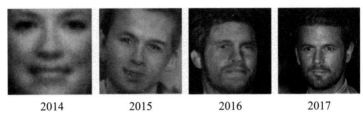

2014　　　　　2015　　　　　2016　　　　　2017

图 1 - 11　图片伪造技术的发展历程

"人工智能伪造技术"可对社会秩序的各个层面构成严重威胁。如在社会生活层面，"人工智能伪造技术"使日常生活所用的合同、契约、证书及相关法律文本的防伪鉴定面临新的困难；在司法层面，"人工智能伪造技术"将可用于伪造证人证言、视听资料、电子数据及鉴定意见等虚假证据，为司法证据的鉴定采用和非法证据排除带来新的困难；在公共安全层面，"人工智能伪造技术"为不法分子从事违法犯罪活动提供了便利条件。

◎ 以深度学习为代表的人工智能技术存在局限性

人工智能的概念自诞生起，就没有严谨的定义与界限。在1956年的达特茅斯会议上，"人工智能"的叫法甚至一度落后于"控制论"。但由于其具有浪漫主义色彩和通俗易懂的称谓，人工智能很快就抓住了人们的"芳心"。自此以后，政府机构、社会资本、科技巨头强势介入，使得人工智能研究获得了飞速的进步。

但从方法论上看，第二次和第三次人工智能浪潮都属于连接主义，没有本质上的不同。从研究范畴上看，人工智能包含的子领域众多，包括专家系统、遗传算法、机器学习等，深度学习仅是机器学习中的一个子领域。为何第三次人工智能浪潮获得了人们空前的关注？为何深度学习在商业上获得了巨大的成功？

究其原因，主要是人类对于人工智能的认知产生了显著变化。分别以符号主义和连接主义为代表的第一、二次人工智能发展浪潮，正是人类对人工智能抽象性认知的真实写照。但经历时间的洗礼后，这两次人工智能发展浪潮都遭遇了严重的失败。这主要是因为符号主义和初始的连接主义都是对人类大脑活动的模仿，并没有合理借鉴大脑产生智能的机制，最终导致结果不尽人意、人工智能项目纷纷落马。深度学习的成功，表明受大脑启发的人工智能是其能够得以广泛应用的根本原因。深度学习不仅依赖计算能力和大数据技术的进步，更加依赖卷积神经网络（CNN）等模型和参数训练技巧的进步。

毋庸置疑，以深度学习为代表的第三次人工智能浪潮取得了巨大的成功，人工智能应用正加速落地并不断商业化。但从人工智能总体发展水平来看，其仍处于初始的"起步"阶段。截至目前，人工智能的发展史可以简单近似为模仿人类智能的历史。随着第一、二次人工智能发展浪潮的失败，学者们纷纷将研究重心放在了神经网络模型的突破上。深度学习概念的提出与发展，直接开启了人工智能在学术界和产业界的第三次浪潮。但从本质上讲，深度学习是机器学习算法重要进展的体现，却并非颠覆性创新。

算法、算力、数据是深度学习成功的先决条件，但深度学习在算法、算力、数据以及认知层面均存在瓶颈问题（见表 1 -

1）。在算法层面，人工智能存在黑盒子问题，效果无法预知，还存在个人经验主义和没有记忆能力等问题；在算力层面，目前的模型训练仍依靠蛮力计算，算力存在瓶颈，且面临摩尔定律失效的困境，计算性能增长变得困难；在数据层面，数据的透明性、数据攻击问题和监督学习问题成为人工智能的新瓶颈；在认知层面，现有的人工智能模型缺乏常识，因此无法理解实体概念，无法识别关键影响因素，且缺乏伦理道德。

表 1 - 1　　　　　　　　人工智能的局限性

算法层面	黑盒子问题：缺乏理论指导，对智能行为无法做出合理解释
	效果无法预知：为提升训练效果，只能不断增加网络深度和算力算法
	个人经验主义：调整参数仍是在碰运气，没有总结出系统经验作指导
	没有记忆能力：机器学习系统被训练于执行单一任务，通用性不足
算力层面	依靠蛮力计算：吞噬算力的"巨兽"，在线实时训练几乎不可能
	算力存在瓶颈：GPU等并行式计算硬件获得成功，但算力仍是瓶颈
	摩尔定律失效：硅芯片逼近物理和经济成本的极限，计算性能增长困难
数据层面	数据的透明性：训练用数据集往往不透明，易出现"数据改变信仰"情况
	数据攻击问题：对抗性样本攻击可致使系统直接被"洗脑"
	监督学习问题：深度学习对实时、海量的大数据打上标签几乎不可能
认知层面	缺乏常识：无法理解实体概念，无法识别关键影响因素，缺乏伦理道德

资料来源：何宝宏. AI技术的天花板. 电信网技术，2018（4）.

谭铁牛院士则认为，人工智能的发展存在数据瓶颈、泛化瓶颈、能耗瓶颈、语义鸿沟瓶颈、可解释性瓶颈和可靠性瓶颈。他用"四有四无"概括人工智能总体状况：

- 人工智能有智能没智慧：智慧是高级智能，有意识，有悟性，可以决策；而人工智能缺乏意识和悟性，缺乏综合决策的能力。

- 人工智能有智商没情商：机器对人的情感理解与交流仍处于起步阶段，距离科幻电影中跟人类谈情说爱的人工智能还差很远。

- 人工智能有计算没算计：人工智能系统可谓有智无心，更无谋。

- 人工智能有专才没通才：会下围棋的 AlphaGo 不会下象棋。

人工智能泡沫是否会出现？

与学术界的客观审慎不同，政府机构、社会资本、民众对于人工智能的热情，导致人工智能宣传被夸大，很多初创企业也有蹭人工智能热度的嫌疑。近年来，人工智能泡沫论的声音不绝于耳。李开复在接受采访时表示，"到 2018 年年底，我们除了会看到一些非常成功的人工智能案例，还会看到更多的泡沫破裂，这将耗尽公司资金甚至导致破产，最后可能会导致人工智能的整个环境冷却一段时间"。杨立昆在网络上表达了赞同，并补充评论道："（人工智能泡沫将破）确实如此。李开复提到的泡沫就是指有些公司许下了过高的承诺，但是今年要不了多久他们的钱就花完了。"

关于人工智能泡沫的争论正在升温，观点的交锋也日趋激烈。乐观者如吴恩达，认为人工智能就是新时代的电力，运输、农业、制造、通信、医疗等领域都将被人工智能所改变，人工智能泡沫的说法也就无从说起。悲观者如《硅谷百年史》的作者皮埃罗·斯加鲁菲（Piero Scaruffi），则认为人工智能技术的发展及产品落地、商业化之间还存在不小的差距，人工智能绝对是一个泡沫。那么，人工智能泡沫将会如何呈现？人工智能的未来将何去何从？

以史为鉴，先来回顾一下 2000 年左右的互联网泡沫经历。1994 年，World Wide Web 的出现，让互联网第一次真正走进了公众的视野，这一充满市场想象空间的新兴产业迅速笼络了大量资金。此后，互联网产业的发展日新月异，软件应用、互联网服务提供商（ISP）、互联网内容提供商（ICP）集中爆发，人们对互联网发展的预期持续升温。但 2000 年，互联网行业没有像人们期待的那样发展，反倒是遭遇了千年虫的打击。千年虫等问题的出现，让人们意识到互联网技术的发展还只处于初期阶段，很多商业模式还不够成熟，很多问题也没有解决，这直接引发了互联网泡沫的破灭。2000 年 3 月 10 日，纳斯达克指数达到最高点 5 048.62 点，随后开始掉头向下，到 2002 年 10 月 9 日见底于 1 114.11 点，指数跌幅超过

77％（见图 1-12）。

图 1-12　互联网泡沫时期的纳斯达克指数

如今，人工智能产业的发展也存在相似的困境。一方面，人工智能技术在很多领域的应用成熟度有限，许多产品满足不了市场需求。另一方面，人工智能领域的风险投资却如火如荼，跟风现象时有发生。此外，人工智能领域的专业人才严重匮乏，对相关产业的发展形成制约。结合 2000 年左右的互联网泡沫经历，我们可以总结出目前人工智能泡沫论的主要论点：

● 人们对于人工智能改变生活的预期与人工智能的现实能力不匹配。以自动驾驶为例，汽车生产商对全自动驾驶（Level 4）的实现时间盲目乐观。特斯拉和谷歌预测将于 2018 年实现全自动驾驶，Delphi 和 MobileEye 承诺于 2019 年推出 Level 4 自动驾驶系统，Nutonomy 公司则计划于 2019 年在新加坡街头部署数千辆无人驾驶出租车。但加里·马库斯（Gary Marcus）

等专家认为，实现完全自动驾驶可能需要数年甚至数十年，届时才能出现可以避免事故的自动驾驶系统。

● 资本界和媒体对人工智能的理解与人工智能现实能力不匹配。部分资本界人士和媒体对人工智能的理解较为片面，对人工智能现阶段的能力认识不足。扭曲的信息在网络中被多次传播，逐级放大，最终导致社会整体认知的缺陷。

以人类智能为基准，现有的人工智能技术或许连婴儿的水平都达不到。以深度学习为代表的机器学习技术，也仅仅是实现真正人工智能的一小步。在可以预见的未来，新型人工智能算法、算力和大数据技术或将不断取得新突破，人工智能也仍将持续保持高速发展态势。与前两次人工智能浪潮相比，第三次人工智能浪潮可以解决的问题已大大拓展，我们对人工智能未来的发展应该持有乐观的心态。但同时，资本的疯狂追逐、误导性的宣传也会持续下去，人们对人工智能改变生活的预期与人工智能现实能力的不匹配，必将导致人工智能泡沫的产生。未来一段时间，人工智能的发展或将呈现冰火两重天：有能力的公司加速扩张，没能力的公司迅速溃败。

历史上，很多研究领域都经历过从萌芽期、发展期、泡沫期，到最后回归正常的过程。2000 年互联网泡沫破灭后，互联网的发展重新回到正轨，此后更是催生了谷歌、亚马逊、Facebook 等互联网巨头的崛起。一定程度的泡沫，对行业的发展来说，也是一种利好因素。泡沫的破灭，也只是去掉不合理、空虚的东西，而把合理的、有价值的事物沉淀下来。在新一轮人工智能发展浪潮中，泡沫是一定存在的，但我们大可不必担心人工智能的前景。新型算法、先进算力、大数据技术的发展，必将引领人工智能更新一轮热潮的发展，泡沫也必将成为人工智能理性发展的垫脚石。

第二章

人工智能六十年沉浮录

回顾历史越久远，展望未来就越深远。

——温斯顿·丘吉尔

历史长河漫漫孕育：人工智能诞生记

人工智能这一学科的诞生，离不开几个世纪以来逻辑学、计算科学和心理学等学科理论的发展。但在没有多少科学基础的遥远古代，"人造的智能"似乎只存在于人类无尽幻想中的一个小角落。但正是对这处角落的不断思索，使古人们更深刻地理解了智能、智慧的内涵，进而在哲学和数学等方面取得了不朽的成绩，才最终孕育出人工智能。是古人们的智慧火花，点燃了人工智能这片原野。其实，我们一直站在巨人肩上。

早在先秦、古希腊时期，东西方的哲学家们就不断探索着世间万物的规律与运行法则，开始思考什么是智能、智慧，以及思维的形成过程到底是怎样的。《荀子·正名》就提出："所以知之在人者谓之知；知有所合谓之智。智所以能之在人者谓之能。"古希腊哲学家赫拉克利特（Heraclitus）的箴言"博学不等于智慧"，更是从量变和质变的角度讨论了智能。同时，在古代流传的神话故事中，也出现了很多会思考、会帮助人类工作的"机器人"。例如，技艺高超的工匠制作出会跳舞的人偶，雕塑家为亲手打造的雕像赋予生命和智慧，等等。在古代哲学家和神话故事的共同推动下，人工智能的思想开始萌芽了。

自近代以来，随着科学技术的发展，数学、哲学、心理学和经济学等纷纷成为独立的学科，却同时为人工智能的孕育提供了直接的养分。亚里士多德、莱布尼茨、笛卡儿等先贤，从哲学或数学的角度，为人工智能的发展提供了重要的理论基础：逻辑主义、计算理论和概率论等。此后，神经科学、认知心理学和计算机工程学等现代学科的发展，更是为人工智能的物理实现提供了可能。直到1956年，人工智能的概念终于诞生了。

◎ 人工智能的萌芽：古代人工智能漫想

中国古代很早就对"机器人"有了自己的想象。战国时期编著的《列子·汤问》中，就描写了偃师用木头、皮革、胶漆、丹青等制作出精美绝伦的人偶，能够达到以假乱真的程度。

> 翌日偃师谒见王。王荐之，曰："若与偕来者何人邪？"对曰："臣之所造能倡者。"穆王惊视之，趋步俯仰，信人也。巧夫！领其颅，则歌合律；捧其手，则舞应节。千变万化，惟意所适。王以为实人也，与盛姬内御并观之。技将终，倡者瞬其目而招王之左右侍妾。王大怒，立欲诛偃师。偃师大慑，立剖散倡者以示王，皆傅会革、木、胶、漆、白、黑、丹、青之所为。王谛料之，内则肝胆、心肺、脾肾、肠胃，外则筋骨、支节、皮毛、齿发，皆假物也，而无不毕具者。合会复如初见。王试废其心，则口不能言；废其肝，则目不能视；废其肾，则足不能步。穆王始悦而叹曰："人之巧乃可与造化者同功乎？"诏贰车载之以归。

更为中国人所熟知的古代"机器人"，是三国时期诸葛亮设计的"木牛流马"（见图2-1）。《三国志·诸葛亮传》中记载："（建兴）九年，亮复出祁山，以木牛运，粮尽退军……十二年春，亮悉大众由斜谷出，以流马运，据武功五丈原，与司马宣王对于渭南。"200 年后的《南齐书·祖冲之传》高度概括了其特点："以诸葛亮有木牛流马，乃造一器，不因风水，施机自运，不劳人力。"

图 2-1   木牛流马复原样品（作者：曹励华）

尽管"木牛流马"的原型难以考证，但"施机自运，不劳人力"的功能似乎只有永动机才能实现，或只是天方夜谭。无论是偃师的"倡者"，还是诸葛亮的"木牛流马"，本质上都是人们对历史人物的神化。这种神化类似于文学里的夸张手法，表达的是对历史人物的赞叹、敬仰、崇拜之情。

对比来看，古代西方更不乏对"人工智能"的想象。在古希腊神话中，就有非常多关于"机器人"的素材。例如，古希腊神话中的塞浦路斯国王皮格马利翁酷爱雕刻，他不喜欢有各种缺陷的凡间女子，却疯狂地爱上了自己的雕刻作品"加拉忒亚"。爱神阿佛洛狄忒被他打动，赐予雕塑生命，并让他们结为了夫妻。再如，古希腊神话中的火神赫菲斯托斯制作的青铜巨人"Talos"，负责守护位于克里特岛的欧罗巴，使其免受海盗和入侵者的骚扰。青铜巨人"Talos"每日沿着海岸线环岛三周，当探测到有人入侵时就会行动。此外，神话机器人还出现在美狄亚、代达罗斯、普罗米修斯、潘多拉及关于阿尔戈英雄的故事中①。

　　无论是东方还是西方，在早期的神话故事体系中都出现了人工智能的影子。这些"机器人""机器牛"代表的是人类对神性的向往。更重要的是，这些向往逐渐成为人类不断探索宇宙、探索智能的动力源泉，人类早期的浪漫想象也成为人工智能发展的最初萌芽。

◎ 人工智能的孕育：近现代科学发展

　　人工智能的两大关键要素——算法和硬件，都离不开近现代科学的发展。其中，算法得以发展的前提是逻辑学和数学的创建，硬件的发展则离不开计算机工程学和神经科学的出现。这些近现代学科不断分化、成熟，为人工智能的孕育和诞生提供了直接的养分。

　　人工智能的理论基础，最早可以追溯至古希腊的亚里士多德（公元前384—前322）。亚里士多德首次提出了三段论，这是最早的关于推理的科学。三段论举例来说就是，"人都会死，苏

---

① 艾德丽安·马约尔. 神与机器人：神话、机器和古代技术梦想. 普林斯顿：普林斯顿大学出版社，2018.

格拉底是人,所以苏格拉底也会死"。在三段论中,一般给定了确定的大前提和小前提,就能推出确切的结论。三段论推理系统看似简单,却使逻辑推理迈上了形式化的轨道,后人在此理论基础上不断发展和完善,推动了逻辑学的极大进步,最终发展出人工智能的早期概念。

继亚里士多德后,奠定了近代逻辑学基础的是德国数学家、哲学家威廉·莱布尼茨(Wilhelm Leibniz)(见图2-2)。在17世纪,莱布尼茨第一次用数学的方法研究逻辑,成为数理逻辑的先驱。莱布尼茨认为可以建立一种"通用科学语言"或"逻辑演算",这种"通用科学语言"能够解决所有的逻辑论证问题,推理过程可用公式来进行计算。这一思想是继亚里士多德三段论以来逻辑学领域的又一伟大创举,人们开始用数学方法研究形式逻辑,使传统逻辑变得更为精确和便于演算。值得一提的是,莱布尼茨因其博学被誉为17世纪的亚里士多德。

图2-2 威廉·莱布尼茨(1646—1716)

　　而真正让莱布尼茨创造的数理逻辑发挥出作用的，是英国数学家乔治·布尔（George Boole）。在 19 世纪，乔治·布尔建立了"布尔逻辑"，创造出一套符号系统，并利用符号来表示逻辑中的各种概念。"布尔逻辑"是如此简洁明晰，它对逻辑定律的数学形式化特别重要，它奠定了计算机科学的基础。后来，德国数学家高特洛布·弗雷格（Gottlob Frege）扩展了"布尔逻辑"，使得数理逻辑的符号系统更加完备。数理逻辑的快速发展，直接奠定了人工智能符号主义的理论基础。

　　继莱布尼茨后，在数理逻辑领域获得了重大突破的是美国数学家库尔特·哥德尔（Kurt Gödel）（见图 2-3）。1931 年，库尔特·哥德尔提出了大名鼎鼎的"不完备性定理"。简言之，任何数学系统中总是会存在不能被证明的命题。这一定理证明了莱布尼茨的"梦想"终究无法实现，成为数学和逻辑发展史中划时代的里程碑，库尔特·哥德尔也因此与莱布尼茨和亚里士多德齐名。

图 2-3　库尔特·哥德尔（1906—1978）

受哥德尔的影响，1935—1936 年，英国数学家阿兰·图灵（Alan Turing）（见图 2 - 4）提出"图灵机"的概念，美国数学家阿隆佐·邱奇（Alonzo Church）自创 λ 演算法，几乎同时证明了哥德尔对数理逻辑局限性的判断。更为重要的是，邱奇、图灵的研究表明，一台仅能处理 0 和 1 如此简单的二元符号的机械设备，能够模拟任意数学推理过程。这些研究成为计算机工程学的基础，带来了信息技术的极大发展。

"图灵机"概念的出现，不仅催生了冯·诺依曼架构的现代计算机原理，更激发了人们探索机器智能的热情。1943—1955 年间，许多与人工智能领域相关的早期工作出现了。最具代表性的，是美国心理学家沃伦·麦卡洛克和数理逻辑学家沃尔特·皮茨于 1943 年提出的人工神经元模型，这被认为是人工智能领域的最早工作。1950 年，他们的学生马文·明斯基（Marvin Minsky）和迪恩·埃德蒙兹（Dean Edmonds）建造出第一台名为"SNARC"的神经网络计算机。同年，阿兰·图灵在《计算机与智能》一文中提出图灵测试的构想：如果一台机器能够与人类展开对话而不能被辨别出其机器身份，那么就称这台机器具有智能。这些早期工作为人工智能的诞生奠定了坚实的基础。

沿着"亚里士多德（古希腊）—莱布尼茨（德国）—哥德尔（美国）—图灵（英国）"这条路线，基于逻辑主义/符号主义的人工智能理论基础逐渐完备，很快就孕育出了早期的人工智能研究。此外，神经科学、计算机工程学、语言学和控制论

图 2-4　阿兰·图灵（1912—1954）

等学科从自然科学中相继独立、成长，为后来基于连接主义和行为主义的人工智能奠定了基础。当然，人工智能的相关理论还远未成熟，发展路径也并非只有一条，连接主义、行为主义和符号主义沿着各自的路径发展，人工智能的演变正在缓缓进行。未来，人工智能与各学科的交叉融合必将进一步深化，进而孕育出下一代人工智能，给人类带来更深刻的智能革命。

◎ 人工智能的诞生：达特茅斯会议

1955 年 8 月，有 4 位学者向美国洛克菲勒基金会（私人性质）提交了一份项目申请书，希望能获得第二年于达特茅斯学院举办人工智能夏季研讨会的资助（见图 2-5）。申请书题目中出现了"Artificial Intelligence"一词，这或许是人工智能概念首次出现在正式文件中。提交申请书的 4 位学者，后来都成为人工智能领域的领军人物，他们分别是时任达特茅斯数学系助理教授的约翰·麦卡锡（John MacCarthy）、在哈佛大学担任初级研究员的马文·明斯基、“信息论之父”克劳德·香农（Claude Shannon）以及 IBM 第一代通用计算机“701”的总设计师内森尼尔·罗切斯特（Nathaniel Rochester）。

由麦卡锡主导的项目申请书中写道，他们计划打造一种可以像人那样认知、思考和学习的人工智能，即利用计算机来模拟人的智能。为了获取资助，他们列举了 7 个拟攻克的领域：（1）自动（可编程）计算机；（2）编程语言；（3）神经网络；（4）计算复杂性；（5）自我学习和提高（机器学习）；（6）抽象；（7）随机性和创造性。

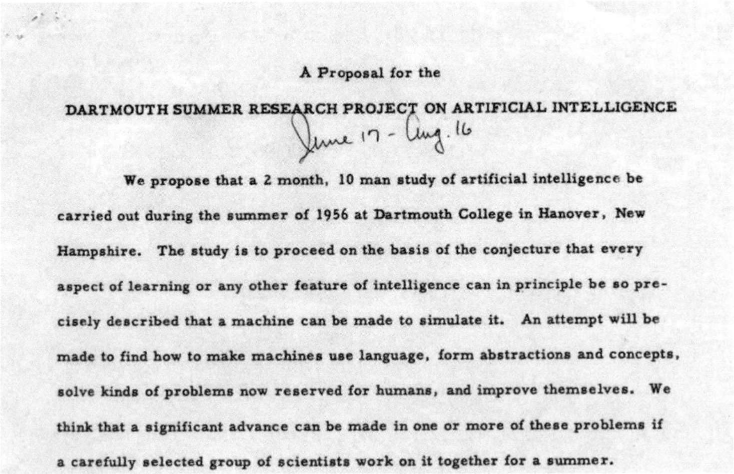

A Proposal for the

DARTMOUTH SUMMER RESEARCH PROJECT ON ARTIFICIAL INTELLIGENCE

June 17 - Aug. 16

We propose that a 2 month, 10 man study of artificial intelligence be carried out during the summer of 1956 at Dartmouth College in Hanover, New Hampshire. The study is to proceed on the basis of the conjecture that every aspect of learning or any other feature of intelligence can in principle be so precisely described that a machine can be made to simulate it. An attempt will be made to find how to make machines use language, form abstractions and concepts, solve kinds of problems now reserved for humans, and improve themselves. We think that a significant advance can be made in one or more of these problems if a carefully selected group of scientists work on it together for a summer.

图 2-5　达特茅斯人工智能夏季研讨会申请书原文件

　　很快，洛克菲勒基金就同意了资助申请。麦卡锡的原始预算是 13 500 美元，但洛克菲勒基金只批了 7 500 美元，这些钱的大头被用来支付与会者的费用。1956 年夏天，人工智能研讨会在达特茅斯学院如期举行。这一为期两个月的会议，共有 10 位科学家参与。除了麦卡锡、明斯基、香农和罗切斯特之外，另有 6 名学者也加入了研讨会（见图 2 - 6），其中包括 IBM 公司的亚瑟·塞缪尔（Arthur Samuel），与会者还有卡内基梅隆大学的艾伦·纽厄尔（Allen Newell）和赫伯特·西蒙（Herbert Simon，又名司马贺）、达特茅斯学院的教授特伦查德·摩尔（Trenchard More）、在麻省理工学院任职的奥利弗·赛弗里奇（Oliver Selfridge）以及雷·所罗门诺夫（Ray Solomonoff）。

图 2 - 6　达特茅斯夏季研讨会的与会者

　　资料来源：Ishan Daftardar. What is artificial intelligence and how is it powering our lives? ［2019 - 01 - 01］. http：//www. scienceabc. com/innovation/what-is-artificial-intelligence，html.

　　在这次会议上，纽厄尔和司马贺的"逻辑理论家"（Logic

Theorist）、明斯基的"SNARC"计算机、麦卡锡的"α-β搜索法"以及所罗门诺夫的"归纳推理机"等工作都受到了一些关注。然而，达特茅斯会议期间，并没有太多原创性工作产生，而且会议申请书中的目标过于庞大，这些工作还远远不足以实现"自我学习和提高"等能力。因此，达特茅斯会议在当时并未掀起太大的波澜。但在达特茅斯会议中，麦卡锡说服大家认可"人工智能"一词，并且与会者们后来都成为人工智能领域举足轻重的人物，因此达特茅斯会议被广泛认为是人工智能诞生的标志。

达特茅斯会议后，人工智能领域的研究迎来了全面的振兴。1958 年，麦卡锡和明斯基先后跳槽到麻省理工学院，共同创建了麻省理工学院人工智能项目（MAC 项目）。MAC 项目受到美国国防部高级研究计划署（DARPA，当时称 ARPA）的资助，后来演化为麻省理工学院人工智能实验室。在麻省理工学院工作期间，麦卡锡开发出大名鼎鼎的 LISP 高级语言，该语言成为接下来 30 年间人工智能领域最重要的语言之一。麦卡锡在 MAC 项目中还发展了计算机分时系统，这一成就直接奠定了互联网时代的基础。后来，以麦卡锡、明斯基、纽厄尔和司马贺等为首的人工智能学者引领了人工智能研究的风潮，卡内基梅隆大学、麻省理工学院、斯坦福大学和 IBM 成为人工智能领域的圣地。

兴也勃焉，亡也忽焉：潮起又潮落的人工智能

1956 年达特茅斯会议后，人们怀着极大的热忱投入到人工

智能的研究中。在较短的时间内，符号主义和连接主义相继取得理论上的重要进展，人工智能研究获得了以 DARPA 为代表的政府部门的资助，相关的技术突破开始层出不穷。到 20 世纪80 年代，专家系统的诞生，使得人工智能技术首次实现大规模商业化，人工智能的发展受到了极高的关注。2016 年，谷歌围棋程序 AlphaGo 战胜李世石后，人工智能再次得到了产业界、学术界、资本界以及各国政府的高度重视，发展进入"快车道"。

　　但人工智能的发展并非一帆风顺。达特茅斯会议后的 60 多年中，人工智能的发展就经历了三个阶段，分别是逻辑推理（1.0 时代）、知识工程（2.0 时代）和机器学习（3.0 时代）阶段[①]。（此处人工智能发展阶段的划分方式与第一章有所不同。）其中，每个阶段都伴随着重大的技术突破而掀起热潮，在短短时间内就获得空前的关注、充足的经费，引发人们的无限想象。但正因如此，一旦期望落空，人工智能就惨遭鄙弃，研究经费被大幅削减，许多话题也成为笑柄并被遗忘。在前两个阶段中，人工智能的发展轨迹就如过山车一般，快速跃起，又快速衰落（见图 2-7），正所谓："其兴也勃焉，其亡也忽焉。"

◎ 人工智能 1.0 时代：推理与搜索占据主导

　　达特茅斯会议后的 20 年，是人工智能 1.0 时代。在这一时期，符号主义几乎主导了人工智能领域的研究，推理和搜索成

---

① 李连德．一本书读懂人工智能．北京：人民邮电出版社，2016.

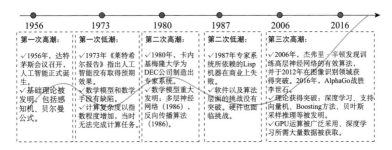

图2-7 人工智能发展经历三次浪潮

资料来源：北京前沿国际人工智能研究院．北京人工智能产业发展白皮书．2018.

为人们的主要研究对象，启发式搜索、知识表示和机器翻译等技术获得了很大的发展。

历史总是相似的。如同 60 年后 AlphaGo 围棋程序引起的轰动一样，1956 年 IBM 公司科学家亚瑟·塞缪尔在电视上首次展示了会下西洋跳棋的人工智能程序，给当时的人们留下了很深的印象（见图 2-8）。塞缪尔的跳棋程序运行于 IBM 704 大型通用电子计算机上，它可以记住 17 500 张棋谱，在实战中能自动分析哪些棋步源于书上推荐的走法，准确率达 48%。很快，跳棋程序就战胜了塞缪尔本人，到 1962 年它甚至击败了美国一个州的跳棋冠军。

塞缪尔的跳棋程序或许是人工智能应用第一次进入大众的视野，它的基本原理是"搜索式推理"算法。就像走迷宫一样，"搜索式推理"系统在执行游戏时一步一步搜索着前进，遇到死胡同就换条路。这种方法也被称为"树搜索"。这种"搜索式推理"系统隐约具备了人工智能的雏形，但在解决实际问题时却

图 2-8 亚瑟·塞缪尔和他的跳棋程序

存在诸多困境。一旦"迷宫"过大，盲目式搜索（暴力计算）的效率过低，走完"迷宫"所花的时间就太长。鉴于人工智能1.0时代的计算效率低下，处理稍微复杂一些的问题时，盲目式搜索就显得力不从心了。

为了解决这一问题，科学家寻求"启发式搜索"方法来减少计算量，去掉那些不太可能找到出口的"迷宫"路线。所谓启发式的搜索，就是利用常识或者逻辑推理来迅速缩小搜索范围，这与人类的思维方式类似。在解决实际问题时，人们通常不会寻求全局最优解，而是寻求可以用的结果（满意解），因此很快就能在浩如烟海的结果中找到自己想要的。纽厄尔和司马贺研发的"逻辑理论家"和"通用问题求解器"（general problem solver，GPS），IBM公司赫伯特·格林特（Herbert Gelernter）发明的"几何定理证明机"，都属于"启发式搜索"领域的出色成果。

当时，"启发式搜索"最成功的应用领域是机器定理证明。1956 年，"逻辑理论家"程序可用来证明罗素、怀德海所著《数学原理》中的许多定理。1959 年，"几何定理证明机"能够做一些中学的几何题，速度与学生相当。1960 年，美籍华人科学家王浩在 IBM 704 机器上编写程序，证明了罗素、怀德海《数学原理》中的几乎所有定理。

符号主义在当时的发展势头非常好，除"启发式搜索"外，自然语言处理和"微世界"等领域也取得了相当的成就。如麻省理工学院科学家约瑟夫·魏泽堡（Joseph Weizenbaum）开发的聊天机器人"Eliza"、明斯基的学生丹尼尔·鲍勃罗（Daniel Bobrow）创建的自然语言理解程序"STUDENT"。这些工作为今后自然语言处理、模式识别和强化学习等技术的发展奠定了坚实的基础。

这一时期，连接主义也取得了相当重要的进展。1957 年，美国康奈尔航天实验室科学家弗兰克·罗森布拉特（Frank Rosenblatt）参考生物学原理，在 IBM 704 计算机上实现了"感知机"（Perceptron）模型。感知机是一种简单的神经网络结构，与多层神经网络的"输入层—隐藏层—输出层"结构不同，它只包含输入层和输出层。其中，输入层用于接收外界信号，输出层则是 McCulloch-Pitts 神经元（阈值逻辑单元）（见图 2-9）。罗森布拉特第一次用算法精确定义了神经网络，尽管感知机结构简单，却已经能解决一些简单的视觉处理任务了。罗森布拉特的工作得到了美国海军的资助，在当时引起了不小的轰动。

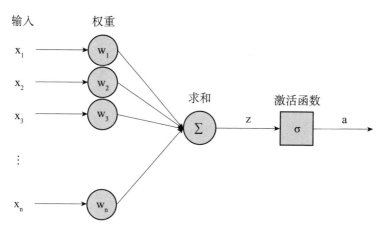

图 2 - 9　感知机（Perceptron）原理示意图

　　但感知机的局限性也很明显，其过于简单的结构在处理非线性问题时就力不从心了。明斯基和西蒙·派珀特（Seymour Papert）就对这一算法产生了强烈质疑。1969 年，明斯基和派珀特合作撰写了《感知机：计算几何简介》（*Perceptrons*）一书（见图 2 - 10），抨击感知机存在的两个关键问题：一是受硬件限制，感知机所需的超大计算量无法实现；二是感知机连最基本的布尔函数异或运算（XOR）都做不到。因为受到明斯基等"大牛"的严厉批评，连接主义此后并没有兴起太大的波澜，研究很快就陷入了沉寂。

　　在人工智能 1.0 时代，符号主义一派的许多技术突破，使得人们对人工智能的发展非常乐观，一些政府部门也乐于投资人工智能研发。例如，美国国家研究委员会资助了俄语论文翻译项目，DARPA 开始无条件地资助麻省理工学院、卡内基梅隆

图 2 - 10 《感知机：计算几何简介》再版封面

大学和斯坦福大学等。但好景不长，人们很快就发现人工智能系统在解决实际问题时难以奏效，西蒙和纽厄尔等名家的许多美好预言都没有实现。

1973 年，英国数学家詹姆斯·莱特希尔（James Lighthill）受英国科学研究委员会委托撰写了《莱特希尔报告》，批评人工智能无法实现其宏伟目标，尤其指出了当时的人工智能对"组合爆炸"问题无可奈何。英国政府随即取消了对人工智能的资助。几乎同时，DARPA 对卡内基梅隆大学的语音理解研究项目深感失望，从而取消每年 300 万美元的资助。在很短的时间里，针对人工智能的资助几乎全都消失不见，这就是所谓的第一轮人工智能寒冬。

◎ 人工智能 2.0 时代：专家系统引领商业潮流

在人工智能 1.0 时代，人工智能主要通过搜索和推理等规则来处理问题，因此只能解决走迷宫、下跳棋等简单问题，并没有太多商业化的空间。到了人工智能 2.0 时代，专家系统可以包含某个领域大量专家水平的知识或经验，用于处理这个领域中普通甚至是困难的问题。换句话说，专家系统能够根据该领域已有的知识或经验进行推理和判断，从而做出媲美人类专家的决策。从此，专家系统得到了产业界的广泛关注，很快就实现了商业化。

1965 年，斯坦福大学教授爱德华·费根鲍姆（Edward Feigenbaum）作为知识工程的倡导者和实践者，与遗传学家、诺贝尔奖得主约书亚·莱德伯格（Joshua Lederberg）等人合作，开发出了世界上第一个专家系统程序 DENDRAL。DENDRAL 内嵌有化学家们的知识和质谱仪的数据，可以根据有机化合物的分子式和质谱图，从海量的分子结构中判断出哪一个是正确的。DENDRAL 的原理并不复杂：首先利用质谱数据和化学经验对可能的分子式形成若干约束（缩小范围），然后根据约书亚·莱德伯格的算法从中计算出可能的分子结构，最后利用化学家的知识对计算的结果进行验证，得到分子结构图（见

图 2 - 11)。

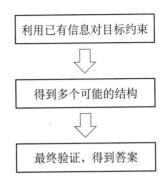

利用已有信息对目标约束

得到多个可能的结构

最终验证,得到答案

图 2 - 11   专家系统 DENDRAL 的工作流程

DENDRAL 成功验证了费根鲍姆关于知识工程理论的正确性,不愧为人工智能研究的一个历史性突破。随后,费根鲍姆领导的研究小组就开始探索专家系统在其他人类专家知识领域的应用,成功为医学、工程和国防等部门研制出一系列实用的专家系统。其中,医学专家系统 MYCIN 最负盛名。20 世纪 70 年代,斯坦福大学博士生爱德华·肖特立夫(Edward Short-liffe)在布鲁斯·布坎南(Bruce Buchanan)和费根鲍姆等人的指导下,利用 LISP 语言写出了用于诊断血液传染病的专家系统 MYCIN。MYCIN 具有 450 条规则,其推导患者病情的过程与专家的推导过程相似,因此可以在部分程度上替代人类。实验证明,MYCIN 系统开处方的正确率达到了 69%,这要比初级医师的表现更好,但与专业从事细菌感染的医师(正确率 80%)相比还是差了一些。

尽管当时专家系统还有这样那样的缺陷,但其在很多特定领域已经达到了专家水平,具备了商业化潜质。1980 年,卡内基梅隆大学给美国数字设备公司（DEC）设计了名为 XCON（eXpertCONfigurer）的专家系统。作为当时的一家初创公司，DEC 意图生产小型机来挑战行业巨头 IBM。而配备 XCON 的小型机确实给了 IBM 当头一棒。当用户购买了 DEC 的 VAX 系列计算机（见图 2 - 12）时，XCON 可以按照需求自动配置零部件，从而大幅降低公司的运营成本。到 1986 年为止，XCON 每年可为公司节省大约 4 000 万美元；到 1988 年为止，DEC 公司已经部署了 40 个专家系统。可以说，XCON 的成功为 DEC 公司的商业辉煌奠定了基础，而 DEC 的成功也成就了风险投资人。

图 2 - 12　DEC 公司的 VAX 11/780 型计算机

1981 年，日本经济产业省宣布将研制第五代计算机，并在第二年制订了"第五代计算机技术开发计划"，计划在 10 年内投资 1 000 亿日元（约合 9.4 亿美元），目的是制造一个将信息采集、处理、储存、通信等功能与人工智能结合在一起的智能计算机。按照设想，第五代计算机能够主动与人对话，主动对知识进行处理，并进行自主学习，能够翻译语言、解释图像，像人一样进行推理。日本的这一计划思想很超前，给当时的美国政府和英国政府相当大的压力。作为回应，英国《阿尔维报告》（"Alvey Report"）恢复了因《莱特希尔报告》而停止的投资，美国 DARPA 也重新增加了对人工智能领域的投资。

由于商业化的快速发展，人工智能开始变得非常热门。从 1980 年到 1988 年的短短数年，人工智能产业价值就暴增了上千倍，达到了数十亿美元，包括几百家公司研发专家系统、视觉系统、机器人以及服务这些系统的专门软件和硬件[①]。人工智能的发展看似又重新回到了巅峰。但随之而来的，是第二轮"人工智能寒冬"。一是，苹果和 IBM 台式机的高性能使运行 Lisp 语言的机器失去了存在的价值；二是，专家系统难以升级维护，其实用性仅仅局限于某些特定领域；三是，第五代计算机计划失败，人们已经意识到理想与现实的巨大差距。自此，人工智能领域的研究经费大幅缩水，寒冬再一次降临。甚至"人工智能"一词本身都成了社会讨论的禁忌。

而与此同时，连接主义一派取得了重大的理论突破。1982年，美国生物物理学家约翰·霍普菲尔德发明了新型的异步网络模型，后被称为"Hopfield 网络"。1986 年，美国心理学家大卫·鲁梅哈特（David Rumelhart）和加拿大计算机科学家杰弗

---

① Stuart Russell, Peter Norvig. 人工智能：一种现代的方法. 第 3 版. 北京：清华大学出版社，2011.

里·辛顿重新提出了反向传播（BP）算法（1974 年保罗·沃伯斯就提出了，但未受到重视）。这些发现使沉寂多年的连接主义重获新生，为人工智能 3.0 时代的到来奠定了基础。

深度学习再领风潮：人工智能 3.0 时代

在以搜索和推理为主导的人工智能 1.0 时代、以知识工程为主导的人工智能 2.0 时代，计算机的运算性能还过于弱小，互联网还处在萌芽状态。那时，人们试图用简洁优雅的符号来模拟智能的过程，用专家知识来建立一个通用的人工智能系统，却全然不知高性能计算、大数据爆发的新时代即将来临。在海量数据的强烈驱动下，人工智能方法论由前期的推理、演绎，逐渐转变到了归纳、综合。于是，人工智能的发展从知识工程时代进入到机器学习时代。

自 20 世纪 90 年代以来，机器学习领域相继诞生了卷积神经网络（CNN）、支持向量机（SVM）、随机森林（RF）和循环神经网络（RNN）等一系列算法，在语音识别、图像识别、人脸检测、自然语言处理、推荐系统和垃圾邮件过滤等领域获得了实际应用。从此，基于机器学习技术的人工智能应用就遍地开花了。直到 2012 年，深度神经网络获得突破，人工智能进入了深度学习时代。神经网络再次卷土重来，主导了人工智能领域的发展。

◎ 大数据驱动的机器学习时代

数据对人工智能发展的重要性不言而喻。有一个形象的比喻：数据就是人工智能时代的"新石油"。在人工智能 1.0 和 2.0 时代，人工智能发展的最大障碍之一，就是缺乏快速采集数据、获取知识的途径。当时的计算机运算效率低下，存储能力薄弱，互联网没有进入寻常百姓家，数据、知识仍属于稀缺资源，其密度远远不足以支撑人工智能的快速发展。

到了 20 世纪 80 年代，数据不足的困境开始得到改观。1984 年，苹果公司推出了改变世界的产品——Macintosh（麦金塔），虽然 CPU 主频只有 6MHz，但功能和用户体验却已经相当接近今天的电脑。得益于微电子技术的迅猛发展，2000 年英特尔公司推出的奔腾处理器主频就达到 1.5GHz，Wintel（微软＋英特尔）联盟使 PC 机真正普及了。与此同时，互联网技术也获得了巨大的进展。1983 年，Internet 的前身 ARPANET（由 ARPA 开发）开始启用 TCP/IP 协议，标志着计算机网络时代的来临。1989 年，英国计算机科学家蒂姆·伯纳斯·李发明了轰动世界的 World Wide Web，掀开了互联网发展的新篇章。

随着计算机和互联网技术的快速发展，用户信息、政府数据和行业数据等都在以几何级数的速度增长。面对迅猛增长的数据，以逻辑推理、知识工程为代表的"符号人工智能"显得力不从心。为了有效利用庞杂、多维的数据，人们开始利用机器学习的方法，试图将无序的数据转化为有用的信息，因此，机器学习可被视为"数据人工智能"的一种。数据人工智能与符号人工智能的主要区别见表 2-1。现今，机器学习已经应用于众多领域，其范围之广远超人们的想象。例如，163 邮箱中的垃圾邮件过滤功能、京东购物网站的产品推荐、谷歌搜索引擎和翻译等，都是机器学习应用的实例，只是它们很少被称为人工智能。

表 2-1　　　数据人工智能与符号人工智能的区别

区别	数据人工智能	符号人工智能
数据量	大数据	无需大数据
学习过程	机器学习	逻辑推理、专家经验
计算过程	"黑箱"	透明、可审计
缺点	决策过程不透明	可扩展性差，编程工作量大

简言之，机器学习是一个利用算法从样本数据中寻找规律、获取知识的过程，是一种数据驱动的方法。这与人学习知识的过程相似：当家长教孩子们认识不同水果的时候，需要收集各类水果的图像（样本数据），并且告诉孩子们图像中的水果都是什么（样本标注），孩子们很快就能举一反三（学习）进行判断了。上述过程代表了机器学习中的一类典型算法，称为有监督的学习。除此之外，机器学习算法还包括无监督学习（无样本标注）、半监督学习（少量样本标注）和强化学习（通过试错学习）等，它们都有各自适用的场景，见图 2-13。

机器学习本身涉及的理论极广，包括计算机科学、概率论、统计学、函数逼近论、控制论和决策论等，是一门极为深度交叉的学科。因而，深度学习的发展并没有特别清晰的脉络，很

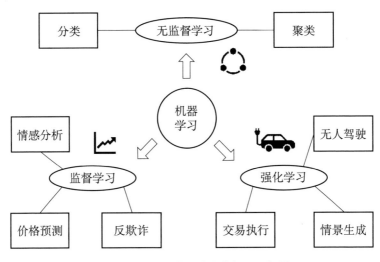

图 2 - 13　机器学习的分类与适用场景

多算法是不同流派的学者根据不同机制发明的。最早的机器学习算法，要算 1949 年唐纳德·赫布（Donald Hebb）提出的"赫布理论"。在这个理论中，赫布描述了学习过程中脑神经元所发生的变化，即从突触前神经元向突触后神经元的持续重复的刺激，可以导致突触传递效能的增加。赫布的工作直接启发了罗森布拉特以及后来神经网络算法的研究者。1952 年亚瑟·塞缪尔开发的跳棋程序也包含了简单的机器学习算法。1959 年，塞缪尔正式提出了机器学习的概念，他因此被称为机器学习的鼻祖。

但机器学习在发展初期，并没有吸引太多关注。直到 1980 年，卡内基梅隆大学召开了第一届机器学习国际研讨会，标志着机器学习研究在全世界范围内兴起了。此后，机器学习的发展就步入了快车道：

- 1974 年，保罗·沃伯斯首次提出了反向传播算法和多层感知机（MLP）。

- 1986 年，大卫·鲁梅哈特和杰弗里·辛顿提出了 MLP 与 BP 训练相结合的思路。

- 1986 年，罗斯·昆兰（Ross Quinlan）提出了 ID3（迭代二叉树 3 代）决策树算法。

- 1989 年，罗伯特·夏皮尔（Robert Schapire）提出了一种多项式级的算法 Boosting，并于数年后提出了改进的 AdaBoost 算法。

- 1990 年，杨立昆借鉴动物视觉神经系统，提出了卷积神经网络算法。

- 1995 年，弗拉基米尔·万普尼克（Vladimir Vapnik）和科林纳·科尔特斯（Corinna Cortes）提出了支持向量机（SVM）算法（一种快速可靠的分类算法）。

- 2001 年，随机森林被提出。

在这些算法中，支持向量机无疑是机器学习领域的一项重大突破。SVM 算法具有完善的数学理论（统计学和凸优化等）作为支撑，无需大量数据和计算资源即可工作，在人像识别、文本分类、笔迹识别和生物信息学等模式识别领域有着出色的表现，在商业上也获得了突出的成就。在诞生后的 20 年里，SVM 在许多之前由神经网络占据的任务中获得了更好的效果，神经网络已无力和 SVM 竞争。

◎ 神经网络回归，深度学习引领新时代

作为机器学习领域的一个重要分支，神经网络算法的发展经历了 70 多年的风风雨雨。在前文中已经提到，神经网络算法最早可以追溯到 20 世纪 40 年代的 McCulloch-Pitts 模型和赫布理论。在人工智能 1.0 时代，罗森布拉特发明的感知机能够完成一些简单的视觉处理任务，因此受到了人们的广泛关注，该算法也成为后来神经网络的基础。在人工智能 2.0 时代，Hopfield 网络和反向传播算法的提出，使神经网络能够处理一大类模式识别问题，相关研究引起了巨大的反响。

进入人工智能 3.0 时代初期，机器学习领域被支持向量机所支配，神经网络算法则黯然失色。其中最根本的原因在于神经网络算法本身不够完善。1991 年，慕尼黑工业大学的学生塞普·霍克赖特（Sepp Hochreiter）在答辩论文中指出，采用反向传播算法训练多层神经网络时会发生梯度损失，使得模型训练超过一定迭代次数后会产生过拟合（模型把数据学习得太彻底，以至于把噪声数据的特征也学到了，导致不能正确地识别数据）。

在这种情况下，机器学习领域在很长一段时间内都不待见神经网络研究学者。杰弗里·辛顿和杨立昆都回忆道，当时他们和学生们的研究论文被拒是家常便饭，美国电气和电子工程师协会（IEEE）对有关神经网络的论文毫无兴趣。直到 2006 年，杰弗里·辛顿在《科学》等期刊上发表了 "Reducing the dimensionality of data with neural networks" "A fast learning algorithm for deep belief nets" "To recognize shapes, first learn to generate images" 3 篇论文，正式介绍了深度学习概念，并提出了解决梯度损失问题的方法。从此，深度学习发展的浪潮袭来，神经网络又重新回到了人们的视野中。值得一提的是，杰弗里·辛顿正是符号主义奠基人之一的乔治·布尔的玄孙。

2012 年，辛顿和学生们首次参加 ImageNet 图像识别比赛，他们凭借深度 CNN 网络 AlexNet 一举夺得冠军。AlexNet 的错误率仅为 15% 左右，远远好于第二名支持向量机算法的 26%。这一结果彻底点燃了人们对神经网络和深度学习的兴趣，深度学习也迅速实现了商业化。

2011 年，在谷歌任职的吴恩达与杰夫·迪恩（Jeff Dean）创建了谷歌大脑（Google Brain）项目，利用包含 16 000 个 CPU 的并行计算平台训练计算机的深度神经网络。随后，谷歌大脑项目在语音识别、图像识别等领域都有非常好的成绩。2014 年，谷歌大脑科学家伊恩·古德费洛（Ian Goodfellow）发表了名为 "Generative adversarial networks" 的论文，生成对抗网络（GAN）由此诞生。GAN 算法使得一些监督学习问题慢慢过渡到无监督学习，而无监督学习才是自然界中普遍存在的，GAN 因此掀起了深度学习的新一波高潮。截至目前，胶囊网络、元学习等新概念接连被提出（详细内容请见本书第八章），神经网络和深度学习仍然在迅猛发展，人工智能的商业化达到了前所未有的高度，全面渗透至人类生产生活的各个环节。

　　然而，神经网络和深度学习的发展仍然只是开始，远远未到结束。目前的深度学习算法强烈依赖海量数据和超高算力，同时具有解释性差、难以迁移、无法判断数据准确性等问题，亟待理论层面的重大变革。同时，人工智能快速发展给人类社会带来的变化和冲击亦不能小觑，这或许比技术发展本身更为重要。

第三章

人工智能与人类的未来

　　有些人把这种技术称为"人工智能"，但实际情况是这种技术将增强我们人类的能力。因此，我认为，我们将增强人类的智能，而非"人工"的智能。

——IBM 总裁，罗睿兰

人工智能即将带来的伟大变革

　　遥想 1969 年，ARPANET（由 ARPA 创建）刚刚成立的时候，还只是美国国防部防止苏联打击的冷战产物。谁曾想在随后的半个世纪，由 ARPANET 转变而来的 Internet 竟掀起了如此巨大的波澜。2001 年，全球市值最高的前五家公司中，只有微软一家科技公司，而且当时的微软并非一家互联网公司。但到了 2016 年，全球市值最高的前五家公司均是互联网公司（见图 3-1）。在这期间，搜索引擎、社交网络、移动互联网和移动支付等技术一次又一次改变了人们的生活，互联网也成就了一个又一个商业传奇。

　　估计美国国防部在成立 ARPANET 项目的时候，也难以想象互联网在未来会给人类社会带来多么大的变革。同样，人工智能技术的潜力大家都有目共睹，但未来人工智能可以用来做什么，将会给人类社会带来多大的变革，也在考验我们的想象力。尽管人工智能技术还处在初级发展阶段，但它现有的能力也足以改变众多领域，尤其是那些有着大量数据却无法有效利用的领域。

◎ 人工智能有望推动基础科学理论突破

　　纵览历史，每一次重大的基础科学理论突破，都必将带来人类社会的巨大变革。例如，牛顿的经典力学为第一次工业革

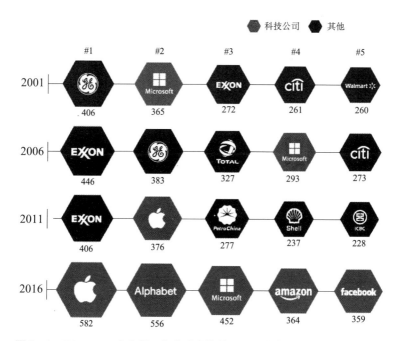

图 3 - 1　2001—2016 年每隔五年全球市值前五公司的变迁（单位：十亿美元）

命奠定了基础，法拉第的电磁感应理论和麦克斯韦方程直接引发了第二次工业革命，爱因斯坦、冯·诺依曼等科学家无疑是第三次工业革命的"幕后推手"。人类一旦认识了新世界，就必然会创造工具来改造旧世界，社会就会沿着"基础科学理论突破→新工具诞生→生产效率极大提升"的模式产生变革。

但被很多人诟病的是，近几十年来基础科学理论没有像样的重大突破。例如，核电技术在 20 世纪 60 年代就获得商业运营了，核聚变却仍然遥遥无期；登月火箭和高铁 20 世纪 60 年代就造出来了，但相关材料科学却没有重大进展；粒子物理和弦理论等物理学的理论发展几乎停滞；在医学上，癌症、艾滋病和帕金森等疾病仍然难以治疗。虽然最近几十年应用物理的发展很快，比如手机一代一代更新、汽车一代一代进步，但基础科学理论都是在"吃老本"。

随着人工智能的发展，基础科学研究仿佛又有了新的希望。在浏览 Phys. org 和 EurekAlert! 网站（全球最著名的科技新闻网站）的时候，可以发现 2016 年以来出现了很多关于人工智能促进新材料、化学和物理研究的新闻。2018 年 12 月，仅"人工智能＋新材料"领域的消息就有 4 条（见图 3 - 2），这足以说明学术界对人工智能工具的重视。仔细浏览一遍，还可以发现美国几乎主导了这方面的研究。美国学术界一直对利用大数据加速科学研究抱有浓厚的兴趣，例如"材料基因组计划"就是由美国发起的，美国人对大数据在科学研究中的作用有着更深刻的认识，继续引领"人工智能＋材料/化学/物理"领域的研究也不足为奇。

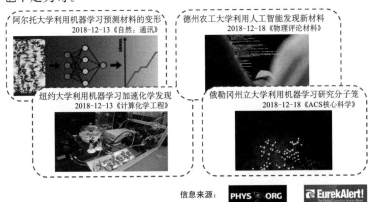

图 3 - 2   2018 年 12 月关于人工智能变革新材料研发方式的几则消息

实际上，材料、化学、物理等基础科学领域的研究过程中充满了大数据，从设计、实验、测试到证明等环节，科学家们都离不开数据的搜集、选择和分析。由于物理、化学或力学规律的存在，这些领域的数据往往都是结构化的、高质量的以及可标注的。人工智能技术（机器学习算法）擅长在海量数据中寻找"隐藏"的因果关系，能够快速处理科研中的结构化数据，因此得到了科研工作者的广泛关注。人工智能在材料、化学、物理等领域的研究上展现出巨大优势，正在引领基础科研的"后现代化"。

在新材料研发中，人工智能技术已经在文献数据获取、性能预测、测试结果分析等各环节展现出巨大优势。例如，2018年1月，美国加州大学和马萨诸塞大学合作开发的人工智能平台，能够自动分析材料科学研究文献，并根据文本中提及的合成温度、时间、设备名称、制备条件及目标材料等关键词进行自动分类；2018年6月，美国斯坦福大学开发的非监督型人工智能程序"Atom2Vec"，只用几个小时就"重新发现"了元素周期表。基思·巴特勒（Keith Butler）等在《自然》（*Nature*）期刊上发表了题为《分子和材料研究用的机器学习》的文章，认为计算材料学/化学的研究流程已经更迭至第三代。其中，第一代是"结构—性能"计算，主要利用局部优化算法从材料结构预测出性能；第二代为"晶体结构预测"，主要利用全局优化算法从元素组成预测出材料结构与性能；第三代为"数据驱动的设计"，主要利用机器学习算法从物理、化学数据预测出元素组成、材料结构和性能（见图3-3）。随着材料基因组、计算材料学等技术的发展，材料大数据的丰富程度和维度不断拓展，人工智能技术正在加速新材料研发的变革。

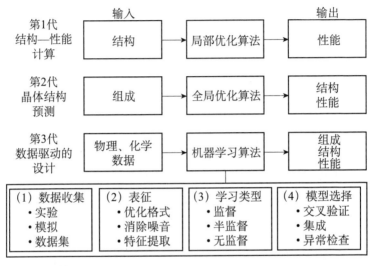

图3-3　计算材料学/化学研究工作流程的演化图

在化学领域，类似的事件也在不断上演。2018年4月，上海大学马克·沃勒（Mark Waller）团队在 *Nature* 发表论文，展示了他们开发的"化学AlphaGo"程序。在搜集了2014年以来公布过的1 250万个化学反应后，沃勒团队应用深度神经网络及蒙特卡洛树算法成功规划了新的化学合成路线，即便是权威专家也无法区别出"化学AlphaGo"程序和人类化学家的不同。2018年7月，英国格拉斯哥大学研究人员采用机器学习算法，开发出可预测化学反应的有机化学合成机器人，这个机器人的预测准确率高达80%，还能够预测人类未探索的新型化学反应

（该研究成果发表于 *Nature*）。2018 年 7 月，美国北卡罗来纳大学开发名为"结构演化的机器学习"（ReLeaSE）的人工智能系统，可学习 170 万个已知生物活性分子化学结构，并随时间推移推测出新型药物分子（该研究发表于 *Nature Catalysis*）。

在物理领域，人工智能的应用给粒子物理、空间物理等研究带来了前所未有的机遇。为寻找希格斯玻色子（上帝粒子），进一步理解物质的微观组成，欧洲核子研究中心（CERN）主导开发了大型强子对撞机（LHC）。LHC 是目前世界上最大的粒子加速器，它每秒可产生 100 万 GB 的数据，一小时内积累的数据与 Facebook 一年的数据量相当。可以想象，如此海量数据的存储、分析都是极大的难题。有一些研究人员就想到，利用专用的硬件和软件，通过机器学习技术来实时决定哪些数据需要保存、哪些数据可以丢弃。事实证明，机器学习算法至少可以做出其中 70% 的决定，能够大大减少人类科学家的工作量。此外，人工智能技术正在加速人类探索宇宙的步伐。2018 年 9 月，美国劳伦斯伯克利国家实验室、英特尔和克雷公司利用深度学习技术开发出物理科学应用程序"CosmoFlow"，可用于处理大型三维宇宙学数据集。同月，美国加州大学伯克利分校利用机器学习技术，从距离地球约 30 亿光年的光源中发现了 72 个新的宇宙无线电爆发。

尽管人工智能商业化发展更容易受关注，但人工智能在基础科研中的应用，却更加激动人心，因为社会生产力的变革归根结底在于基础科研的进一步突破。我们或许再也回不到有着牛顿、麦克斯韦和爱因斯坦等科学巨人的时代。在那个时代，科学巨人们可以凭借着超越时代的智慧，在纸张上书写出简洁优美的定理，或者设计出轰动世界的实验。通过这样的方式再做出伟大贡献的机会或许不多了[①]，这个时代更需要的是通过大量实验数据来获取真理的工作。大到宇宙起源的探索，小到蛋白质分子的折叠，都离不开一批又一批科学家们的前赴后继、执着探索。人工智能技术的应用，或许能帮助蓝色星球的科学家们摆脱无穷无尽实验的痛苦，加速重大科学理论的发现，将人类文明提升到新的台阶。

◎ 人工智能推动社会生产效率快速提升

人工智能无疑是计算机应用的最高目标和终极愿景：彻底将人类从重复机械劳动中解放出来，让人们从事真正符合人类智能水平、充满创造性的工作。在 60 多年的人工智能发展史中，已经诞生了机器翻译、图像识别、自动驾驶语音助手和个性推荐等影响深远的应用，人们的生活在不知不觉中已经发生了巨大变化。未来人工智能应用场景的进一步延伸，是否能够带来社会生产效率的极大提升，引领人类进入新时代？

为了探索这一问题，曾在谷歌和百度担任高管的吴恩达于 2017 年成立了一家立足于解决人工智能转型问题的公司 Landing. AI（见图 3 - 4）。吴恩达通过一篇文章和一段视频在个人社

---

① 此处指的是科学家靠几次实验就能做出重大成就的可能性已经较小。

交网站上宣布了该公司的成立，并表示希望人工智能能够改变人类的衣食住行方方面面的生活，让人们从重复性劳动的精神苦役中解脱。Landing 的中文含义是"落地"，这家公司的目标是帮助传统企业用算法来降低成本、提升质量管理水平、消除供应链瓶颈等。截至目前，Landing. AI 已经选择了两个落地领域，分别是制造业和农业。

图 3 - 4　Landing. AI 官网页面

Landing. AI 最先与制造业巨头富士康达成合作。Landing. AI 尝试利用自动视觉检测、监督式学习和预测等技术，帮助富士康向智能制造、人工智能和大数据迈进，提升制造过程中人工智能应用的层次。吴恩达认为，人工智能对制造业的影响将如同当初电力的发明对制造业的影响般强大，人工智能技术很适合应对目前制造业面临的一些挑战，如质量和产出不稳定、生产线设计弹性不够、产能管理跟不上以及生产成本不断上涨等。目前，工业互联网、智能制造、工业 4.0 等概念已经深入人心，传统企业都在向智能化、数据化转型，但生产过程中获取的大量数据如何应用又成了新的问题。Landing. AI 与富士康的合作，或许将给传统制造业的从业者带来新的启示。

继富士康之后，Landing. AI 又与农业机械制造商中联重科达成了战略合作协议。双方联姻后，携手研发由人工智能技术驱动的农业机械产品，这些设备利用机器学习将具备在作业现场自我智能决策的能力，从而将产品的智能控制提升到一个新的高度。吴恩达表示，"由人工智能技术驱动的农业，将会减轻农民的劳动强度，同时也使整个作业更加环保，这样人们将更容易获取更安全、更健康的食物"。Landing. AI 与中联重科的合作是"智慧农业"发展的一个缩影，未来"人工智能＋农业"的发展还有着更多想象空间。当农业进入了大数据时代，机器作业时可以利用产量、气候、温度、湿度和土壤等各方面的数据进行调整，进一步提升农业生产效率。

当然，制造业的核心竞争力还在于制造业本身，比如车床的精度、热处理炉的温度控制能力等；农业的核心竞争力也在于农业本身，比如育种技术、转基因技术等。人工智能技术的主要价值在于提升决策能力、进一步提升生产效率以及减少人的重复性劳动等方面，这就是人工智能为什么可以赋能各个行业的原因。从这个角度思考，人工智能在提升生产效率方面的潜力还很多，例如：

● 在智能手机生产流水线上的质检员，往往每天要花 10 小时以上的时间去判断质量，今后这种重复性劳动可由机器视觉技术代替人类完成。

● 芯片制造过程有成百上千道工序，各种类型的参数多达上万个，利用机器学习技术通过这些参数预测最终产品良率，能够极大降低生产成本。

● 大型制造工厂的设备管理、人力管理的任务繁重，管理者可以通过人工智能技术进行协调，降低监管成本。

利用人工智能提升生产效率、降低生产成本以及提高产业国际竞争力，无疑是众多国家政府、众多传统企业的梦想。想要实现这一梦想的公司有很多，除了硅谷的 Landing.AI 外，国内也诞生了像第四范式（4Paradigm）一类的初创企业。但我们应该做好心理准备，梦想的实现绝非一朝一夕能办得到的。"人工智能＋"应用落地需要产业专家和软硬件专家、数据专家以及人工智能专家的通力合作，传统企业需要为转型付出很多必需的牺牲，这些过程都充满了痛苦。好在，"Landing.AI 们"已经为我们走出了第一步。

◎ 人工智能将有效改善人类的生存空间

自第一次工业革命以来，人类活动对自然界造成的影响越来越大，日益增长的资源需求使得土地利用情况产生巨大变化，污染愈发严重，生物多样性急剧弱化，人类的生存空间变得越来越恶劣。自 1850 年人类对全球气温的监控逐渐形成体系以来，人们发现全球气候变暖问题开始越来越严重，由此引发的水资源供应不足、气温反常、土地沙漠化等问题接踵而至，人类与自然生态系统的动态平衡被打乱。近年来，全球气候变暖问题已经得到全球范围内的高度重视，节能、环保、绿色和可持续发展已成为世界各国政策的落脚点。

根据联合国的预测，2050 年世界人口将从现在的 76 亿增长至 98 亿，2100 年更将达到 112 亿，其中一半以上的人口增长量将来自南亚和非洲地区[①]。随着人口的迅速增长和经济的不断发展，全球能源消费需求将会呈直线上升的趋势，现有高污染、高能耗的发展模式将难以为继。在这种大背景下，全世界都在大力发展太阳能、风能以及核能等清洁能源，并积极研发可降解的生物质材料来替换石化产品。进入人工智能时代后，怎样更好地利用大数据和机器学习等前沿技术，为环保和绿色产业赋能，成为政府、科学家、公众以及企业的关注焦点。

在能源利用方面，谷歌旗下的 DeepMind 无疑走在了最前面。从 2016 年开始，DeepMind 将人工智能工具引入谷歌数据中心，帮助这家科技巨头节省能源开支。DeepMind 利用神经网络的识别模式系统来预测电量的变化，并采用人工智能技术操控计算机服务器和相关散热系统，成功帮助谷歌节省了 40％的能源，将谷歌整体能效提升了 15％。2018 年后，DeepMind 更是将"触手"伸向了清洁能源领域。风力发电因为有较大的波动性和不可预测性，因而难以并入电网，无法为人们有效利用。DeepMind 利用天气预报、气象观测等数据训练神经网络模型，可以提供 36 小时后的风力预测，从而让农场的风力发电变得能

---

① 联合国经济和社会事务部. 世界人口展望（2017 修订版），2017.

够预测（DeepMind 预测的风力发电量和实际发电量对比见图 3-5）。一旦风力发电可以预测，电厂就能有充裕的时间启动需要较长时间才能上线的发电手段，与风力互补。如此一来，风电并网难的问题就可轻松解决。

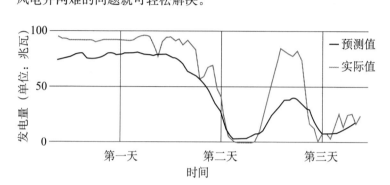

图 3-5　DeepMind 预测的风力发电量和实际发电量对比

在自然环境保护方面，微软的"人工智能地球计划"（AI for Earth）（见图 3-6）则为大家做出了表率。这一计划于 2017 年 7 月启动，旨在借助云计算、物联网和人工智能技术，保护地球及其自然资源，通过资助、培训和深入合作的方式，向水资源、农业、生物多样性和气候变化等领域的个人和组织机构提供支持。例如，"SilviaTerra"项目通过使用 Microsoft Azure、高分辨卫星图像和美国林务局的现场数据来训练机器学习模型，实现对森林的监测；"WildMe"项目通过使用计算机视觉和深度学习算法，可对濒临灭绝的动物进行识别；"FarmBeats"项目在户外环境下可以通过传感器、无人机以及其他设备改进数据采集，进而增强农业的可持续性。

在前三次工业革命中，科学技术进步在给人们带来极大生

图 3 - 6 微软 "AI for Earth" 计划页面

活便利的同时，也带来了气候变化、生物多样性退化、大气与海洋污染等棘手的自然环境问题，人类的生存环境正逐渐变得恶劣。从表面上看，发达经济体的自然环境似乎已经得到了改善，但这种改善是以转移污染、破坏发展中国家自然环境为代价的，世界整体的自然环境状况依然不容乐观。一直以来，人们寄希望于未来的科学技术进步能够解决当下的自然环境问题，而人工智能技术的出现点燃了这一希望。一旦人工智能技术可以加速基础科学理论的突破，实现生产效率的大幅提升，有效改善人类的生存空间，一切发展与自然环境的问题也就迎刃而解。

综上所述，人工智能带来的颠覆性将会超出大部分人的想象。目前，许多行业都已经感受到了人工智能带来的颠覆，包括金融、制造、教育、医疗和交通等。但人工智能的价值维度还有很多，加速基础科学研究、提升社会生产效率和改善人类生存空间也只是其中的几个方面，我们不妨先提升一下自己的想象力。人工智能将为人类带来怎样的变革，让我们拭目以待吧！

人工智能与人类将如何进化？

人工智能将会去往何方？人类是否会因为人工智能的发展而自取灭亡？这些问题都已成为当下人们议论的焦点，相关的伦理以及哲学问题已经引发了全民的讨论（相关内容请参考本书第九章）。科幻小说及影视作品中频频出现的人工智能，更是引发人们的想象与思考：究竟未来人工智能会以什么样的面貌出现？究竟人类是否会超越自身的瓶颈而进化？

◎ 影视作品带来的启示：人工智能会有哪些形态？

科幻小说及影视作品中所承载的人类想象力，远比真实世界要精彩得多，也超前得多。早在 1927 年，人工智能概念诞生的大约 30 年前，德国大导演弗里兹·朗（Fritz Lang）就拍摄了一部伟大的默片——《大都会》（Metropolis），其中女性机器人 Hel 的形象就已经极具视觉冲击力了（见图 3-7）。这部魏玛共和国时期的科幻巨作，影响到了后世的《2001：太空漫游》《黑客帝国》《银翼杀手》等一大批经典科幻电影。《大都会》这部电影虽然讨论了人与机器之间的关系，但它本质上是一个披着科幻外衣的人文故事，此处并不做讨论。

图 3-7　德国电影《大都会》剧照

1999 年，好莱坞相继诞生了两部科幻大作——《黑客帝国》和《异次元骇客》。《黑客帝国》凭借其开创性的动作设计、极具冲击力的视觉效果和引人入胜的情节，成为电影史上的一道靓丽风景线。它的情节想必大家都已熟知，简单可以总结成：人类创造了人工智能，但人工智能机器人却叛变并战胜了人类；为了获取生物能源，人工智能开始利用基因工程改造人类并把人类的思维囚禁在"Matrix"中。《黑客帝国》对人工智能的态度无疑是最消极的，即人工智能成为远超人类的新物种后，必将导致人类的毁灭。相比之下，《异次元骇客》的动作设计没有那么惊艳，剧情的冲击力比不上《黑客帝国》，但其内涵却完全不输后者。这部影片描述了一个三层世界的故事："世界 1999"中的科学家创造出一个"虚拟世界 1937"，却没想到自己的世界也是一个由 2024 年科学家创造出的虚拟世界，更为神奇的是"世界 1999"的男主角最后成功穿越来到了真实的"世界 2024"（替代了他的"蓝本"）。《异次元骇客》的故事涉及一个深层次的问题，即"人的思维（灵魂）"到底是什么，如果大脑的思维能够解码、迁移，人和虚拟世界中的代码又有何分别。

进入 21 世纪以来，科幻电影获得了巨大的成功，已经成为最能吸金的类型片。与人工智能相关的优秀影视作品已经数不胜数，包括斯皮尔伯格执导的《人工智能》、斯嘉丽·约翰逊主演的《她》、诺兰执导的《星际穿越》以及大热的美剧《疑犯追踪》和《西部世界》，等等。在这些影视作品中，人工智能无一例外都是超越人的存在：或者思考得比人类快，或者运动能力比人类强，甚至在艺术上的理解也远远超过人类。但是，这些人工智能的存在形式却有明显不同，大致可以分为以下三种：

第一种类型是拟人化的个体机器人，其在影视作品中占据了主流。电影《人工智能》中渴望成为真正人类小孩的大卫，《西部世界》中觉醒并向人类复仇的德罗丽丝，都是完全拟人化的人工智能机器人。他们不仅有着跟人类一样的外表，还具有跟人类一样的情感和思维方式。除了躯体的构造不同以外，很难说清楚他们与人类的具体区别是什么。但也因为如此，这些"新人类"在影片中带来的道德冲击和社会恐慌尤甚：人类与人工智能的区别究竟是什么？人类将如何与之相处？

第二种类型是虚拟化的人类助手，可以类比为强化版的小娜/Siri。电影《她》中，斯嘉丽·约翰逊就化身为可以谈恋爱的 OS1 系统，让男主角沉溺在一场"人机恋爱"中无法自拔（见图 3-8）。又如国产科幻大片《流浪地球》中的人工智能系统"MOSS"、《2001：太空漫游》中的"HAL"，一直在国际空间站中为人类提供智能服务。在此类影视作品中，人与人工智能的关系是缓和且次要的，人工智能是服务于人的工具，是人类能力的延伸。导演想要探讨的，无非是新时代下人类如何自处，其讨论的核心还是在于人本身。

图 3-8   电影《她》的海报

第三种类型则是脱离人类控制，甚至主宰人类的超级人工智能系统。《黑客帝国》中无所不在的"Matrix"，不仅可以在虚拟世界中控制人类的精神，还可以在现实世界中控制乌贼机器人攻击觉醒的人类。《疑犯追踪》中善良的人工智能系统"The Machine"和邪恶的人工智能系统"Samaritan"，都能够调用社会资源，雇佣人类为其所用。在此类影视作品中，人工智能无疑成了主宰人类的"神"，拥有人类几乎全部知识、具有独立意志的人工智能系统成为人类最大的威胁。

将目光转到现实世界，可以发现上述三种类型的人工智能都存在现实映射。被沙特政府授予全球首个公民身份的机器人索菲亚是第一种类型，然而索菲亚只是徒有人类外表的弱人工智能，其象征意义大于现实意义；无处不在的 Siri、小娜和小爱同学等人工智能应用是第二种类型，它们虽然还无法真正"理解"人类，但作为工具确实能给人们带来一些便利；IBM 人工智能系统 Watson、谷歌人工智能平台等则是第三种类型，它们默默收集并处理世界各个地方、各个行业的数据，它们能够胜任多种多样的智能任务，但公众在日常生活中却难以感受它们的存在。尽管影视作品中的人工智能还太过遥远，但其中所描绘的人工智能形态，以及人工智能带来的伦理冲击和社会形态变化，却一点一点地在现实中浮出水面。

◎ 人工智能的未来进化方向

影视剧或许能够启发我们思考未来人工智能的形态，以及人类与人工智能的关系如何发展，却没法告诉我们当下的弱人工智能技术将如何演化。非不为也，实不能也。预测技术的发展趋势远比幻想未来要困难得多。回归技术本身，人工智能未来究竟会如何演化？人工智能演化将会带来什么样的影响？这些问题不去探寻，科技企业就有可能失去发展先机，技术突破带来的社会冲击有可能会面临失控，这就是所谓的机遇和风险共存。

在人工智能 60 余年的历史中，算力、算法和数据无疑是最核心的发展要素。支持向量机和深度学习等机器学习技术的诞生，能够直接开创人工智能的新时代，这是算法的力量。但与此同时，算法的发展也离不开计算能力、数据量的提升。深度学习算法的提出，就是以摩尔定律下芯片计算能力突飞猛进为前提的。在人工智能 1.0 时代到 3.0 时代初期这一阶段，计算能力和数据量都处于低水平，这时一种新算法的提出往往能够为人工智能的发展带来突破，算法成为驱动人工智能发展的关键要素。在深度学习时代，计算能力和数据量处于高水平状态，这时高质量的数据成为人工智能发展的关键，算法的重要性则大幅下降。

与人工智能发展历史相似，未来人工智能的进化也将会沿着两种路径前进。第一种是基于大数据利用的人工智能，可以简称为"数据智能"。尤其是在深度学习时代，如何通过机器学习技术对大数据进行处理、分析和挖掘，提取数据中所包含的有价值的信息和知识，将成为发展人工智能的关键。当下大热的生成式对抗网络（GAN）、胶囊网络（capsule networks）、自动学习机器（AutoML）、元学习（meta-learning）和迁移学习

(transfer learning) 等都属于这一范畴。数据智能发展的下一个阶段，应该是如何用小数据解决大问题、完成多任务。

第二种则是基于脑科学、认知科学或心理学的全新机制的人工智能，可以简称为"机制智能"。深度学习可以说是基于脑启发的一种算法，但它离大脑真正的工作原理还相差甚远。在后深度学习时代，随着人类对大脑（生物智能）有了深度的理解，通用的机制智能必将实现，并且会像当下的深度学习一样，再次给人类社会带来巨大的颠覆和变革。当下的类脑计算研究就属于这一范畴，并且已经取得了不少成果。例如，类脑芯片在物理结构上力图靠近生物脑，正在颠覆经典的冯·诺依曼架构，未来或将成为率先达成"机制智能"的技术。

当然，数据智能和机制智能绝非对立的关系，数据智能的某一些技术可能会演变为机制智能，机制智能的某一些思路或许特别适合处理以前难以应付的数据类型。需要指出的是，人工智能的进化方向是难以预料的，也非人的意志所能左右的。当下最关键的，是身处大数据时代的我们，怎样消化和利用好现有的机器学习、深度学习技术，解决人类社会和自然生态中最紧迫的问题。

◎ 人类未来将走向何方？

人类自诞生以来，就一直在创造工具、利用工具，来改造自身社会和自然环境。从森林里走出来的第一批古人类，只能靠粗糙的石头和木棒来保护自己，尚没有一套健全的语言体系来交流。当下的人类却能够依靠法律来保护自己，交流方式更是花样不断，从短信到 QQ 到微信再到抖音短视频，变化速度之快令人惊叹。从某种意义上来说，人类是靠对世界的更深层理解、靠对工具的改造和利用实现了进化，而非依靠基因层面的变化。那么，作为一种全新而强大的工具，人工智能技术又将会怎样重塑蓝色星球上的智慧生物——人类？

从工作原理上看，当下的弱人工智能系统虽然有一定程度的创造性，但却没有任何"智慧"可言。人工智能技术属于人类发明的一种工具，但这种强大的工具能够帮助人们快速有效地处理海量数据、做出决策等，颠覆性超过以往的任意一种工具。毫无疑问，弱人工智能会作为人们强有力的帮手，将人类文明推向新的高度。在这个过程中，人工智能与人类将可能在最大限度上进行互补，人工智能擅长快速计算、处理大数据，而人类擅长抽象思考、举一反三多角度思考，两种"智能"各有所长又各有所短，完全可以有机结合起来，并不存在谁替代谁的问题。

著名杂志《连线》的创始主编凯文·凯利曾在 TED（technology，entertainment，design）演讲中讲到："事实上，目前世界上最厉害的国际象棋冠军并不是人工智能，也不是人类，而是人类和人工智能组成的团队。也就是说我们将和人工智能一起工作，你将来的薪酬很可能取决于你跟机器人合作得如何。"换句话说，未来人类与人工智能进行实际意义上的协作将成为常态。

另外，人工智能技术的进步使得人类改造自身成为可能。DARPA 提出的有着强烈科幻感的脑机接口技术，就是试图将大脑和外部设备连接到一起，从而完成意念控制、生理功能恢复、神经元信号解码等任务。想象一下，如果将来人的大脑能够与不同的先进设备连接，就能目视千里之外（千里眼）、耳听四面八方（顺风耳）、手举万斤之物（力大无穷），是不是像极了合体的"金刚葫芦娃"？除了 DARPA 在军事领域的研究外，企业界也表现出了对脑机接口技术的巨大兴趣。曾对人工智能发展颇为忌惮的埃隆·马斯克（Elon Musk），就创办了名为"Neurallink"的脑机接口公司，而他创办公司的初衷之一就是帮助人类实现进化，用于抵御未来强人工智能对人类的反叛。

关于人类进化的最大胆、最疯狂的想象，莫过于《攻壳机动队》和《西部世界》等一类影视作品了。在《攻壳机动队》设定的 2029 年，改造人、生化人和机器人等的存在已经非常普遍。女主人公就是一个只有大脑是人脑，其余部分皆为机械装置的改造人（见图 3-9）。甚至有一部分人的大脑也已经电脑化，从而真正实现所谓的"电子化的存在"。《西部世界》也描绘了这种前景：想要长生不老的商人詹姆斯·德洛斯投资了西部世界，目的就是在死后将意识注入机器中，实现重生。

图 3 - 9　动画电影《攻壳机动队》海报

强人工智能浅谈

本书很少谈到强人工智能或超人工智能，是因为我们对它们的了解还很肤浅。正如国际人工智能联合会原主席、牛津大学计算机系主任迈克尔·伍德里奇（Michael Wooldrige）在一场报告中所说："强人工智能几乎没有进展，甚至几乎没有严肃的活动。"当下人工智能取得的进展和成功，都是源于弱人工智能的研究。尽管如此，影视作品中充斥着大量的强人工智能概念，给我们带来了强烈的生存危机感和伦理道德冲击，所以强人工智能这一话题终究是避免不了的。

早在 17 世纪，法国伟大的哲学家、数学家笛卡儿就提出了二元论，即物质和精神是分离的。笛卡儿认为，人类独有的语言和学习能力，属于心灵—精神世界，而不属于物理—机械世界。然而，笛卡儿没有回答的是：既然身体属于物理—机械世界，思维属于心灵—精神世界，那么这两个世界之间有着怎样的关系呢？现代医学和神经科学已经给出了答案：我们的意识、思维都产生并储存于由上千亿个神经元和百万亿个突触组成的大脑（物理—机械世界）中。那么问题又来了，凭什么"智慧"只能来自大脑这个一千余克的器官之中，而不能用机械的方式来实现？如果我们能够模仿大脑，创造出由上千亿个"类神经元"和百万亿个"类突触"组成的电子脑，我们是否就能创造出媲美人类智能的机器？

关于如何实现强人工智能，北京大学黄铁军教授认为："人类具有强人工智能，人类意识是生物神经系统这个大规模非线性动力学系统涌现出的功能。要产生强人工智能，就要制造出逼近生物神经网络的电子大脑。"这条产生强人工智能的路线可以归纳为"结构仿脑，功能类脑，性能超脑"，是以生物大脑为蓝本，先从结构仿真入手，构建出模仿神经系统的电子结构，再加以外界刺激进行训练，最终使其获得与生物大脑相同的功能。"产生强人工智能，不是理解大脑奥秘的结果，而是其基础和前提。正如先有 1903 年莱特兄弟发明飞机，才有冯·卡门和钱学森 1939 到 1946 年建立起空气动力学。同样，神经形态机制造成功，强人工智能才能发生，脑科学和数理科学家才能通过对照实验，最终破解大脑意识奥秘这个终极性科学问题。"① （类脑智能更多内容见本书第八章和第十章。）

如前所述，这种模仿大脑结构的"机制智能"或许将演化为第一种强人工智能，因此相关的脑科学计划受到了世界科技强国的高度重视。截至 2018 年年底，美国、中国、欧盟、加拿大、日本和韩国等均已经发布了脑科学计划，其中欧盟的脑科学计划主要侧重于模拟脑功能，旨在实现强人工智能。然而，人类大脑是一个超高维度的复杂系统，想实现结构上的模拟又谈何容易。人工智能学家明斯基曾表示，"所谓思维并不是直接来源于几个像波函数那样的规整漂亮的基本原理，精神活动也不是一类可以用几个逻辑合理的运算就能描述的现象。脑的结构是成千上万个具有专门机能的子系统协作的结果，是上百万年进化中缠绕组合的结果"。麦卡锡则表示，"为了实现人类水平的人工智能，我们需要像爱因斯坦和麦克斯韦一样的天才，以及类似于曼哈顿计划的庞大资金"。

总的来讲，我们在去往强人工智能的长征路上仅仅走了一小段路，未来需要做的工作还有很多。但是，假设强人工智能快要实现了，我们会面临一个更加棘手的问题：人类该如何与

---

① 黄铁军. 也谈强人工智能. 中国计算机学会通讯，2018（2）.

拥有更高智慧的强人工智能相处？人工智能会不会像电影《终结者》中那样想要消灭人类？为了回答这一萦绕在众人脑海里的终极疑问，我们不妨假设一下强人工智能的诸多可能性：

● 强人工智能拥有超高智力，但没有自我意识。

● 强人工智能拥有超高智力，也有着自我意识，且其自我意识建立在人类的意识之上。

● 强人工智能拥有超高智力，也具有自我意识，但其自我意识并非建立在人类的意识或情感之上。

毫无疑问，第一种有智力、没有自我意识的人工智能是较可控的。此类人工智能可以作为最强大的工具之一，帮助人类探索宇宙深处的奥秘，实现许多当下未竟的梦想，例如核聚变发电、星际旅行等。当然，这种工具一旦被恶意利用，也会带来巨大的灾难（与核能类似）。但关键是，人工智能的智力和自我意识能否剥离开？实现这一点，或许并没有想象中的不可思议。人之所以为人，正是因为有着七情六欲，经历过痛苦，经历过欢乐，所以才能衍生出各种情感和自我意识。如果一个机器人无法感知疼痛、天气冷暖和饥饿，无法看到五彩斑斓的大千世界，它的自我意识又来源于何处？相信到了可以发明出强人工智能的一天，人类的科学家一定有办法创造出没有自我意识的机器人。

第二种和第三种可能性是我们难以掌控的，这有可能会创造出人类的潜在敌人（资源竞争者）。但不必过于担心，创造此类强人工智能的过程一定也是可控的。以黄铁军教授的思路为例：在利用结构仿真手段开发人工智能的过程中，我们完全可以通过控制电子大脑的规模来控制其智能程度，这样一来，我们或许就能洞察"新智慧生物"在不同智能程度下是如何思考的，"Ta"对人类到底抱有什么样的态度。

　　鉴于强人工智能以及脑科学的理论远未成熟，本节的内容只能算是"漫想"。但无论如何，实现强人工智能的过程，其实就是人类如何更加了解自身的过程。在这一过程中，脑科学、计算科学哲学以及心理学等的发展必会使得人类的生活更有色彩、人的价值更加突出。如此有意义的事情，难道不值得我们为之付出更多努力吗？

第四章

大国角逐：各国积极部署
人工智能战略

谁能成为人工智能领域的领先者，谁就是未来世界的统
治者。

——弗拉基米尔·普京

国家力量——人工智能浪潮后的"隐形推手"

在前面章节里，"DARPA"一词频频出现，仿佛人工智能的历史与 DARPA 的历史高度交叉在一起。那么，DARPA 究竟在人工智能的发展中起到了什么作用？作为美苏争霸的产物，DARPA 曾孕育出互联网、隐身飞机、GPS、脑机接口和语音识别等前沿科技成果，很大程度上改变了人类世界的面貌。从 20世纪 60 年代起，DARPA 就开始资助人工智能项目，成为早期人工智能研究的重要推动者。在人工智能的三次发展浪潮中，DARPA 都扮演了非常重要的角色，美国人工智能的发展很大程度上要归功于 DARPA 的支持。毫无疑问，像 DARPA 一样的政府资助，对人工智能技术探索起着至关重要的作用，尤其是那些尚无商业价值但决定未来竞争格局的技术。

◎ DARPA 为何能引领人工智能的发展

DARPA 的成立充满了传奇色彩，完全值得大书特书。1957年 10 月 8 日，美国宝洁公司总裁尼尔·麦克尔罗伊（Neil McElroy）被他的好友——艾森豪威尔总统任命为第六任国防部长。从肥皂销售员一步步干起的麦克尔罗伊，非常执着于研发，还曾提出了著名的品牌经理制。在麦克尔罗伊正式上任国防部长的前 4 天，苏联发射了世界首颗人造卫星"旅行者 1 号"，让美国体验到自珍珠港事件后的最大恐慌。为应对苏联带来的巨大威胁，麦克尔罗伊提议成立一个名为高级研究计划局（ARPA，后改称 DARPA）的机构，目的是通过激进式创新，解决最为艰难的技术问题，提升国家安全领域的创新能力。1958 年 1 月，DAR-PA 正式成立，负责包括太空领域在内的美国大多数军事科技研发项目。DARPA 的组织结构见图 4-1。

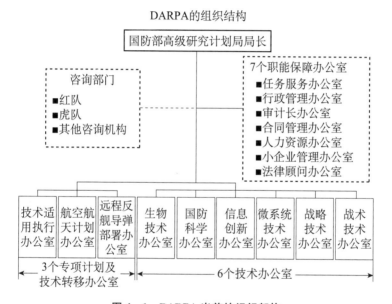

图 4-1　DARPA 当前的组织架构

此后的事实证明，麦克尔罗伊将卖肥皂的经验移植到国防创新上，同样取得了巨大成功。DARPA 创立以来发明的 AR-PANET（互联网前身）、全球定位系统（GPS）、无人机、平板显示器等技术，无不深入到当前每个人的生活中。DARPA 能有如此的成就，是因为其在诞生之初就充满了创新基因。DARPA 并不参与具体的研究和咨询工作，而是通过项目经理制将研究外包出去。这种小核心、大协作的运营模式，使得 DARPA 成为一个高效运作的机构。DARPA 项目经理均为工业界、大学、实验室和军方的科技精英，虽然聘期只有 4 到 5 年，却掌握了每个项目的绝对生杀大权。DARPA 采用极为扁平化的管理模式，这就杜绝了官僚主义的滋生。

从 20 世纪 60 年代开始，DARPA 就深度参与了人工智能的研究。DARPA 在 MAC 计划中研制电脑分时操作技术，开启了最初的人工智能研究。到了 20 世纪 70 年代，DARPA 已经成为美国人工智能领域最重要的资助者，DARPA 相继启动语音识别研究（speech understanding research）和图像理解（image understanding）等项目，积极推动人工智能技术的实际应用。到了 20 世纪 80 年代，世界多国加大对计算机系统的研究力度（日本推出第五代计算机计划），DARPA 受此影响启动了战略计算项目，继续维护其在信息和计算领域的优势，人工智能技术则成为其中的重要组成部分。

进入 20 世纪 90 年代后，DARPA 人工智能研究全面涉及自然语言理解、问题求解以及感知和机器人等领域，相继推出了统计语言理解（statistical language understanding）、高性能知识库（HPKB）、无人地面车辆（UGCV）等数十个项目。进入 21 世纪后，DARPA 将更多精力放在机器学习领域，希望让机器不仅可以简单模仿人的行为，还能够像人一样自主学习。2016 年 10 月，DARPA 发布了"可解释的人工智能"（Explainable Artificial Intelligence）项目，目的是建立一种能够产生可解释模型的机器学习技术，使用户最终可以理解、信任并管理人工智能系统。2018 年 9 月，DARPA 启动了"下一代人工智能"（AI NEXT）计划，计划在数年内斥资 20 亿美元，打造具有常识、能感知语境和拥有更高能源效率的人工智能系统。DARPA 自 1960 年起进行的人工智能研究见图 4 - 2。

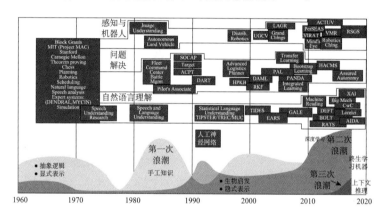

图 4 - 2　DARPA 在人工智能领域的研究

近 60 年来，DARPA 各类天马行空的研究项目为人工智能发展提供了巨大的生存空间，也使得斯坦福大学、卡内基梅隆大学和麻省理工学院等高校可以培养大量人工智能人才。现在人工智能产业如此火爆，必须要感谢 DARPA 等政府机构多年前的"高瞻远瞩"。正是因为 DARPA 对前沿科技的不断探寻，人工智能的未来才有了更多可能。

◎ 大国政府纷纷开始布局人工智能发展

DARPA 对人工智能的资助让人印象深刻，但第三次人工智能浪潮的发展，却要归功于加拿大政府。1987 年，深度学习的

"缔造者"杰弗里·辛顿从卡内基梅隆大学辞职，决定接受加拿大高等研究院（CIFAR）的邀请到多伦多大学任教。辛顿做出这一决定的原因有两方面：一是当时神经网络算法的效果不及支持向量机等其他机器学习算法，业界对人工神经网络的看法较为消极，美国政府削减了这方面的资助；二是作为社会主义者的辛顿对里根政府的外交政策失望，并且美国政府的人工智能研究多由 DARPA 资助，辛顿也觉得难以接受。

加拿大高等研究院敢于投资有前景的冷门项目，辛顿迁居加拿大后立即参与了名为"人工智能、机器人与社会研究"的项目。随后，辛顿在加拿大结识杨立昆（辛顿的博士后）和尤舒亚·本吉奥，他们在那场人工智能寒冬中默默耕耘了十余年。2004 年，在杨立昆和本吉奥的支持以及 CIFAR 的资助下，辛顿创立神经计算和自适应感知（neural computation and adaptive perception）项目，寻找杰出的计算机科学家、生物学家、电子工程师、神经科学家和物理学家，致力于通过跨领域合作来模拟生物智能。到了 2006 年，辛顿团队终于提出了深度学习概念，神经网络算法再次进入人们的视野。正是加拿大政府的资助，为深度学习的前期研究提供了重要保障。由此可见，国家力量是人工智能浪潮背后的"隐形推手"，前沿人工智能技术的诞生离不开政府机构的资助，DARPA 以及加拿大高等研究院的成就都证明了这一点。

随着深度学习和强化学习等技术的突破，人工智能技术正不断渗透到社会生产生活的各个方面，给国家政治、经济、文化各方面带来极为深远的影响，持续引发全球政界、产业界和学术界的高度关注。鉴于人工智能可能给社会带来颠覆性变革，越来越多的国家争相制定发展政策与战略规划，科技强国进入全面推进人工智能发展的全新战略时代，人工智能已经上升为国家层面的激烈博弈。

2017年以来，与人工智能相关的国家级战略密集出台，社会关于人工智能的大讨论激烈展开，各国政府关于人工智能发展的思路也逐渐清晰。世界主要国家人工智能政策与战略见图4-3。

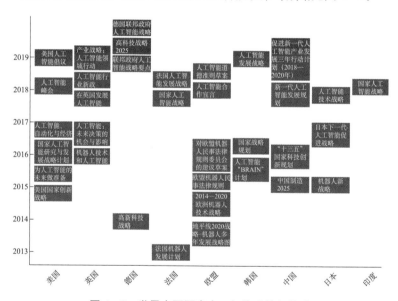

图4-3　世界主要国家人工智能政策与战略

科技霸主美国——稳中有进，慢热而强势

美国一直引领着人工智能基础研究的前沿，以 DARPA 为

代表的政府机构持续推动人工智能发展与应用。总体而言，美国已经建立起相对完整的研发促进机制，并且开始将人工智能运用到军事领域。但在战略布局方面，美国政府的动作似乎稍显迟缓。尤其在特朗普执政期间，美国国家级的人工智能战略直到2019年才姗姗来迟，被很多人批评为"行动缓慢"。但是，美国毕竟是第三次人工智能浪潮的发源地，拥有大量人工智能人才（人和），掌握着全球互联网商业市场的命脉（地利），在大数据即将井喷的5G时代（天时）仍将保持足够的优势。

◎ 积极主动的奥巴马

2016年，随着深度学习获得巨大成功，美国奥巴马政府高度关注人工智能相关领域的科技发展、市场应用与前沿政策。短短几个月内，美国就出台了多项政策。

2016年10月，美国白宫科技政策办公室（OSTP）发布《为人工智能的未来做准备》报告，高度明确了美国政府对人工智能的支持态度。这份报告探讨了人工智能的发展现状、应用领域以及潜在的公共政策问题，并提出了诸多建议措施，其中与政府相关的有：优先投资私营企业不愿投资的人工智能基础与长远研究领域；在计划和战略规划中重视人工智能和网络安全之间的相互影响；促进人工智能公开数据标准的使用和最佳实践等。

同月，OSTP下属的国家科学技术委员会（NSTC）发布《国家人工智能研究与发展战略计划》，旨在运用联邦基金的资助来加强人工智能研究，使人工智能能够为社会带来更多的积极影响。这一计划提出了七大战略：对人工智能研发进行长期投资；开发人机协作有效方法；理解和应对人工智能带来的伦理、法律和社会影响；确保人工智能系统安全性；建立技术标准基准和评估体系；开发共享公共数据集和测试环境平台；把握人工智能研发人才的需求（见图4-4）。此外，该计划还提出了两方面发展建议：开发人工智能研发实施框架，以抓住科技机遇，并支持人工智能研发投资的有效协调；在国家层面研究建立并保持健全的人工智能研发队伍。

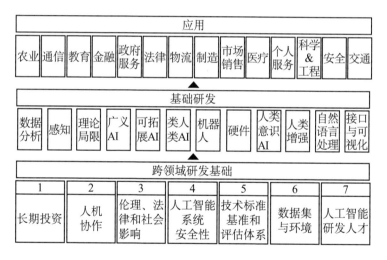

图4-4　美国人工智能七大战略的具体关系

说明：七大战略分别用数字1～7标明。

2016年12月，美国白宫发布《人工智能、自动化与经济》报告，深入考察人工智能驱动的自动化将会给经济带来的影响。报告认为人工智能驱动的自动化开创了新的市场和机遇，将促进健康、教育、能源等领域的发展，变革经济，创造更多财富。面对这样的影响，报告提出美国政府既要抓住人工智能发展机遇，积极应对国际竞争挑战，又要引导其规范发展，并给出了三大应对策略：针对人工智能的优势进行投资和开发；针对未来的工作类型教育并培训国民；为转型期间的工人提供帮助，并确保工人能够广泛共享经济增长的益处。

三份文件几乎同时发布，足以证明奥巴马政府对人工智能的重视程度。此时正值美国政府换届，这三份文件也算是奥巴马政府最后留下的政治"遗产"。《人工智能、自动化与经济》中就特别强调，应对人工智能驱动的自动化经济是下一届政府及其后续政府将要面临的重大政策挑战，并敦促特朗普政府确保美国在人工智能的创造和使用中的领导地位。

◎ 慢热而强势的特朗普

2017 年，特朗普上任初期，政府对人工智能反应是较为冷淡的。作为民主党大本营的硅谷，一直与特朗普政府保持着若即若离的关系，特朗普本人对人工智能的发展自然也没那么上心。但这一情况正在改变，特朗普政府对奥巴马时期的人工智能发展战略进行了一些转变与升华，开始寻求一种截然不同的、自由市场导向的人工智能战略。

2018 年 5 月，在业界的殷殷期盼之下，美国白宫举办了人工智能峰会。特朗普邀请了产业界、学术界和政府代表共同参与，讨论了人工智能产业的发展前景，共议能够使美国民众受益的、确保美国在人工智能时代全球领先地位的相关政策。峰会提出了以下美好愿景：要大力支持国家人工智能研发生态系统、要充分利用人工智能的优势发展美国的劳动力市场、消除美国人工智能创新进程中的障碍、使人工智能能够在特定行业的应用中发挥显著的影响力、实现人工智能军事战略优势、利用人工智能改善行政效率；等等。

更为重要的是，美国白宫还成立了人工智能专门委员会，其职责就是为国家科学技术委员会提供建议和帮助，提高与人工智能相关的联邦研究与开发工作的整体效率和生产力。特朗普政府还特别强调了允许人工智能技术"自由发展"，联邦政府"将尽最大可能，允许科学家和技术专家自由研发下一代伟大发明"。

2019 年 2 月 11 日，中国的春节刚过，当国内人工智能企业员工还沉浸在收到开工红包的喜悦中时，美国总统特朗普猛然签署了《美国人工智能倡议》（"American AI initiative"）行政令，将美国人工智能技术发展上升到了国家级战略的高度。这份倡议有五大核心要点：一是重新定向资金，要求联邦资助机构优先考虑人工智能投资；二是提供资源，为人工智能研究人员提供联邦数据、计算机模型和计算资源；三是建立标准，要求美国国家标准与技术研究院制定标准，以促进"可靠、强大、安全、可移植和可交互操作的人工智能系统"的发展；四是建立人才队伍，要求各机构优先考虑学徒、技能计划和奖学金，为美国培育能够研发和利用新型人工智能技术的研发人才；五是加强国际化参与，呼吁制定国际合作战略，确保人工智能的开发符合美国的"价值观和利益"。

这是美国政府首次推出国家层面的人工智能发展计划,旨在通过推动人工智能的技术突破,打破人工智能创新障碍,为未来的岗位培养劳动力,保护美国在人工智能方面的优势。虽然政策来得慢了些,但美国想要维持人工智能领导地位的意图非常符合美国一贯的强势作风。美国人工智能战略布局虽然慢热,但各部门参与度高、配合性强,项目和技术进展速度也非常快,美国在人工智能的竞争中已然处于全方位的领先状态。

◎ **美国政府关注哪些方面?**

作为世界超级大国的美国,其两任总统——奥巴马和特朗普在人工智能领域的发力点虽有所不同,但总体来说他们的焦点都集中在如何面对人工智能全面发展的大趋势,并着眼于其对国家长期安全与社会稳定的影响与变革。

美国在整体的人工智能规划中,力图探讨人工智能驱动的自动化对经济的预期影响,研究人工智能给社会就业带来的机遇和挑战,并且有针对性地制备配套文件,针对政府资助研发和就业保障两个问题进行重点规划,进而提出相应计划与措施来应对相关影响。

此外,美国在人工智能发展规划中对数据和安全十分重视,对网络与系统安全问题,包括系统的可追责性和决策的透明度等问题进行了大量的讨论,并且提议政府公开机器学习数据库并制定数据标准进行数据打通,可见美国对数据开放的关注度很高。

在人工智能整体布局上，美国侧重从研发与从业者的培养，公平、安全与治理，就业风险保障等方面进行人工智能规划部署，重点发力技术研发和完善保障体系，在加快人工智能应用发展的同时，对可能伴生的风险给予特别关注。在技术发展上，美国重点布局互联网、芯片与操作系统等计算机软硬件，以及金融、军事、能源等领域。美国政府在人工智能领域的关注重点见图4-5。总而言之，美国人工智能战略布局的目的就是保持其在全球的全面领先地位。

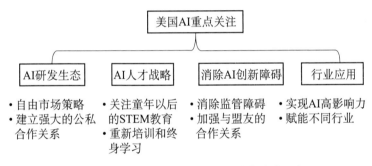

图4-5　美国政府在人工智能领域的关注重点

后起之秀中国——把握时机，迎头赶上

中国在科技方面的发展长期处于跟跑地位，但在工业4.0时代，中国奋起直追，在许多领域已经从跟跑迈向了领跑。中国已经进入了全球人工智能发展的第一梯队，并把人工智能当作未来战略的主导。作为全球第二大经济体，在各国紧锣密鼓

地制定人工智能发展战略的时刻,中国已向世人宣告了引领全球人工智能理论、技术和应用的雄心。

◎ 中国政府发布的人工智能战略

2016 年 8 月,国务院发布了《"十三五"国家科技创新规划》,明确把人工智能作为发展新一代信息技术的主要方向,强调在构建现代化产业技术体系中大力"发展自然人机交互技术,重点是智能感知与认知、虚实融合与自然交互、语义理解和智慧决策、云端融合交互和可穿戴等技术研发及应用",要求"重点发展大数据驱动的类人智能技术方法;突破以人为中心的人机物融合理论方法和关键技术,研制相关设备、工具和平台;在基于大数据分析的类人智能方向取得重要突破,实现类人视觉、类人听觉、类人语言和类人思维,支撑智能产业的发展","并在教育、办公、医疗等关键行业形成示范应用"。

2017 年 7 月,国务院颁布《新一代人工智能发展规划》,正式将发展人工智能上升到了国家战略层面。《新一代人工智能发展规划》确立了三步走战略目标:第一步,到 2020 年人工智能总体技术和应用与世界先进水平同步,人工智能产业成为新的重要经济增长点,人工智能技术应用成为改善民生的新途径,有力支撑进入创新型国家行列和实现全面建成小康社会的奋斗目标;第二步,到 2025 年人工智能基础理论实现重大突破,部分技术与应用达到世界领先水平,人工智能成为带动我国产业升级和经济转型的主要动力,智能社会建设取得积极进展;第三步,到 2030 年人工智能理论、技术与应用总体达到世界领先水平，成为世界主要人工智能创新中心，智能经济、智能社会取得明显成效，为跻身创新型国家前列和经济强国奠定重要基础。

《新一代人工智能发展规划》还提出了构建开放协同的人工智能科技创新体系、培育高端高效的智能经济、建设安全便捷的智能社会、加强人工智能领域军民融合、构建泛在安全高效的智能化基础设施体系、前瞻布局新一代人工智能重大科技项目这六大重点任务。《新一代人工智能发展规划》是所有国家人工智能战略中涉及范围较为全面的规划，包含了研发、工业化、人才发展、教育和职业培训、标准和法规、道德规范制定与安全等各个方面的战略。

在《新一代人工智能发展规划》的基础上，工信部于 2018 年 12 月发布了《促进新一代人工智能产业发展三年行动计划（2018—2020 年）》，具体提出了四方面行动目标：一是人工智能重点产品规模化发展；二是人工智能整体核心基础能力显著增强；三是智能制造深化发展；四是人工智能产业支撑体系基本建立。计划力争到 2020 年，一系列人工智能标志性产品取得重要突破，在若干重点领域形成国际竞争优势，人工智能和实体经济融合进一步深化，产业发展环境进一步优化。这份计划可以看作是对《新一代人工智能发展规划》三步走战略中第一步的详细技术规划。

◎ 中国政府关注哪些方面？

中国作为全球第二大经济体，一直在努力建设社会主义现代化强国,虽然未能在第一、第二次工业革命中有所作为,但在工业 4.0 时代,中国具有很大希望能够拔得新兴技术头筹。中国拥有世界上最庞大的消费者数据和工业生产数据,以及大量的高素质工程师,具备了人工智能发展的核心要素。中国在人工智能领域的竞争力或许不输美国。

相较于美国,中国的人工智能规划更注重细节化、全面化和应用化,涵盖从技术科研立项到培育高端高效的智能经济再到建设安全便捷的智能社会各个方面,从人工智能科技发展和应用的现状出发,分别从产品、企业和产业层面分层次落实发展任务,对人工智能进行系统布局,可以说应用与落地是中国人工智能未来发展的重心所在。中国关注人工智能在农业、金融、制造、交通、医疗、商务、教育、环境等领域的应用。在技术方面,中国聚焦人工智能基础理论和关键技术,同时支持对人工智能交叉学科的研究。中国政府在人工智能领域的关注重点见图 4-6。

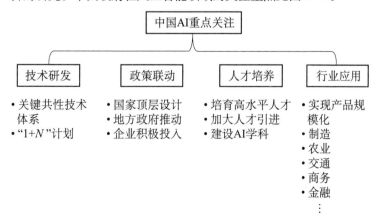

图 4-6　中国政府在人工智能领域的关注重点

总体而言，中国的人工智能战略覆盖了广泛的研究和应用领域，侧重推动经济发展，力图抢占科技制高点，推动人工智能产业变革，进而实现社会生产力的新跃升，实现人工智能产业的全面发展。

强手林立的欧洲——协同合作，力争上游

欧盟作为拥有 28 个成员国的强大联盟①，在发展人工智能的道路上积极团结成员国展开讨论。欧洲在人工智能领域投资少且缺乏全球规模的数字公司，在深度学习、专利申请和投资方面也落后于美国和中国。在这种情况下，欧盟正在不遗余力地推动人工智能发展。

2018 年 4 月，欧盟委员会提出《人工智能合作宣言》（"Declaration of cooperation on artificial intelligence"），意在加强欧盟各国在人工智能领域的技术研发、道德规范制定以及投资规划方面的合作，形成协同合作效应。2018 年 7 月，欧盟 28 个成员国（包括英国）全部签署了这份宣言。《人工智能合作宣言》提出欧盟将采取三管齐下的方式推动欧洲人工智能的发展：增加财政支持并鼓励公共和私营部门应用人工智能技术；促进教育和培训体系升级，以适应人工智能给就业带来的变化；研究和制定人工智能道德准则，确立适当的道德与法律框架。欧盟

---

① 截至 2018 年 12 月 31 日，英国尚未脱欧，此处欧盟仍包含英国。并且英国深度参与了欧盟人工智能战略的制定，此处也不做切割。

通过该合作宣言,以期优先建立人工智能道德法律框架,并促进各成员国之间在人工智能领域的合作,以保证自身在本轮人工智能全球性竞争中的优势。

2018年6月,欧盟委员会提出新设"数字欧洲"项目,加强对超级计算机、人工智能的投资。欧盟委员会提议向"数字欧洲"项目拨款92亿欧元,其中25亿欧元将用在人工智能领域,其研发重点是数据保护、网络安全、人工智能伦理、数字技术培训和电子政务。在应用领域,欧盟更关注人工智能相关的基础应用研究,尤其是超级计算机和数据处理应用。欧盟希望人工智能技术能够在欧盟经济和社会领域得到广泛运用,使政府和民营企业普遍受益。

相较于美国和中国,欧盟非常注重探讨人工智能的法律、伦理、责任问题。2018年12月,欧盟人工智能高级专家组发布《可信赖人工智能道德准则草案》("Draft ethics guidelines for trustworthy AI")。草案给出了可信赖人工智能和不可信赖人工智能的明确划分,指出可信赖的人工智能有两个组成要素:首先,它应该尊重基本权利、规章制度、核心原则及价值观,以确保"道德目的";其次,它应该在技术上强健且可靠,因为即使有良好的意图,缺乏对技术的掌握也会造成无意的伤害。另外,草案也提出了可信赖人工智能的不可为基本原则:人工智能不应以任何方式伤害人类,人们不应该被人工智能驱动的机器征服或强迫;人工智能应该公平使用,不得有歧视或诬蔑行为;人工智能应透明地运作;人工智能应该只服务于个人和整个社会的福祉。欧盟在人工智能领域的关注重点见图 4 - 7。

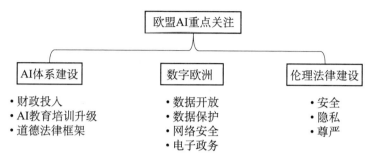

图 4 - 7　欧盟在人工智能领域的关注重点

　　总体上看，欧盟关于人工智能的研究内容涉及数据保护、网络安全、人工智能伦理等社会科学方面，同时，欧盟也投入了大量精力与资金开展数字技术培训和电子政务相关研究。尤其是在人工智能伦理方面，欧盟的目标是将欧洲的道德方法带入全球舞台，从伦理体系建设入手引领世界人工智能发展。

◎工业强国之德国——以工业 4.0 为基础布局人工智能发展

　　作为老牌工业强国的德国，在机械、光学、微电子和化工等领域有着深厚的工业积淀，也是最先提出工业 4.0 的国家，在技术发展上具有高度前瞻性。在人工智能的竞争道路上，德国的脚步亦不曾停歇。

　　2018 年 7 月，德国联邦政府发布了《联邦政府人工智能战略要点》（"Eckpunkte der Bundesregierung für eine Strategie künstliche Intelligenz"），明确要求联邦政府加大对人工智能相关重点领域的研发和对创新转化的资助，加强同法国人工智能合作建设，实现互联互通;加强人工智能基础设施建设,以期将德国对人工智能的研发和应用提升到全球领先水平。

2018 年 9 月,德国内阁通过了《高科技战略 2025》("High tech strategy 2025"),计划投资 150 亿欧元促进尖端技术发展。作为德国未来高科技发展的指导方针和德国政府为继续促进研究和创新而确定的战略框架,新一轮高科技战略明确了德国未来 7 年研究和创新政策的跨部门任务、标志性目标和重点领域,以"为人研究和创新"为主题,将研究和创新更多地与国家繁荣发展目标相结合,将可持续发展和持续提升生活质量相结合。新的高科技战略汇集了德国联邦政府各部门的研究和创新政策举措,涵盖健康和护理、可持续及气候保护和能源、零排放智能化交通等 7 个重点领域;特别强调将把支持微电子、材料研究与生物技术、人工智能等领域的未来技术发展和培训及继续教育紧密衔接。

2018 年 11 月,德国联邦政府正式发布了《德国联邦政府人工智能战略》("Strategie für künstliche Intelligenz der Bundes-regierung"),提出了"AI Made in Germany"的口号,将德国人工智能的重要性提升到了国家战略高度。这份人工智能战略全面思考了人工智能对社会各领域的影响,定量分析了人工智能给制造业带来的经济效益,并强调重视人工智能在中小企业中的应用。德国政府将为其人工智能的发展和应用打造一个整体的政策框架,并计划在 2025 年前拨款 30 亿欧元支持人工智能的研究和开发。德国在人工智能领域的关注重点见图 4 - 8。

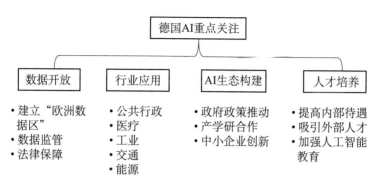

图 4-8　德国在人工智能领域的关注重点

德国有着深厚的工业积累，发展人工智能的方式也以工业为重。总体来看，德国人工智能的发展是由车企和传统制造业牵头引领，围绕着升级工业制造而进行的，比如优化生产流水线、提升机床加工效率、降低质量检测中的坏件率等。由于工业人工智能的发展是一个厚积薄发的过程，因此依托工业 4.0 计划，德国将人工智能的重点集中在人机交互、机器人自主学习、网络物理系统、云计算、大数据分析、计算机视觉、智能服务、可穿戴、语义技术、高性能技术及信息物理系统等方面。在应用方面，德国着力发展自动驾驶、智慧城市、农业、医疗、能源等领域。此外，德国也开展了人工智能对隐私、法律和道德影响方面的研究，并关注新技术的两面性，制定法律框架。

◎ 后发劲旅之法国——努力追赶人工智能洪流

法国在人工智能发展大潮流中位于后发的强劲队伍行列。

面对美、日、英、中等国家在人工智能领域的持续发力,法国担忧被甩在队伍之后,也开始了积极布局,追赶人工智能洪流。

2017年3月,法国政府邀请人工智能界的各方代表,组成了9个主题讨论工作小组,吸收各方对制定人工智能公共政策的行动建议,最终形成了《国家人工智能战略》("Stratégie nationale en intelligence artificielle")。这份战略提出了5个目标:一是在人工智能研究方面,要保持研究的多样性,增强跨学科性研究,提高对人才的重视程度,以确保法国在这一领域保持领先地位;二是在人才培养方面,要改善教育环境并提高社会对人工智能的适应程度,从而更好地理解人工智能可能带来的影响,培养对人工智能行业的使命感,激发创新的欲望,持续不断地培育人工智能行业人才;三是为科研向产业化和经济性应用创造必要条件;四是建设适宜创新的经济生态,在每个行业部门内实现人工智能的垂直化发展,在此基础上制定人工智能产业战略并丰富其内容;五是继续支持对人工智能的公共讨论,并通过开发适宜的工具促进人们对人工智能的了解。此外,这份战略还对发展人工智能的具体政策提出了50多项建议,包括完善科研成果商业化机制、培养领军企业、扶持新兴企业、加大公私合作、寻求大量公私资金资助、给予国家政策倾斜并建立专门执行机构等,目的就是要动员全社会力量共同谋划促进人工智能发展,确保法国在这一领域的领先地位。

2018年3月，法国总统埃马纽埃尔·马克龙公布了《法国人工智能发展战略》（"Stratégie de la France en intelligence arti-ficielle"），延续了上届政府对人工智能的积极态度。这份战略提出了"以人为本，迎接人工智能时代"的理念，希望让广大国民了解、信任、认可并适应人工智能技术，进而为人工智能发展打下良好的群众基础。这份战略指出，法国人工智能的发展将特别聚焦在健康、交通、环境、国防与安全四个优先领域，包括四大重要方面：一是巩固和完善法国和欧洲的人工智能生态体系；二是实施数据开放政策；三是调整法国和欧洲的投资与法规框架；四是确定与人工智能相关的伦理与政策问题。《法国人工智能发展战略》指出，将重点结合医疗、汽车、能源、金融、航天等法国较有优势的行业来研发人工智能技术，并计划今后五年里投资15亿欧元用于人工智能的研究，为法国人工智能技术研发创造更好的综合环境。

总体来看，法国的人工智能发展战略注重抢占核心技术、标准化等制高点，重点发展大数据、超级计算机等技术；在人工智能应用上，关注健康、交通、生态经济、性别平等、电子政务以及医疗护理等领域。法国对人才培养和基础研究方面也非常重视。另外，作为欧盟成员国，法国十分赞同欧盟对人工智能伦理开展研究的做法，也在积极部署开展相关工作，探索解答人工智能带来的伦理性和政治性问题。法国在人工智能领域的关注重点见图4-9。

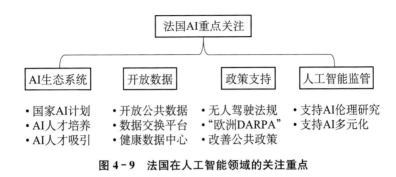

图4-9　法国在人工智能领域的关注重点

◎ 人工智能诞生地之英国——人工智能学术研究重镇

英国可以说是欧洲推动人工智能发展最积极的国家,也一直是人工智能的学术研究重镇。英国作为人工智能科技革命的领头羊,在人工智能道德及监管研究领域也处于领先地位。

2016年10月,英国下议院科学和技术委员会发布《机器人技术和人工智能》("Robotics and artificial intelligence")报告。这份报告重点关注英国机器人、自动化和人工智能产业整体,主要阐述了三方面内容:机器人和人工智能带来生产力及效率的提升,将有可能彻底改变人们的生活和工作方式;机器人和人工智能可能引发道德与法律问题,所以应建立机器人和人工智能常务委员会,制定监管该技术发展与应用的准则,并对政府提出政策建议;机器人与人工智能的研究、资助和创新前景广阔,当前政府在此领域的领导力远远不够,英国政府应立即创建机器人和自主系统(robotics and autonomous systems,RAS)领导委员会,制定由政府支持的国家RAS战略,明确政府目标、财政支持等细节。这份报告的重点在于探讨英国如何充分利用自身优势，把握产业发展过程中的机遇，规范机器人技术与人工智能系统的发展，以及如何应对其带来的伦理道德、法律及社会问题。

2016 年 11 月，英国政府科学办公室发布了《人工智能：未来决策的机会与影响》（"Artificial intelligence：opportunities and implications for the future of decision making"）报告。这份报告同 10 月份的《机器人技术和人工智能》有相似之处，也分析了人工智能应用将给英国政府和社会带来的益处，并就人工智能带来的道德和法律风险提出了建议，并提出要重点关注人工智能对个人隐私、就业以及政府决策可能产生的影响。报告中还特别指出，政府层面在人工智能开展大规模应用中具有的作用，英国政府应当以积极、负责的态度处理与人工智能相关的决策。除此之外，报告再次重申了人工智能在发展过程中应当遵守现有法律规范，但对于有限且受控的试错应该保持一种开放的态度。

2017 年 10 月，英国政府发布了《在英国发展人工智能》（"Growing the artificial intelligence industry in the UK"）报告，对当前人工智能的应用、市场和政策支持进行了分析。这份报告对英国发展人工智能提出了系列建议：一要提高数据获取性，强调让数据更加开放，提高机器可读性并平衡数据的隐私和开放，从而增强人们对人工智能领域的信任；二要加强人工智能人才培养，政府应当为其创造多元的技能培训计划，并且提高全民的科技素养；三要加强人工智能研究与商品化，政府应当为人工智能研究及其技术转移铺平道路,加速人工智能的商品化和产业化;四要支持人工智能产业发展,政府需要帮助行业降低合作壁垒,打通学术界与企业界,推进人工智能行业的发展与应用,释放人工智能带来的经济潜力。这份报告被纳入英国政府 2017 年《政府行业策略指导》白皮书中,成为英国发展人工智能的重要指引。

进入 2018 年,英国人工智能政策出台速度之快、节奏之紧凑,给人们留下了深刻印象。4 月,英国政府发布《人工智能行业新政》("AI sector deal")报告,涉及推动政府和公司研发、增加 STEM 教育投资、提升数字基础设施、培育和吸引人工智能人才及加强全球数字道德交流等方面的内容。这份报告中涵盖了一些具体的发展计划,例如投资超过 3 亿英镑的国内外科技公司、扩建阿兰·图灵研究所、创立图灵奖学金以及启动数据伦理与创新中心等。4 月,英国政府发布《产业战略:人工智能领域行动》("Industrial strategy:artificial intelligence sector deal")政策文件,确立了围绕人工智能打造世界最具创新力的经济体、为全民提供更好的工作和更高的收入、升级英国的基础设施、打造最佳的商业环境以及建设遍布英国的繁荣社区五大目标。这份政策文件明确了政府与业界各自应采取的措施,包括加大资金投入、加强产学研合作、改善基础设施与环境等加速落实人工智能行动的计划。英国政府非常关注重点领域的人工智能行业应用价值,将拨出 2.7 亿英镑用于支持本国大学和商业机构开展研究和创新,推进人工智能与医疗健康、汽车、金融服务等行业的深度融合。英国在人工智能领域的关注重点见图4-10。

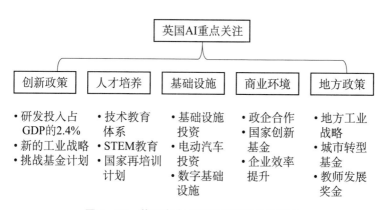

图4-10 英国在人工智能领域的关注重点

不难看出，英国政府对人工智能未来发展前景充满了期待，相关战略部署可谓面面俱到。首先，英国政府高度重视人工智能给社会、经济、文化各方面带来的影响，关注人工智能的创新发展及其监管带来的潜在伦理道德与法律挑战，就如何规范机器人技术与人工智能系统的发展开展了大量研究，并寻找能够最大化这些科技进步的社会经济效益、最小化其潜在威胁的解决途径。其次，在支持人工智能发展的资金力度上，英国已经将大量资金投入人工智能、智能能源技术、机器人技术及5G网络等领域，更加注重实践与实用，在海域工程、航天航空、农业、医疗等领域也开展了人工智能技术的广泛应用。最后，英国为保障人工智能技术的发展和应用，十分重视科技监管制度的建设。为了为脱欧做准备，英国政府希望能采用一种适应性更强的监管办法，来彰显跨部门合作、合理指引和制度化的公共讨论的重要性，并着手构建和巩固本国独特的科技监管体制。

不甘落伍的日韩——大刀阔斧，快马加鞭

日本与韩国都面临着人口出生率低、老龄化问题严重和资源不足等严峻的社会问题，而且两国的工业领域均受到来自中国的剧烈冲击，因此日韩两国都迫切希望通过人工智能的发展实现经济的新一轮增长，缓解上述社会问题。在第一章中就已经讲到，东亚国家对前沿技术的追求是一致的，都希望把握住新一轮工业革命的浪潮。在本轮人工智能竞赛中稍显落后的日本和韩国，也分别制定了各自的国家级战略，目的是实现人工智能技术的反超和对部分产业的引领。

◎ 机器人大国之日本——积极寻求人工智能产业化

日本政府和企业界都非常重视人工智能的发展，不仅将物联网、人工智能和机器人作为第四次产业革命的核心，还在国家层面建立了相对完整的研发促进机制，并将 2017 年确定为人工智能元年。虽然相对于中美而言，日本在以烧钱著称的人工智能和机器人领域的资金投入并不算多，但其在战略方面的反应并不迟钝。

2016 年 7 月，日本政府发布了《日本下一代人工智能促进战略》，明确了总务省、文部科学省和经济产业省三省合作的体

制。其中，日本总务省下设信息通信技术研究所，负责大脑通信、语音识别、社会知识解析等，构建信息通信技术的整合性平台。文部科学省下设理化学研究所，负责基础研究、创新技术、人才培养等，构建科学技术研究及相关活动平台。经济产业省下设产业技术综合研究所，负责应用研究，完善通用基础技术、标准等，打造连接基础研究和社会应用的平台。三省已经打破了行政壁垒，共同召开相关会议，制定人工智能发展战略并共同发声，建立了相应的人工智能技术研发平台，实现了计算机、软件、网络等基础设施及研发成果的实时共享。三省已成为日本人工智能发展的主要依靠力量。

2017年3月，日本人工智能技术战略委员会发布《人工智能技术战略》（"Artificial intelligence technology strategy"）报告，全面阐述了日本政府围绕人工智能制定的未来科技发展战略框架，主要内容涵盖：人工智能相关技术环境；数据与计算，日本政府人工智能技术开发推动框架；人工智能与相关技术融合的产业化路线图；围绕三个中心开展人工智能技术研发与社会普及的方法；人工智能科技战略跟进措施。这份报告规划了日本政府为人工智能产业化发展所制定的路线图，包括三个阶段：在各领域发展数据驱动人工智能技术的应用（2020年完成从第一阶段到第二阶段的过渡）；在多领域开发人工智能技术的公共事业（2025—2030年完成从第二阶段到第三阶段的过渡）；连通各领域，建立人工智能生态系统。

从具体发展模式上看，日本的数据、技术和商业需求比较分散，很难正向、系统地发展人工智能技术。所以，日本正在摸索建立一种与美国模式不同的人工智能发展体制，包括物联网、大数据、人工智能和机器人的协同发展模式，如建立三省联动机制。在具体技术的发展方向上，日本将重点放在了"以信息通信技术为基础（灵活运用大数据）的人工智能技术"和"以大脑科学为基础的人工智能技术"上，同时将"物联网"整合进信息科学的人工智能技术发展方向。

日本政府希望通过开发、推广机器人技术和人工智能技术，缓解劳动力短缺的问题，提高制造业、医疗服务与护理业以及农业、建筑业、基础设施维护等行业的生产效率。因此，日本的人工智能战略主张人工智能技术与各领域实现对接，在工业、农业、医药业、物流运输、智能交通等行业落实应用。日本在人工智能领域的关注重点见图 4-11。由此可见，日本的人工智能研发与应用，既保持了日本社会的传统文化特点，也显示了日本政府解决社会问题的决心与方法。

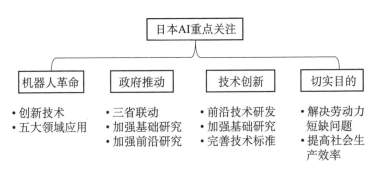

图 4-11 日本在人工智能领域的关注重点

◎ 后发追赶之韩国——高度关注人才培养

2016年3月，韩国政府宣布启动人工智能"BRAIN"计划。这项脑科学研发工作主要集中在四个领域：在多个尺度构建大脑图谱；开发用于脑测绘的创新神经技术；加强人工智能相关研发；开发神经系统疾病的个性化医疗。韩国希望以此研究项目来破译大脑的功能和机制，开发用于集成脑成像的新技术和工具。

2016年8月，韩国政府确定九大国家战略项目，包括人工智能、无人驾驶技术、轻型材料、智慧城市、虚拟现实（VR）、精细粉末（fine dust）、碳资源、精密医疗和新型配药。其中，人工智能无疑是最引人关注的，韩国政府的目标是在2026年前将国内的人工智能企业数量提升至1 000家，并培养3 600名专业人才，争取使韩国在2026年时的人工智能技术水平赶超发达国家。

2018年5月，韩国政府正式推出了《人工智能发展战略》。战略中重点提出要推广人工智能技术，并加快人工智能在各领域的创新发展，打造世界领先的人工智能研发生态，构建可持续的人工智能技术能力。此战略的目标是要实现人工智能技术实力的跨越式增长，使国民生活质量得到大幅提升，科技创新与产业领域实现快速发展。在实施路径上，韩国将从人才、技术和基础设施三方面入手，基于现有人工智能技术直接提供服务，以公共数据为核心资源推进核心技术研发，并在新一代以及高风险的人工智能领域制定中长期投资计划；培养产业界的创新型高级人才，提升计算能力与数据供给，支持企业开展人工智能研发①，以此推动人工智能技术发展，追赶人工智能世界强国。

韩国政府对人工智能发展非常重视，目前正大力扶植人工智能产业及相关企业，重点布局物联网、云、大数据、语音识别等领域。在人工智能应用方面，韩国关注人工智能技术在金融、医疗、智慧城市、交通等领域的实际应用。韩国在人工智能领域的关注重点见图 4-12。但韩国已认清的事实是：其在人工智能专业知识储备、人才培养、专利等方面，与其他国家差距较大。韩国人工智能技术竞争力明显落后美国 1.8 年，被称为"后起之秀"的中国也自 2016 年后超过了韩国。因而，韩国政府出台的政策更加注重对人才的培养，注重对人工智能企业的培育。韩国政府大量投入资金用于人工智能研究，并新设人工智能研究生院，还规定韩国大学必须开设人工智能相关课程。除了资金这个硬拳头之外，三星电子等韩国 IT 企业从 2016 年起也开始通过并购等方式新设人工智能专门组织，以期大力推动韩国人工智能产业的发展。

除上述国家外，加拿大、印度和俄罗斯等国的政府都发布了国家级的人工智能战略，目的就是抢占新一轮科技发展的制高点。从整体上看，世界各国的人工智能技术水平、数据资源、

---

① 高芳，张翼燕．日本和韩国加快完善人工智能发展顶层设计．科技中国，2018（18）．

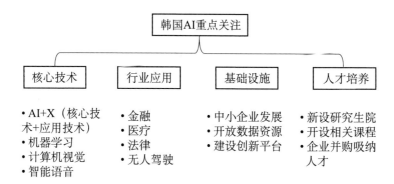

图 4 - 12　韩国在人工智能领域的关注重点

法律法规都存在很大差异，各自的资源禀赋也不尽相同，因此人工智能政策也因国而异，各国人工智能政策的关注焦点、预期目标都各具特色。

　　不论人工智能政策的偏重点在何处，它都是为了最大限度地增加人工智能对经济和社会的诸多好处，同时最大限度地减少其风险和危害。人工智能技术的进步只是各国纷纷开始制定人工智能政策的部分原因，从更大的范围上说，这是各个国家和政府应对生产力革命带来的新形势和新挑战的举措。各国政府敏锐地意识到人工智能人才和基础设施建设的短缺，并正在努力迎接人工智能带来的新挑战。世界各地政府都在试行人工智能政策，虽然这是新兴领域，目前还没有最佳方案，但人工智能政策会在实践中不断调整和优化。就像面对过往的变革一样，人类一定会摸索出一条最佳的治理道路。

第五章

商业争雄：企业加速构建
人工智能生态

　　人工智能将是谷歌的最终版本。它将成为终极搜索引擎，可以理解网络上的一切信息。它会准确地理解你想要什么，给你需要的东西。我们现在还远远没有做到这一点。然而，我们能够逐渐接近，我们目前正在为此努力。

——拉里·佩奇

人工智能产业的勃兴

近代科学技术的许多重大进展都是人类智慧、思维、梦想和奋斗的成果。人类历史上从来没有出现过像今天这样的思想大解放：关于宇宙、星球、生命、人类、时空、进化和智能的思想与作品，如雨后春笋破土而出，似百花争艳迎春怒放。其中，人工智能尤其引人注目。进入 20 世纪后，人工智能开始孕育于人类社会母胎。1956 年在美国达特茅斯学院举行的人工智能夏季研讨会，宣告了人工智能概念的诞生。

◎ 拉动人工智能发展的三驾马车

进入 21 世纪后，随着移动互联网、物联网、云计算、大数据等新一代信息技术的发展，数据、算法和算力成为驱动人工智能发展的三驾马车（见图 5 - 1）。数据快速积累，算法模型持续演进，运算能力大幅提升，推动人工智能行业应用快速兴起，逐步在生态保护、经济管理、金融风险、工业生产、医疗卫生、交通出行、能源利用等领域崭露头角。

数据的爆发式增长为人工智能提供了充分的"养料"。市场调研机构 IDC 预计，到 2020 年，全球数据总量将达到 40ZB，中国数据量将达到 8.6ZB，占全球的 21％左右[1]。在算法方面，

---

① 周文 . 2020 年全球数据总量将超 40ZB　大数据落地成焦点 . ［2013 - 08 - 29］. http：//net. chinabyte. com/139/12703139. shtml.

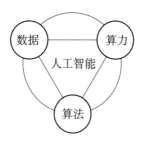

图 5 - 1 拉动人工智能发展的三驾马车

深度学习的出现突破了过去机器学习领域浅层学习算法的局限，颠覆了语音识别、语义理解、计算机视觉等基础应用领域的算法设计思路。在算力方面，GPU、NPU、FPGA 等专用芯片的出现，使得数据处理速度不再是人工智能发展的瓶颈。

◎ **开源平台成为人工智能大规模应用的基石**

自 2012 年以来，全球工业界和学术界先后推出了用于深度学习建模的开源工具和框架，包括 Caffe、Theano、Torch、MXNet、TensorFlow、Chainer、CNTK 等，极大地降低了人工智能技术在工业实践中的入门门槛，推动了人工智能在行业中的创新性应用。国内方面，2016 年 9 月，百度宣布将其异构分布式深度学习系统 PaddlePaddle 对外开放。PaddlePaddle 设计干净、简洁，稳定，速度较快，显存占用较小，并已在百度多项主要产品和服务之中发挥了巨大作用。阿里开放了中国首个人工智能计算平台 DTPAI，并推出阿里客服机器人平台。腾讯推出了撰稿机器人 Dreamwriter，开放了视觉识别平台腾讯优图，并且成立腾讯智能计算与搜索实验室。截至 2015 年年底，中国已有近百家人工智能领域的创业公司，约 65 家获得了投资，共计 29.1 亿元人民币[①]，其中旷视科技、优必选、云知声、商汤科技 4 家公司登上"独角兽"榜单。

◎ 人工智能推动消费互联网逐步升级

依托移动终端的快速普及和信息处理能力的飞速提高，近年来消费互联网企业在电子商务、社交网络、搜索引擎等行业形成各自稳定的生态圈，消费互联网产业从高速发展阶段步入了缓慢增长阶段。但是，人工智能技术的逐步应用使得人们在阅读、出行、网购、娱乐等诸多方面的体验得以有效提升，提高了大众生活的效率与质量，为消费互联网的发展带来了新的生机。例如，淘宝、京东等电商平台可以结合用户数据智能推荐其所关心的商品组合，既提升了用户购物效率，也提升了平台广告的转化率。众多音乐 App 也使用户告别了海量曲库带来的选择困难症，猜你喜欢、听你所想。

◎ 类脑计算芯片将成为未来竞争重点

针对人工智能算法而设计的类脑化芯片已成为重要突破点，不论是 NVIDIA 的 Tesla P100、IBM 的 TrueNorth、谷歌的 TPU，还是中科院的寒武纪，都试图打破冯·诺依曼架构，依托人脑模式构建出更快、更适用的新体系，而这将为人工智能

---

① 艾瑞咨询 . 2015 年中国人工智能应用市场研究报告，2016.

未来的良性发展奠定坚实基础。

总体来说，站在科技发展浪潮之巅的人工智能具有如下特点：一是跨媒体智能、群体智能、自主智能系统、混合型智能成为新的发展方向；二是人工智能产业正在逐步形成、不断丰富，相应的商业模式也在不断演进和完善；三是全球互联网巨头参与热情高涨，人工智能行业的投资并购风起云涌；四是智能家居、无人驾驶和智能医疗等领域成为当前人工智能应用的热点领域。

科技巨头的布局

在当今的"人工智能＋"时代，全球互联网巨头无不高度关注、大力推动人工智能技术的创新与应用，在研发投入、产品生态、战略布局等方面下了很大力气。它们竞争的主要焦点是争夺用户的持续数据和软硬件服务入口。竞争的手段有两种：一种是针对这个领域的开发者陆续开源系列人工智能学习工具（平台），继而可以优化产品模型和用户体验；另一种是利用自身优势，以点带面，对各个垂直场景进行渗透。

◎ 全面发力人工智能的 Alphabet

自 2015 年 8 月业务重组后，新谷歌专注于搜索引擎、移动操作系统等业务，Alphabet 旗下的其他公司则专注于无人驾驶、医疗、云服务、游戏、家居、车载、可穿戴设备、社交等领域的人工智能应用。目前，Alphabet 在人工智能领域的布局主要由其旗下的两家机构负责，分别是 Google X 和 DeepMind。

Google X 汇聚了 Alphabet 从其他高科技公司、各大高校和科研院所挖过来的顶级专家，专门从事前沿实用技术的投资和研发，主要研究成果有：谷歌大脑、Waymo 无人驾驶、开源深度学习框架 TensorFlow 等。Google X 还将人工智能技术应用到 Inbox、Google Now、Google Photos 等多项谷歌应用中。

DeepMind 原本是一家英国人工智能公司，于 2014 年被谷歌收购，是全球深度学习与人工智能研究方面的翘楚。Deep-Mind 致力于研发多功能的、能够像人类那样广泛和高效思考的通用型人工智能，举世闻名的 AlphaGo 就是这家公司的成果。DeepMind 对 Alphabet 来说至关重要，可以让后者在全球科技公司的人工智能争夺战中拥有战略优势。

◎ 利用人工智能提升用户体验的微软

专注操作系统、软件开发的微软，也十分重视人工智能技术的开发，其重点研究的领域包括算法与理论、人机交互、硬件发展、软件发展、机器学习和人工智能等。目前，微软研究院和艾伦人工智能研究院是微软主要的人工智能开发与应用机构。

微软研究院是"微软小冰"和"微软小娜"（Cortana）的研发者，拥有超过 1 000 位科学家，研究领域覆盖了机器学习算法与理论、语义理解、计算机视觉等多个方向，在包括深度学习在内的多个领域处于世界领先地位。

艾伦人工智能研究院的主要成果有：Aristo 机器阅读与推理程序、Semantic Scholan 语义理解搜索程序、Eucld 自然语言理解程序、Plato 计算机视觉程序等。这些产品都极大提升了微软产品的用户体验。

◎ 向人工智能进军的 Facebook

由社交网站起家的 Facebook 如今已大举进军前沿技术领域。人工智能、虚拟现实、让更多的人连上网络是其关注和研发的三大重点。目前，Facebook 设立了两个人工智能实验室，一个名为 Facebook 人工智能研究（Facebook's Artificial Intelligence Research，FAIR），主要致力于基础科学和长期项目的研究，如语音翻译、视频分析等。另一个名为应用机器学习（Applied Machine Learning，AML），主要任务是找到将人工智能和机器学习领域的研究成果应用到 Facebook 现有产品里的方法。

2016 年 4 月，Facebook 在 Messenger 平台上推出了可进行语音聊天的机器人服务。该聊天机器人可以帮助用户订花、获得银行账户通知提醒、预订食品外卖、询问健康问题或打印照片。其应用范围虽然不算小，但由于还存在诸多问题，目前还没有达到普及的程度。

◎ 关注智能物流的亚马逊

随着互联网的普及和人力成本的上升，电商之间的竞争日趋激烈。打造智能物流体系是电商提升竞争力的重要手段。在执行货物分拣、搬运、配送等程序化工作时，机器人表现出准确、高效、持久的巨大优势，因而受到电商的青睐。因此，作为全球著名的电子商务公司，亚马逊对机器人的投入和应用比Alphabet 更现实一些。2012 年，亚马逊以 7.75 亿美元的价格收购了自动化物流提供商 Kiva Systems 公司，并在 2015 年将其更名为亚马逊机器人公司。目前，亚马逊在其全球仓储中心使用了超过 8 万个亚马逊轮式机器人，在减少人工的同时大大提高了网络交付和物流配送的服务效率。

此外，亚马逊推出了一款名为 Amazon Alexa 的智能音响兼语音助手。它是一款内置了亚马逊语音助手的智能蓝牙音箱，能执行用户的语音指令，如播放音乐、订餐、叫车等。当和其他智能家居产品连接之后，Amazon Alexa 会成为智能家居系统的一个入口。比如，它可以用语音控制家里的开关和照明，还能朗读 Kindle 的电子书、检查银行账户等。

◎ All in AI 的百度

百度是国内较早涉足人工智能的互联网公司之一，主要深耕两个领域：一是智能家庭，二是自动驾驶。百度智能家庭采用的是名为"度秘"的开放平台，主要功能是实现人机对话。百度无人驾驶则采取了开源策略。

百度旗下有两家机构负责研究人工智能。成立于 2013 年的深度学习研究院，是百度大脑研发者，主要研究方向包括图像识别、图像搜索、语音识别、自然语言处理、精准广告、深度学习系统、机器翻译等，建立并开源了深度学习平台 Paddle-Paddle。成立于 2014 年的硅谷人工智能实验室，主要研究方向则包括中英文语音识别、深度学习等领域。

◎ 采取场景驱动策略的腾讯

针对人工智能，腾讯采取了场景驱动策略，以应用带动研发。微信团队与香港科技大学联合创建了人工智能实验室，主要研究内容、社交、游戏和平台工具型人工智能四个方向，致力于把人工智能技术应用到实际场景中，研究领域包括计算机视觉、语音识别、自然语言处理和机器学习等。腾讯的优图实验室是一个机器学习研发团队，专注于图像处理、模式识别、深度学习等领域，人脸识别是其最擅长的技术。腾讯在西雅图设立的人工智能实验室则主要承担一些语音识别和自然语言处理的研究工作。

"独角兽"的进击

在当下的智能时代，不但科技巨头们纷纷布局人工智能，企图通过构建应用生态帝国来尽享人工智能红利，其他科技企业们也八仙过海，各显神通，涌现出许多的"独角兽"。

◎ 领衔全球语音识别的 Nuance

Nuance 是全球最大的语音识别公司，于 1994 年成立于美国麻省伯灵顿,并于 2000 年 4 月在纳斯达克上市。Nuance 曾为苹果、三星提供语音支持服务,在语音识别领域一度处于垄断地位。后随深度算法的普及,各巨头逐渐开始自主研发语音识别技术,差距逐渐缩小。但直到今天,Nuance 发布的 Dragon Drive(声龙驾驶)——互联汽车语音和内容平台,仍为众多知名车企提供车载语音技术支持,如梅赛德斯-奔驰、戴姆勒、宝马、丰田、雷克萨斯、荣威等。

◎ 商业数据分析服务商 ThoughtSpot

美国企业 ThoughtSpot 成立于 2012 年,为企业开发人工智能产品 SpotIQ,可根据用户搜索的关键词,自动判断用户想要了解的问题,并进行搜索,并为用户提供大量的图表形式的分析数据。2018 年 5 月,公司完成了 1.45 亿美元的 D 轮融资,Sapphire Ventures、Lightspeed Ventures、Khosla Ventures、General Catalyst 和澳大利亚政府未来基金等机构参与本轮投资。融资资金将用于雇佣更多员工,并继续开拓北美、欧洲以及亚太市场。目前,公司累计融资达到 3.06 亿美元。本轮融资后,公司估值为 9.5 亿美元。

◎ 在线招聘平台 ZipRecruiter

美国公司 ZipRecruiter 成立于 2010 年,在 2018 年 2 月完成 5 000 万美元 B 轮融资。本轮融资后,公司估值达到 9.5 亿美元,接近独角兽企业的标准。公司以地理位置、兴趣和技能为基础开发了求职匹配算法，可自动发布招聘广告，并追踪求职者的信息。职位信息来源涵盖 Indeed.com、Monster.com、Glassdoor 和 Craigslist 等在线招聘平台，还会从 Twitter 和 Facebook 上挖掘求职信息。

◎ 领跑计算机视觉技术的商汤科技

商汤科技诞生于香港中文大学的多媒体实验室，团队成员主要为来自麻省理工学院、斯坦福大学、香港大学、清华大学等高校的科研人员，以及谷歌、百度、微软、阿里巴巴等产业界的商业人员。商汤科技专注于核心算法的开发，通过视觉技术赋予计算机视觉感知和认知的能力，意图为企业提供低门槛的计算机视觉技术。目前，商汤科技已与国内外多个行业的 400 多家领军企业建立合作关系，如本田、高通、英伟达、中国移动、银联、万达、华为、微博、科大讯飞等，涵盖安防、金融、智能手机、移动互联网、汽车、智慧零售等诸多行业，为其提供基于人脸识别、视频分析、无人驾驶、医疗影像识别等技术的完整解决方案。

商汤科技已成长为世界级的人工智能独角兽企业。2017 年 7 月，商汤科技宣布完成 4.1 亿美元 B 轮融资，创下当时全球人工智能领域单轮融资额纪录，成为世界级的人工智能独角兽企业。2017 年 11 月，商汤科技完成 15 亿元的融资。2018 年 3 月 1 日，商汤科技与麻省理工学院宣布成立人工智能联盟，共同探索人类与机器智能的未来。

◎ 人工智能领域的新贵——深兰科技

　　成立于 2014 年的深兰科技在全球拥有近百位全职博士和博士后学术带头人，在欧洲、美国、澳大利亚等地建立了全球性研发科研体系。公司致力于人工智能基础研究和应用开发，凭借在人工智能、智联网（AIoT）、人机交互、人工智能芯片等领域所建立的联合实验室，发明了数十项原创算法和原创技术。公司利用深度学习架构、机器视觉、生物智能识别等人工智能算法以及无媒介支付等核心技术，在自动驾驶、智能机器人、生物智能、人工智能芯片、智能零售、智慧城市、智慧安防、智能教育、军工等领域都有深入布局，居行业领导地位。公司于 2017 年发布了 TakeGo 人工智能无人店技术，2018 年发布了全球第一款自动驾驶功能性商用车。

◎ 专注深度学习技术的旷视科技

　　成立于 2011 年的旷视科技以深度学习和物联传感技术为核心，立足于自有原创深度学习算法引擎"Brain＋＋"，布局金融安全、城市安防、手机 AR、商业物联、工业机器人五大核心行业，致力于为企业级用户和开发者提供行业智能解决方案和智能数据服务。旷视科技的核心人脸识别技术"Face＋＋"曾被美国著名科技评论杂志《麻省理工科技评论》评定为 2017 全球十大前沿科技；同时，公司入榜全球最聪明公司并位列第 11 名。在中国科技部火炬中心"独角兽"榜单中，旷视科技排在人工智能类首位。

◎ 领军国内语音识别的科大讯飞

创始于 1999 年的科大讯飞，主要从事语音识别、语音合成、自然语言处理、语音评测、声纹识别和手写识别等技术的开发，已陆续推出了诸多应用产品和解决方案，是国内智能语音和人工智能领域的领军企业。在 2014 年，科大讯飞推出了超脑计划，研发基于类人神经网络的认知智能系统，即基于语音和语言技术，打造一款综合的人工智能引擎。截至目前，超脑计划已经推出了丰富的人工智能技术产品，如万物互联输入法、飞鱼助理、晓译翻译机、晓曼机器人、超脑魔盒、讯飞听见等。

◎ 智能语音领域的新锐——云知声

云知声于 2012 年 6 月创办于北京，聚焦物联网领域的人工智能服务，拥有完全自主知识产权的智能语音识别和相关人工智能技术。自成立以来，公司利用机器学习平台，在语音技术、语言技术、知识计算、大数据分析等领域建立了核心技术体系。在应用层面，AI 芯片、AIUI、AI Service 三大解决方案支撑起云知声核心技术的落地和实现，已经在家居、车载、医疗和教育等领域广泛应用，形成了完整的"云端芯"生态闭环。目前，云知声已累计融资近亿美元，云端服务已覆盖 476 个城市，覆盖用户超过 1.8 亿，代表客户有网易易信、锤子手机等。

◎ 驰骋中英文综合语音技术领域的思必驰

2007 年,思必驰在英国剑桥高新区成立。作为一家语音技术公司,思必驰是国际上极少数拥有自主产权、中英文综合语音技术(语音识别、语音合成、自然语言理解、智能交互决策、声纹识别、性别及年龄识别、情绪识别等)的公司之一。公司的语音识别、声纹识别、口语对话系统曾经多次在美国国家标准局、美国国防部、国际研究机构评测中夺得冠军,代表了国际前沿水平。公司被中国和英国政府评为高新技术企业。

◎ 经营智能安防等领域的依图科技

依图科技成立于 2012 年,核心业务包括智能安防平台、智慧健康医疗、城市数据大脑、智能硬件设备等。目前,依图技术已经服务全国 20 余省的安防,为海关总署及中国边检等提供人像比对系统,并在招商银行、浦发银行,以及互联网金融等多个业务场景中被广泛应用,车辆识别产品亦被公安系统广泛采用。依图科技是目前国内唯一拥有 10 亿级人像库比对能力的公司,搭建了全球最大的人像系统,覆盖超过 15 亿人像。

◎ 人工智能领域的国家队——云从科技

云从科技成立于 2015 年 4 月,是一家从中科院重庆研究院孵化出的专注于计算机视觉与人工智能的高科技企业。云从科技承建了国家发改委的基础项目重大工程——"人工智能基础资源公共服务平台"与产业化项目重大工程"人脸识别系统产业化及应用项目"，并与公安部、四大银行、证通、民航总局建立联合实验室，推动人工智能产品标准的建立，成为唯一同时制定国标、部标、行标的人工智能企业。国家发改委公布的《2017年"互联网＋"重大工程拟支持项目名单》中包含四个人工智能公司，云从科技是其中唯一一家创业公司。

◎ 人工智能芯片领域的翘楚——寒武纪

成立于2016年的寒武纪是全球第一家成功流片并拥有成熟产品的人工智能芯片公司，拥有终端人工智能处理器IP和云端高性能人工智能芯片两条产品线。2016年发布的寒武纪1A处理器（Cambricon-1A）是世界首款商用深度学习专用处理器，面向智能手机、安防监控、无人机、可穿戴设备以及智能驾驶等各类终端设备，在运行主流智能算法时性能功耗比全面超越传统处理器。2017年8月，阿里巴巴创投、联想创投、国科投资、中科图灵、元禾原点、涌铧投资联合投资，使寒武纪完成了总额为1亿美元的A轮融资，成为全球人工智能芯片领域第一家独角兽初创公司。

◎ 聚焦智能物流领域的"Geek＋"

"Geek＋"成立于2015年，聚焦于以机器人和人工智能为核心的智能物流领域，为客户提供全面一站式的智能物流解决方案。"Geek＋"建立了国内机器人数量最多、出货能力最大的

"货到人"机器人拣选仓库，系统产品和解决方案已经覆盖了货品存储、订单拣选、自动搬运、包裹分拣等不同的物流应用场景。2017年3月，"Geek+"完成1.5亿元人民币的A轮融资，由祥峰投资领投，火山石投资和高榕资本跟投。本轮融资用于进一步加强公司团队的业务实力，包括加速产品的迭代研发、加快国内业务布局和拓展、启动国际化战略布局。

资本市场的涌动

对于新兴产业的孕育和发展而言，资本的青睐无疑起着举足轻重的作用。资本市场一直是推动每一轮科技浪潮的主要力量之一。

◎ 抢占核心技术和人才是人工智能投融资的主要目的

据麦肯锡统计，2016年全球范围内，谷歌、苹果、Facebook等科技巨头在人工智能上的相关投入已达到200亿～300亿美元，其中90%用于技术研发和部署，10%用于收购。此外，面向初创公司的风险投资和股权投资也在快速增长，总计达60亿～90亿美元。在51家巨头并购/投资案例中，有32家被收购/投资的公司是机器学习底层技术研发公司[①]。由此可见，巨头们对人工智能创业公司的收购大多属于人才收购，即看重这

---

① 麦肯锡全球研究院. 人工智能：下一个数字前沿. 2017.

些团队所掌握的底层核心技术。

可以预见，未来 5～10 年，各路企业对人工智能的布局将更加广泛和深入，对核心技术和人才的争夺也将越来越激烈，而投资和收购是占领核心技术和人才高地的重要途径。

◎ 美国旧金山湾区是全球人工智能的高地

从近年来人工智能领域投融资事件发生的地域来看，全球表现极不平均。美国旧金山湾区面积为 18 040 多平方千米，仅占美国国土面积的 0.19%，却成为全球人工智能领域投融资绝对的焦点。美国是全球人工智能企业数量最多的国家，其超过 1/3 的人工智能企业诞生于旧金山湾区。2000—2016 年，美国旧金山湾区人工智能领域融资规模高达 110.1 亿美元，超过除美国之外所有国家的规模之和。旧金山湾区人工智能企业数、融资规模与其他主要国家的对比，见表 5-1。

表 5-1　旧金山湾区人工智能企业数、融资规模与其他主要国家的对比

国家/地区	2016 年人工智能企业数（家）	国家/地区	2000—2016 年 AI 融资规模（亿美元）
旧金山湾区	1 045	旧金山湾区	110.1
中国	1 477	中国	27.6
英国	418	英国	12.5
印度	283	以色列	9.4
加拿大	234	加拿大	6.9
以色列	202	日本	4.4

资料来源：乌镇智库。

◎ 欧洲人工智能投融资，英国遥遥领先

研究数据显示，英国的人工智能融资规模自 2015 年开始飙升，英国是欧洲各国中人工智能融资规模最大、提升最快的国家，远远将德国、法国甩开，成为欧洲人工智能投融资的火车头。2000—2016 年，英国人工智能融资规模占欧洲的 48.75％，是德国的 3 倍、法国的 4.5 倍。2000—2016 年欧洲主要城市人工智能融资情况，见表 5‐2。

表 5‐2　2000—2016 年欧洲主要城市人工智能融资情况

城市	国家	融资规模（亿美元）	投资频次（次）
伦敦	英国	7.72	310
达勒姆	英国	1.66	2
柏林	德国	1.46	69
巴黎	法国	1.03	61
布莱顿	英国	0.96	8
巴塞罗那	西班牙	0.87	30
韦利济‐维拉库布莱	法国	0.59	2
法兰克福	德国	0.59	3
剑桥	英国	0.53	17
洛桑	瑞士	0.48	13

资料来源：乌镇智库。

◎ 亚洲人工智能投融资，京粤沪保持领跑

2000—2016 年，亚洲人工智能领域融资规模达 45.9 亿美元，占全球总规模的 15.9％，投资频次占全球总数的 17.7％。

其中，中国人工智能融资规模占亚洲累计总额的 60.2%，以色列为 20.4%，日本为 9.5%，印度为 4.9%。2000—2016 年中国几个主要省市人工智能融资规模与其他亚洲国家的对比，见表 5-3。

表 5-3　　2000—2016 年中国几个主要省市人工智能融资规模与
其他亚洲国家的对比

省市	融资规模（亿美元）	国家	融资规模（亿美元）
北京	13.87	以色列 （亚洲第二）	9.37
广东	7.92	日本 （亚洲第三）	4.37
上海	1.54	印度 （亚洲第四）	2.25

资料来源：乌镇智库。

◎ 中国人工智能领域融资规模跃升首位

据清华大学发布的《中国人工智能发展报告 2018》，自 2013 年以来，全球人工智能行业投融资规模呈上升态势。2017 年，全球人工智能行业投融资总规模达 395 亿美元，融资事件 1 208 笔。其中，中国的投融资总额达到 277.1 亿美元，融资事件 369 笔。中国人工智能企业融资总额占全球融资总额的 70%，融资笔数占全球融资事件笔数的 31%。

2016 年中国融资规模排名前 20 的人工智能企业中，计算机视觉占据了半壁江山。图像识别的技术成熟度低于自然语言处理，为以软件技术为突破点的新兴企业带来了机遇。在软件图像识别领域，尤其以旷世科技和格灵深瞳两家为代表，它们通过招揽优秀研发人员在短时间内迅速脱颖而出。而中国人工智能市场中自然语言处理处于技术成熟而且高度竞争的状态。科大讯飞占据了国内语音识别领域 70% 以上的市场，并且多年的技术积累已经使其在语义分析等领域构建了一定的技术壁垒。同时，百度、阿里、腾讯依托技术优势都对语音市场虎视眈眈，因此语音识别领域已经较难切入。

产业生态的发展

人工智能产业生态通常可以分为基础层、技术层、应用层三大板块。其中，基础层包括芯片、传感器、算法模型、云计算、大数据等基础技术；技术层涉及人工智能的核心技术，如智能语音语义、计算机视觉、机器学习等；应用层即人工智能与垂直细分领域的融合发展，包括智能医疗、智能安防、智能教育、智能家居等（见图 5-2）。这里将主要介绍基础层和技术层各领域的全球发展现状与动向。

图 5-2　人工智能产业生态

◎ 智能芯片

　　智能芯片就是专门针对人工智能算法而设计的芯片，比传统芯片更能满足人工智能算法所需的庞大计算量。根据目前的市场需求，智能芯片可以分为三类：首先是面向各大人工智能企业及实验室研发阶段的训练环节市场；其次是面向数据中心的云端推断（inference on cloud）市场，如亚马逊 Alexa、"出门问问"等应用均需通过云端而非用户端设备提供服务；最后是面向智能手机、智能摄像头、无人机、自动驾驶、虚拟现实、机器人等设备的设备端推断（inference on device）市场，需要高度定制化、低功耗的智能芯片产品。例如，采用了 7 纳米工艺的华为麒麟 980 芯片中含有由寒武纪提供的神经元网络（neural network processing unit，NPU），旨在实现较强的手机端深度学习能力。目前的智能芯片生态系统可见图 5 - 3。

图 5 - 3　智能芯片生态系统

◎ 智能传感器

智能传感器的概念最早是由美国宇航局提出来的,并于1979年形成产品。其与传统传感器的架构差异如图5-4所示。宇宙飞船需要大量传感器不断向地面或飞船上的处理器发送温度、位置、速度和姿态等数据信息,即便使用一台大型计算机也很难同时处理如此庞大的数据,况且飞船又限制了计算机的体积和重量。因此,具有信息处理功能的传感器即智能传感器便应运而生。智能传感器最大的价值就是将传感器的信号检测功能与微处理器的信号处理功能有机地融合在一起。

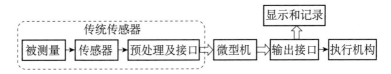

图5-4　智能传感器与传统传感器的架构差异

目前,中国智能传感器市场被国外厂商占据了87%的市场份额[①],集中度相对较高。霍尼韦尔、美国压电、意法半导体、飞思卡尔等国外传感器厂商技术基础深厚,产品种类丰富。例如,霍尼韦尔的产品包括了压力传感器、温度传感器、湿度传感器等多个类型,涉及航空航天、交通运输、医疗等领域。美国压电的产品涵盖了加速度传感器、压力传感器、扭矩传感器等,涉及核工业、石化、水力、电力和车辆等领域。相比之下,

---

① 最全!全球智能传感器产业链企业名录.〔2019-01-28〕. http://www.sohu.com/a/195173858_655347.

中国厂商产品仍较为单一，如高德红外主要生产红外热成像仪，华润半导体主要生产光敏半导体，但也出现了华工科技、中航电测等少数综合性传感器厂商。

◎ 算法模型

算法创新是推动本轮人工智能大发展的重要驱动力。深度学习、强化学习等技术的出现大大提升了机器智能的水平。全球科技巨头纷纷在算法领域展开布局，谷歌、微软、IBM、Facebook、百度等相继在图片识别、机器翻译、语音识别、决策助手、生物特征识别等领域实现了创新突破。各科技公司开源算法、数据积累情况见表 5 - 4。

表 5 - 4　　各科技公司开源算法、数据积累一览表

公司	开源算法	数据积累
谷歌	TensorFlow	用户搜索产生的海量数据
微软	CNTK	软件服务用户数据、用户搜索产生的海量数据
	DMNK	
苹果	—	软件服务用户数据
亚马逊	DSSTNE	电商交易数据
Facebook	Torch	用户社交关系、社交信息数据
	ParlAI	
百度	PaddlePaddle	用户搜索产生的海量数据
腾讯	Angel	用户社交关系、社交信息数据
阿里巴巴	—	电商交易数据、金融服务数据

目前，科技巨头是算法模型领域的执牛耳者。他们正在通

过构建联盟关系、扩展战略定位等方式布局人工智能业务。2016 年 9 月，Facebook、亚马逊、谷歌 Alphabet、IBM 和微软宣布建立人工智能伙伴关系。同年 10 月，谷歌调整公司战略方向从移动优先转变为人工智能优先。2017 年 3 月，阿里巴巴正式推出"NASA"计划，腾讯成立人工智能实验室。同年 5 月，百度公司将战略定位从互联网公司变更为人工智能公司。

◎ 云计算

云计算是一种按使用量付费的模式，这种模式提供可用的、便捷的、按需的网络访问，使用户进入可配置的计算资源共享池（资源包括网络、服务器、存储、应用软件、服务），用户只需投入很少的管理工作，或与服务供应商进行很少的交互，便可迅速获取这些资源。云计算是分布式计算（distributed computing）、并行计算（parallel computing）、效用计算（utility computing）、网络存储（network storage）、虚拟化（virtualization）、负载均衡（load balance）、热备份冗余（high available）等传统计算机和网络技术发展融合的产物。

云计算生态分为三层，分别是 Infrastructure（基础设施）-as-a-Service（IaaS）、Platform（平台）-as-a-Service（PaaS）、Software（软件）-as-a-Service（SaaS）。基础设施在最下端，平台在中间，软件在顶端。IaaS 公司提供场外服务器、存储和网络硬件。大数据为人工智能提供信息来源，云计算为人工智能提供平台，人工智能关键技术在云计算和大数据日益成熟的背景下取得了突破性进展。目前，各大科技巨头均看好人工智能未来走向云端的发展态势，纷纷在自有云平台基础上搭载人工智能系统，以期利用沉淀在云端的大数据挖掘价值。

目前，全球最主要的云计算平台有 IBM Watson、微软 Azure、亚马逊 AWS、阿里云、百度开放云平台、谷歌云平台等。各大科技巨头在云计算生态中的布局如图 5-5 所示。

图 5-5　云计算生态

◎ 大数据

大数据是通过现有的数据管理技术难以应对的超大、复杂的数据集。它是动态的定义，不同行业根据其应用的不同有着不同的理解，衡量标准也在随着技术的进步而发生改变。广义上，大数据有三层内涵：一是数据量巨大、来源多样和类型多样的数据集；二是新型的数据处理和分析技术；三是运用数据分析形成价值。维基百科把大数据定义为一个大而复杂的、难以用现有数据库管理工具处理的数据集。

从发展阶段来看，中国大数据产业正处于快速推进期，但仍与美国存在一定的差距。究其原因，美国是全球信息技术产业的领头羊，在硬件和软件领域都拥有超一流的实力，早在大数据概念火起来之前，美国信息技术产业在大数据领域就已经有了很多技术积累，这使得美国的大型信息技术企业可以迅速转型为大数据企业，从而推动美国整个大数据产业的发展壮大。另外，中国数据大多数都掌握在政府手里，数据源比美国相对封闭，数据分析受到局限，也影响了大数据的发展。

◎ 智能语音语义

智能语音语义是目前人工智能落地最成功的领域之一。随着技术的成熟，语音交互几乎已经成为各类智能助理、导航软件甚至是智能摄像头等智能产品的标配，这其中也涌现出了一大批语音技术商业化相当成功的互联网巨头和创业公司。目前，Nuance、苹果、三星、微软、谷歌、科大讯飞、云知声、百度、阿里、凌声芯、思必驰等知名企业均主攻智能语音语义技术，推出了大量相关产品。在 2016 年全球语音市场中，Nuance、苹果、微软占据了大部分份额。中国市场中，科大讯飞和百度占据了约 72％的份额①。

Nuance 曾经是全球最大的语音识别技术厂商，侧重于为服

---

① 吴小燕．一文带你了解中国语音市场发展情况 2018 年语音市场规模达到 160 亿元．［2019－02－02］．http：//www.qianzhan.com/analyst/detail/220/181011－c90dd13b.html.

务提供商提供底层技术解决方案，随着企业战略目标以及商业环境的改变，目前转型为客户端解决方案提供商。苹果公司以Siri语音助手为平台关联iOS系统相关应用与服务，倾向于改善用户的智能手机使用体验和创新商业模式。微软致力于提高语音识别技术的准确率，英语的语音识别转录词错率仅 5.9%[①]，达到了专业速录员水平，并将相关技术应用于自身产品"小冰"和"小娜"之中。科大讯飞作为国内智能语音和人工智能产业的领导者，中文语音识别技术已处于世界领先地位，并逐渐建立中文智能语音产业生态。云知声重点构建集机器学习平台、语音认知计算和大数据交互接口三位一体的智能平台，垂直应用领域集中于智能家居和车载系统。阿里人工智能实验室借助"天猫精灵"智能音箱构建基于语音识别的智能人机交互系统，并通过有效接入第三方应用实现生活娱乐功能的进一步拓展。

◎ 计算机视觉

计算机视觉是指利用计算机来模拟人的视觉，从图像中识别出物体、场景和活动的能力，也是人工智能技术层商业化比较成功的一个分支。目前，人脸识别、视频监控、互联网图像内容审查，已经成为计算机视觉技术的产业入口。其中，人脸识别又是计算机视觉最热门的应用，已具备大规模商用条件，

---

① 微软语音识别错率仅 5.9% 水平超越人类．[2016 - 10 - 26]．http：//www.fromgeek.com/news/60150.html.

未来将在金融、安防等领域迎来大爆发。

计算机视觉可划分为图像预处理、初级视觉、中级视觉和高级视觉四个层次（见图5-6），其中初级视觉的任务是找到图像之间的一致性，高级视觉的目标是图像理解。当前计算机视觉尚处于初级阶段。

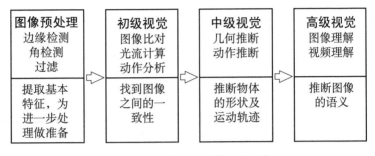

图5-6　计算机视觉的四个层次

近年来，谷歌、Facebook、微软、旷视科技、图普科技、格灵深瞳等企业在人脸识别、智能安防和智能驾驶等领域投入重资进行技术研发与产品设计。国外公司大多进行底层技术研发，同时偏重于提出整体解决方案，积极建立开源代码生态体系。如谷歌推出 Google Lens，可实时识别手机拍摄的物品并提供与之相关的内容；Facebook 开源三款智能图片识别软件，鼓励研发者们围绕其图像视频识别技术框架开发各类功能丰富的应用产品。国内企业直接对接细分领域，商业化发展道路较为明确——如旷视科技重点研发人脸识别技术产品，加强管控卡口综合安检、重点场所管控、小区管控、智慧营区等领域的业务布局；图普科技在阿里云市场提供识别色情图像和暴恐图像的产品和服务，确定准确率超过 99.5％[1]，满足了云端用户的安全需求。

通过梳理计算机视觉领域的热门公司我们可以发现，现在绝大多数公司提供的人脸识别、文字识别等技术，都属于初级视觉层次。不过，计算机视觉技术产品化的进程并未因此而放缓，这主要得益于场景的丰富。例如，商汤科技目前已经形成了视频智能、身份验证、移动互联网、智慧城市四大产品矩阵，广泛应用于智能手机、金融、交通、娱乐等领域。可以说，计算机视觉正值横向扩张的红利期，但迟早有一天需要凭借纵向发展展开更高层次上的技术竞争。

◎ 机器学习

从广义上来说，机器学习是一种能够赋予机器学习的能力来让它完成直接编程无法完成的任务的方法。但从实践的意义上来说，机器学习是一种通过利用数据，训练出模型，然后使用模型预测的方法，机器学习的过程与人类思考的过程颇为相似（见图 5 - 7）。机器学习一直以来都是人工智能的核心研究领域。

20 世纪 80 年代开始的机器学习浪潮，诞生了包括决策树学习、推导逻辑规则、聚类、强化学习和贝叶斯网络等非常多的机器学习算法，它们已被广泛地应用在网络搜索、垃圾邮件过

---

① 图普科技在阿里市场上线黄暴图像识别产品．[2017 - 01 - 03]. http://mo. techweb. com. cn/phone/2014 - 06 - 17/2465553. shtml.

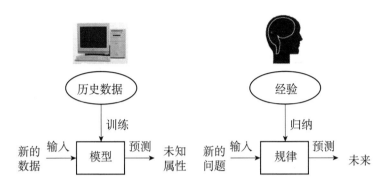

图5-7　机器学习与人类思考的对比

滤、推荐系统、网页搜索排序、广告投放、信用评价、欺诈检测等领域。而近几年来取得突破性进展而受到人们关注的深度学习，只是实现机器学习的其中一种技术手段。人工智能、机器学习、深度学习三者之间的关系如图5-8所示。

图5-8　人工智能、机器学习、深度学习三者之间的关系

2015—2016年，以谷歌、微软、亚马逊、IBM为首的美国互联网巨头引领了一波人工智能开源大潮。到了2016年下半年，国内互联网巨头也开始苏醒，百度、阿里、腾讯相继推出了面向人工智能的开源平台。虽然国内机器学习开源项目总体比美国慢了一拍，但毕竟机器学习尚处于初级发展阶段，即使像 TensorFlow 这样的深度学习框架已经得到广泛采用，也很难说它就会成为人工智能界的"安卓系统"。此外，与 TensorFlow、Spark 等国外主流机器学习开源项目相比，国内公司推出的机器学习开源平台都强调低使用门槛，效率也有所提高。

第六章

创新竞赛：科技研发促进
人工智能繁荣

人工智能下一波大规模的价值创造将会是在制造厂或者农机设备公司、医疗保健公司开发人工智能解决方案来帮助自身企业的时候。

——吴恩达

全球人工智能创新竞赛已然爆发

随着核心算法的突破、计算能力的迅速提升以及海量数据的支撑，人工智能的应用范围不断拓宽，相关产品更是层出不穷。为抢占人工智能发展的先机，增强自身的竞争力，世界各国的科研机构、科技企业等都在积极申请人工智能专利，近几年人工智能专利的申请量呈现出快速增长态势。根据世界知识产权组织的统计，世界上每年发明创造成果的 90％～95％能在专利文献中检索到，其中 70％的技术内容未在其他非专利文献中发表过。通过对人工智能领域专利文献进行分析，我们可以观察到人工智能技术的发展趋势和竞争态势①。

◎ 技术创新数量剧增

从近 20 年的发展情况看，全球人工智能的专利申请量及其在全球专利总量中所占比例在 2010 年前呈现平稳上升的趋势。自 2011 年开始，神经网络因可以大大改进语音和图片的识别能力而成为科技公司的研究热点，进而使得人工智能专利申请量出现拐点，之后出现爆发式增长。全球人工智能领域专利产出及其占全球专利总产出比例见图 6－1。2012—2016 年人工智能专利申请的复合增长率达 26.2％，且 2017 年的专利申请在未完

---

① 专利数据采集的时间范围：在 2018 年 8 月 10 日之前公开的专利数据。

全公开的情况下，人工智能专利申请量已达 58 000 多件。后续当人工智能获得更多的实际应用时，例如，当人工智能与教育、医疗、娱乐、出行、家居等不同产业相结合时，当不同的算法组合在一起产生新的技术效果时，人工智能方面的专利数量将会出现爆发式增长。

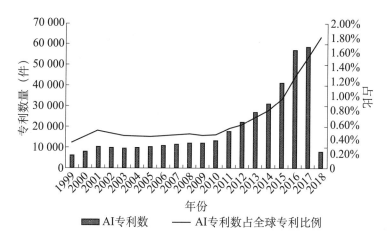

图6-1　全球人工智能领域专利产出及其占全球专利总产出比例

注：专利数单位"件"，指在进行专利统计时，例如为了分析申请人在不同国家、地区或组织所提出的专利申请的分布情况，将同族专利申请分开进行统计，所得到的结果对应于申请的件数。

从全球范围来看，美国和中国在人工智能领域的创新竞争力增长速度高于日本、韩国和欧洲。中国虽然在该领域的起步略晚，但自 2014 年起专利产出量已经高于美国。中美欧日韩人工智能专利产出趋势见图 6-2。近 20 年来，中国在人工智能领域的专利产出获得了较快的发展，从 1999 年的 71 件快速增长至 2017 年的 40 000 多件，该领域的专利全球占比也从 1999 年的 1.17% 增长至 2017 年的 69.08%。

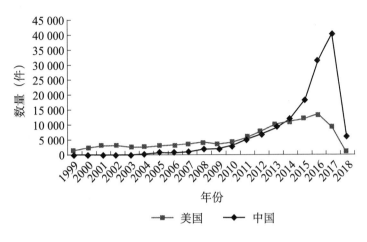

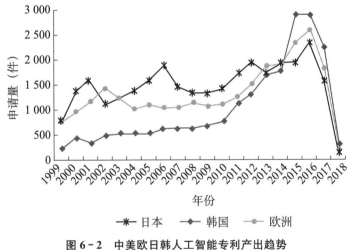

图 6-2　中美欧日韩人工智能专利产出趋势

◎ 创新主体区域集中

从人工智能提出至今,全球众多国家与地区广泛参与到人工智能领域的基础性研究以及应用研究中,主要的技术来源于中国、美国、日本、欧洲、韩国，这五个国家/地区的申请人所产出的专利数量占总体专利数量的 80.1%（见图 6-3）。

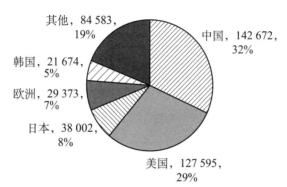

其他，84 583，19%

韩国，21 674，5%

欧洲，29 373，7%

日本，38 002，8%

美国，127 595，29%

中国，142 672，32%

图 6-3　人工智能领域技术来源国家/地区

专利数量及其各自占比

正如前面章节所描述的，世界科技强国都在积极部署人工智能战略，但各国的优势所在不同，资源禀赋也各有差异。究竟中国、美国、日本、欧洲和韩国的竞争力如何？让我们看一下它们都有哪些主要的专利申请人（见图 6-4）：

● 在美国，除 IBM 和微软这两家计算机巨头以及谷歌、苹果、亚马逊等互联网企业彰显了其在人工智能领域的创新能力外，在通信领域耕耘的高通、AT&T 也加入了人工智能的研究。

● 日本是普及自动化和机器人技术最早的国家之一。日本企业在人工智能领域起步很早，在图像处理和识别领域拥有大量的基础专利，欧姆龙、索尼、NEC、东芝、富士通、松下、佳能等公司在智能控制和图像领域积累了较多的核心技术。

● 欧洲的人工智能主要集中在通信和医疗上，并以荷兰皇家飞利浦公司（简称"飞利浦"）领衔，其在人工智能健康医疗

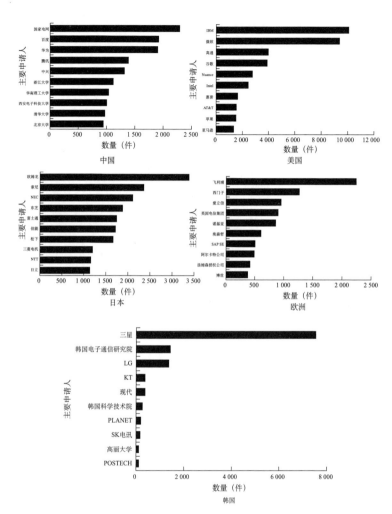

图6-4　中美日欧韩人工智能领域主要专利申请人

领域,提出"自适应智能"(adaptive intelligence)的概念。

● 韩国三星在人工智能领域的专利数量仅次于 IBM 和微软,韩国电子通信研究院在深度学习等领域积累了大量的专利。

● 中国互联网企业、IT 企业和科研院所近年来取得了很大的进步，华为、国家电网、百度、腾讯、中兴、浙江大学、清华大学等已经有一定量的专利储备。

不难看出，中国人工智能专利的申请量虽然多，但主要专利申请人的申请量目前尚无法与 IBM、微软、三星、谷歌等跨国公司抗衡。此外，目前中国所拥有的 PCT[①] 申请量不足 5 000 件，仅为美国 PCT 申请量的 1/4，今后也应注重专利质量及全球重点市场的专利布局。

在全球范围内，人工智能创新主体的集中情况非常明显，这种趋势无疑反映出互联网企业、先进制造企业等的集中程度，人工智能专利的分布情况也在一定程度上反映了该地区的创新能力。与国际分布情况类似，中国境内的人工智能专利分布也存在明显的集中现象。中国各主要省市人工智能领域的专利申请量见图 6 - 5。其中，广东、北京、江苏、上海、浙江目前是中国的五大人工智能专利集聚中心，五省市的人工智能专利申请量占全国总量的 61%，主要有如下两个原因：

● 中国人工智能专利的主要产出者大部分分布在上述五个省市，例如，北京占据 6 席（国家电网、百度、清华大学、北京航空航天大学、北京科技大学、奇虎），广东占据 5 席（华为、腾讯、华南理工大学、大疆、OPPO）。

● 上述五个省市是中国高科技企业最密集的地区，其中北京市的人工智能企业在全国人工智能企业中的占比超 40%。

---

① PCT 是 Patent Cooperation Treaty（专利合作协定）的缩写，是专利领域的一项国际合作条约。

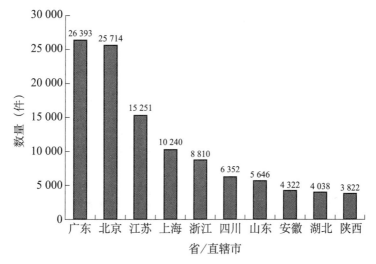

图6-5　中国各主要省市人工智能领域的专利申请量

◎ 技术研发领域集中

目前,人工智能专利申请主要集中在人脸识别、语音识别以及当下最热门的云计算、深度学习、自然语言处理、机器人、无人机等应用方向。

在细分领域方面,全球人工智能专利主要归属于语音识别(24.42%)、云计算(15.64%)、机器视觉(10.76%)和深度学习(10.26%)四大领域。其中,语音识别经过长期的发展成为技术层面的新模式。在全球语言市场规模中,Nuance、IBM、三星、微软和谷歌占据了绝对份额,国内百度、中兴、腾讯、华为、联想和科大讯飞则占据了16.3%的专利份额,且科大讯飞在2017年与Nuance、谷歌、微软、苹果、IBM五家龙头企业占据超过95%的市场份额。近20年来,人工智能领域相关专利数量增长较快的三大技术/应用是智能机器人、无人驾驶和云计算，增长速度均超过 34 倍，其中云计算是催生人工智能的核心关键，已经成为各大巨头竞争的制高点（见图 6 - 6）。

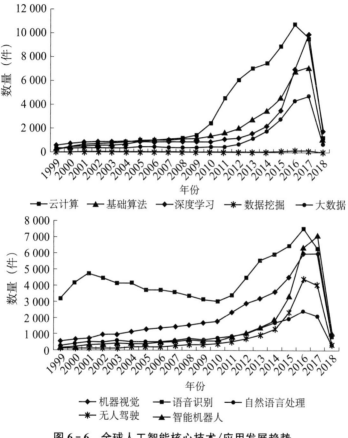

图 6 - 6 全球人工智能核心技术/应用发展趋势

此外，人工智能领域的五大国家/地区——中国、美国、日本、韩国、欧洲在各技术细分的侧重上各有不同（见图 6 - 7）。中国在云计算上的专利占比最高，在竞争较为激烈的机器视觉、语音识别上也达到全球领先水平；美国在语言识别方面占有绝对优势，在基础算法领域也有明显优势；日本主要集中在语音识别和机器视觉上。相对而言,中国、美国和日本在云计算、基础算法、深度学习、大数据、机器视觉、语音识别、无人驾驶、智能机器人八大技术/应用上均有较多研究,是世界各国中人工智能技术领域分布最均匀的。其中,中国人工智能专利分布情况为:云计算(22%)、机器视觉(14%)、智能机器人(13%)和深度学习(13%)。

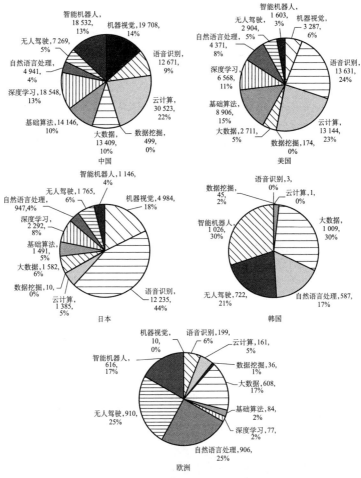

图6-7　中美日韩欧在人工智能细分领域的专利技术分布

站在人工智能风口上的巨人

　　人工智能时代的知识产权竞争已经演变为全球化竞争，专利被赋予前所未有的情报价值，国内外巨头们的专利战线纷纷前移。为应对全球化竞争，专利储备变得越来越重要。从全球范围看，IBM、微软、三星、欧姆龙、谷歌、华为、国家电网、百度等国内外企业均积极在人工智能领域进行专利布局，成为专利申请量最多的专利权人之一。其中，IBM 和微软的专利数量遥遥领先，比紧邻其后的三星多 26％以上。在前 20 位专利权人的专利公开总量中，IBM 和微软拥有的专利公开数量占比高达 27.5％（见图 6 - 8）。

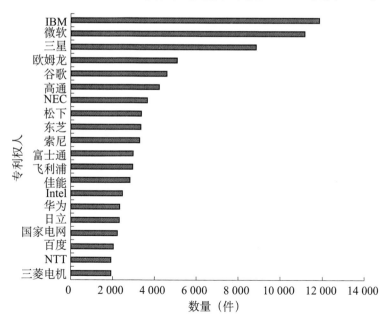

图 6 - 8　全球人工智能领域前 20 专利权人分布

　　需要指出的是,国外的 5 家人工智能巨头企业在人工智能领域深耕多年,构建了相对成熟的研发体系和策略。全球人工智能领域申请专利数量前五名的专利权人的创新策略见图 6 - 9。其中,谷歌的表现最为突出,这家企业尤为重视专利的布局和质量以及与学术领域的合作。谷歌一直在不断招揽学术界的人工智能"大牛",在吸收先进技术的同时拉近自身与学术界的距离。近几年,谷歌招揽的人工智能学术界的人才包括:卡内基梅隆大学的计算机科学院前院长安德鲁·摩尔(Andrew Moore)教授,华盛顿大学计算机科学博士杰夫·迪恩(Jeff Dean),任职于多伦多大学与谷歌的杰弗里·辛顿,蒙特利尔大学计算机科学教授、CIFAR 大脑学习项目的主任尤舒亚·本吉奥,以及斯坦福大学人工智能与计算机视觉实验室主任李飞飞和学生李佳。

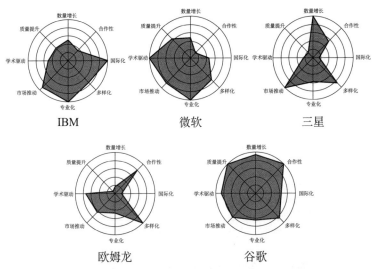

图 6 - 9　全球人工智能领域前五的专利权人的创新策略

此外，谷歌还与多所著名高校建立战略合作关系。例如，谷歌在蒙特利尔设立人工智能研究实验室，并提供共计340万美元资助蒙特利尔大学和麦吉尔大学旗下7名重量级教授及超过150名研究者的日常实验；谷歌AI中国中心与北大、清华、斯坦福、中科大、复旦等一流高校展开合作；等等。

再将视线转移到国内，我们又会发现不一样的景色。在国内的前20位专利权人中，有12位来自科研院所与高校（见图6-10），数目上略高于企业，但是专利申请量却比企业少2 335件。而在TOP 5中，除了大家耳熟能详的华为、中兴、百度、腾讯外，还有国家电网，且其专利申请量与排名第一的华为仅相差一百多件。近年来，国家电网在人工智能领域的专利申请量增长速度最快，其专利申请量从2008年的3件增长到2017年的570件，自2010年起几近以年增长80件的速度直线式增长。正如第三章所描述的，人工智能在新能源的利用上大有可为，甚至有可能大幅改善人类的生存环境。目前，国家电网正在紧锣密鼓地布局全球能源互联网，其在人工智能领域的进展或许能够产生更多社会价值。

此外，中国的电信企业华为和中兴在人工智能的创新策略上也各有特色。其中，华为在人工智能领域不仅专业化程度最高，合作意愿也很强。例如，其与西安电子科技大学成立西电—华为企业智能联合创新中心；其与科大讯飞在公有云服务、信息和通信技术基础设施产品、智能终端以及办公IT四大领域开展深度战略合作；其与百度在人工智能平台和技术等方面展

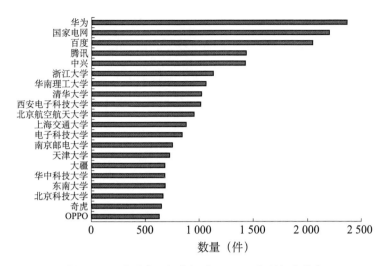

图6-10　中国人工智能领域 TOP 20 专利权人分布

开全方位深入合作；其与微软合作，共同扩大智能输入法
SwiftKey 的使用范围。相较之下，中兴的国际化程度较高，在
所申请的 1 456 件专利中，PCT 专利申请及海外专利申请占比
达 45.8%，这与中兴的业务范围密切相关，据悉，中兴为全球
180 多个国家和地区的顶级运营商提供创新技术与产品解决方
案。中国人工智能领域 TOP 5 专利权人的创新策略见图 6-11。

科技巨头的创新策略

本节将以中国和美国的六大互联网巨头企业（中国：百度、
腾讯、阿里巴巴；美国：IBM、微软、谷歌）为例，详细说明
各科技巨头在人工智能领域的专利技术实力。

总体来看，中美巨头人工智能的布局领域都比较全面。细

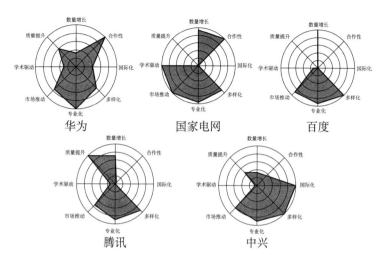

图6-11　中国人工智能领域TOP 5专利权人的创新策略

分领域来看，美国三巨头比较热衷机器学习、语音识别、语言合成处理等领域，中国三巨头则较倾向支付、交互技术、视频图像信息处理、智能搜索等领域，六家都比较感兴趣的有无人驾驶、数据文本聚类、指纹识别等领域。

在美国的三巨头中，IBM发展布局比较均衡，其在算法优化、自然语言处理、自主驾驶领域优势明显；微软则在机器学习、神经网络、音视频识别领域布局较多；谷歌则对无人驾驶、语音识别、自然语言处理领域较为重视。在中国的三巨头中，百度比较热衷搜索业务、无人驾驶、语音识别等；腾讯在云计算、人脸识别等领域更加积极；阿里巴巴则将焦点放在了数据库索引等领域。

◎ IBM：人工智能技术均衡布局

IBM不仅拥有全球最多的人工智能专利量，而且它对人工智能的研究，确切地说是对计算机模拟神经的计算启动，要比其他的企业更早。在 2008 年 DARPA 给予 IBM 5 300 万美元用于研究自适应可伸缩神经系统（systems of neuromorphic adaptive plastic scalable electronics，SyNAPSE)[①] 后，IBM 当年的人工智能专利申请量就达到了小高峰：570 件。

在麦肯锡 2011 年发布著名的《大数据：创新、竞争及生产力的下一个前沿》报告时，IBM 已经着手布局大数据平台业务，且 IBM Watson 超级计算机在美国著名的益智节目《危险边缘》（Jeopardy）中以优异的表现打败了人类选手[②]。从那年起，IBM 之前所做的大力度研发和投资都得到回报，在人工智能领域的专利申请量快速增长。IBM 人工智能领域专利申请趋势如图 6 - 12 所示。

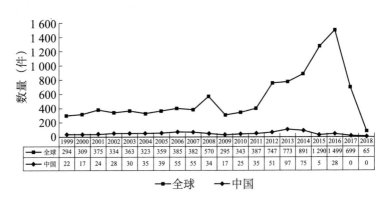

	1999	2000	2001	2002	2003	2004	2005	2006	2007	2008	2009	2010	2011	2012	2013	2014	2015	2016	2017	2018
全球	294	309	375	334	363	323	359	385	382	570	295	343	387	747	773	891	1 290	1 499	699	65
中国	22	17	24	28	30	35	39	55	55	34	17	25	35	51	97	75	5	28	0	0

—■— 全球　　—◆— 中国

图 6 - 12　IBM 人工智能领域专利申请趋势

---

① IBM 受人脑启发　构建出可伸缩电子形态计算机芯片：SyNAPSE.[2014 - 08 - 08]. http://www.csdn.net/article/2014 - 08 - 08/2821110.

② 解读一个新 IBM 的平台战略：云、大数据分析与人工智能. [2016 - 11 - 03]. http://news.rfidworld.com.cn/2016_11/a0f875b80c348deb.html.

作为最早进入人工智能领域的企业之一，IBM 在人工智能领域具有长期的技术积累，在云计算、语音识别、自然语言处理、深度学习、无人驾驶等人工智能关键技术领域均有非常多的积累，特别是在云计算、语音识别和自然语言处理技术领域的专利申请量非常高。IBM 在人工智能领域的专利技术组成见图 6 - 13。可以说，与云相关的软件和服务已经成为 IBM 为实现其产品现代化而努力的基石，IBM 通过云计算向大公司出售其软件产品。

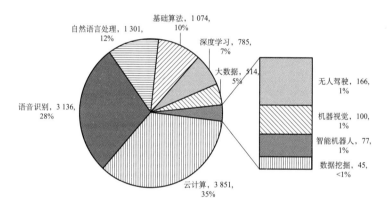

图 6 - 13　IBM 人工智能专利技术组成

IBM 在人工智能方面的研发最早可以追溯到亚瑟·塞缪尔发明的跳棋程序。而目前 IBM 最广为人知的人工智能产品就是认知计算平台 Watson 了，它可以利用自然语言处理和机器学习技术来挖掘大量非结构化数据内含的重要价值。IBM 在认知计算平台 Waston 项目上持续投入，并成立专门部门推动 Watson 商业化。目前，Watson 海量内容的分析能力已在医疗和金融领域被率先使用。2015 年 5 月，IBM 宣布 14 家来自美国和加拿大的癌症治疗机构将开始部署 Watson 计算机系统，该系统能根据

病人肿瘤的基因指纹选择出适合的治疗方案。除此之外，IBM
还拥有 SystemML 等机器学习平台。IBM 凭借其在技术开源、
芯片、自然语言理解、智能助理等领域开展的研究，在金融证
券和医疗领域开展了大量的投资、收购与合作。IBM 在人工智
能领域的布局见图 6-14。

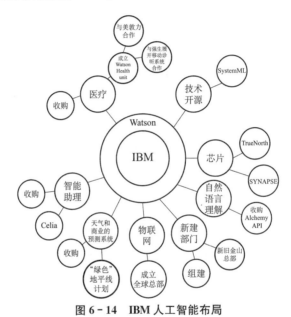

图 6-14　IBM 人工智能布局

资料来源：新智元．中国人工智能产业发展报告，2016.

目前，IBM 人工智能领域的专利申请由 Pickover 和 Allen
领衔（见图 6-15）。其中，Pickover 于 1982 年加入 IBM 的
Watson 研究中心，成为其语音合成团队的一员①。

---

① Clifford A. Pickover.［2018-05-06］. https：//en. wikipedia. org/wiki/
Clifford_A. _Pickover.

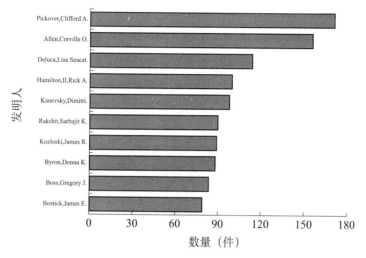

图 6 - 15 IBM 在人工智能领域的主要发明人

◎ 微软：语音识别技术的领导者

微软在人工智能领域的专利申请量随着其 2002 年组建成立机器翻译小组（该翻译小组在深度学习和可扩展分布式核算等范畴内取得较多成功，并有 100 多篇论文发表①）而拉开第一轮增长的序幕，并在 2005 年达到第一轮的峰值；随后，随着微软在机器学习和语音识别技术上遇到难题，相关的专利申请量降低（见图 6 - 16）。2009 年，人工智能领域三大奠基人之一——杰弗里·辛顿，作为顾问来到微软，和研发团队一起讨论上述难题，寻找原因。在经过大规模的实验后，深度神经网络在工

① 微软的人工智能，27 年时间只为这一"剑"．[2018 - 07 - 12]．https：// baijiahao. baidu. com/s？id＝1605778761495519869&.wfr＝spider&.for＝pc.

业界的大型语音识别上取得革命性突破①，微软在人工智能领域的专利申请量也随之开启了第二轮的增长。

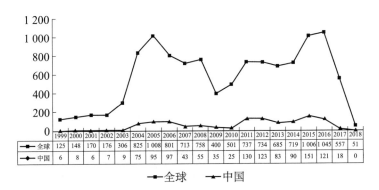

	1999	2000	2001	2002	2003	2004	2005	2006	2007	2008	2009	2010	2011	2012	2013	2014	2015	2016	2017	2018
全球	125	148	170	176	306	825	1 008	801	713	758	400	501	737	734	685	719	1 006	1 045	557	51
中国	6	8	6	7	9	75	95	97	43	55	35	25	130	123	83	90	151	121	18	0

—■— 全球　—▲— 中国

图 6 - 16　微软人工智能领域专利申请趋势

微软无疑是最早从事人工智能研究的科技巨头之一，其发布的 Cortana（小娜）等一系列产品更是为世界各地的人们所熟知。2015 年 5 月，微软发布了人工智能领域的牛津计划，分为开源人脸识别、语音处理和计算机视觉三个部分。2016 年 9 月，微软宣布成立 5 000 人的人工智能部门，与 Windows、Office、云计算等部门并列。

近年来，微软所有的努力都在向人工智能和云计算的核心靠拢。微软在人工智能领域的布局见图 6 - 17。2016 年 9 月，微软将技术与研发部门和人工智能研究部门相合并，组建新的微软人工智能与研究事业部（Microsoft AI and research group），由微软全球执行副总裁、技术与研发部门主管沈向洋领头。而

---

① 微软首席人工智能科学家邓力离职　加盟 Citadel．[2017 - 05 - 19]．ht-tp：//tech. sina. com. cn/it/2017 - 05 - 19/doc-ifyfkqiv6547978. shtml．

在一系列的组织与业务重组的背后，是微软将近 20 年的顶尖研究院资源——自 20 世纪 90 年代创立之初，微软研究院就将人工智能定位为核心研究方向，这些技术积淀和研究成果亟待产品化，当下的人工智能时代机遇将是最好的窗口。

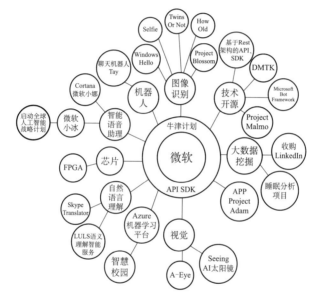

图 6-17　微软人工智能布局

资料来源：新智元. 中国人工智能产业发展报告，2016.

微软设有微软研究院和 AI 研究院，其在人工智能的核心技术及应用上都有所涉及，但是更聚焦于语音识别、云计算、基础算法 3 个领域，此 3 个领域的专利技术占比高达 80%（见图 6-18），这是微软 2017 年 7 月加强微软云计算部门（Azure）的体现方式之一。交互式人工智能是微软所倡导的方向之一，也是 Azure 上最为重要的智能应用。微软在交互式人工智能方面取得的成果不仅包括微软姐妹花"小冰""小娜"在语音交互以及情感沟通方面的进步，还包括诸多商务场景的升级，如人工智能会议系统的"全武功"演示、无人机搭载计算机视觉模块勘测管线情况的应用。

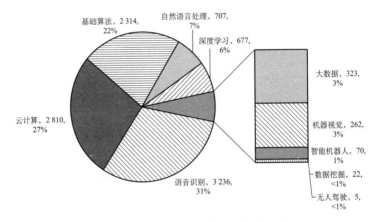

图 6 - 18　微软人工智能专利技术组成

而在热门核心应用上，微软布局了 70 件关于智能机器人的专利技术，作为其发布智能聊天机器人的基底。作为较早从事智能语音技术研究的企业，微软的语音服务器在政府、金融、医疗、制造业等领域均得到应用。近年来，微软将其语音技术在游戏、即时翻译等产品中推广应用，技术实力不断增强，语音识别技术专利占比高达 31%。微软的语音识别专利技术主要集中在实现技术上，如语言模型、识别系统等方面。

微软在人工智能领域的主要发明人见图 6 - 19。Acero 曾是苹果语音识别团队的高管，Siri 从最初的应用神经网络到现在能够应对用户的各种要求，就得益于他和他的团队。Acero 加入微软之后，与邓力、于东①等人成立研究小组，于 2011 年共同创造了第一个基于深度学习的语音识别系统②，这是深度学习技术产生的第一个重大影响。

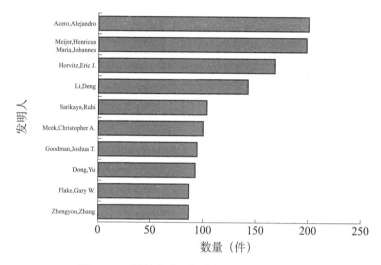

图 6 - 19 微软在人工智能领域的主要发明人

邓力作为深度学习、自然语言理解及语音识别方面的专家，早在 2009 年便和人工智能领域三大奠基人之一——杰弗里·辛顿教授合作，首次提出将深度神经网络应用到大规模语音识别中的构想并实际推动了相关技术的发展，显著提高了机器与语音的识别率，极大地推动了人机交互领域的发展与进步。在此基础上，产生了相关的专利 US8972253 (Deep belief network for large vocabulary continuous speech recognition)、US9031844 (Full-

---

① 已加入腾讯。

② 语音识别的前世今生：深度学习彻底改变对话式人工智能．［2017 - 08 - 21］. http://www. cnetnews. com. cn/2017/0821/3097159. shtml.

sequence training of deep structures for speech recognition），其价值均超过 100 万美元（分别为 188 万美元、143 万美元）。此后，邓力和团队继续改进深度神经网络，包括引入深度 LSTM 循环网络、深度 CNN 和新型的学习方法，例如 sequence learning 和 ensemble learning，这些技术可大幅提高语音识别准确度。

◎ 谷歌：深度学习的领军者

随着谷歌在 2006 年即启动的人工智能领域的收购，谷歌相应领域的专利申请量开始出现小幅增长；随着 2009 年无人驾驶汽车项目的启动，谷歌在人工智能领域的专利申请量开始出现大幅增长（见图 6－20）。

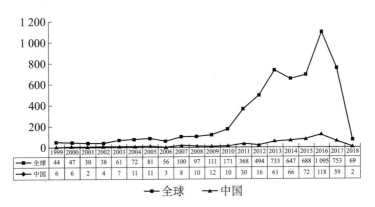

	1999	2000	2001	2002	2003	2004	2005	2006	2007	2008	2009	2010	2011	2012	2013	2014	2015	2016	2017	2018
全球	44	47	30	38	61	72	81	56	100	97	111	171	368	494	733	647	688	1 095	753	69
中国	6	6	2	4	7	11	11	3	8	10	12	10	30	16	61	66	72	118	59	2

→ 全球　　→ 中国

图 6－20　谷歌人工智能领域专利申请趋势

谷歌以深度学习为依托，涉足人机交互、语言理解、机器人等人工智能核心技术应用领域，全方位布局人工智能产业。技术方面，谷歌通过提升自身技术水平，加强谷歌传统搜索、翻译和社交业务，推动集视听说、感知和控制于一体的无人驾驶汽车技

术，并开源了第二代机器学习平台的源代码。谷歌通过对 Deep-
Mind 等人工智能行业创业企业的并购以及与强生、福特等传统产
业巨头的合作，实现了人工智能领域的全面布局及纵深式发展。
谷歌在人工智能领域的布局见图 6 - 21。

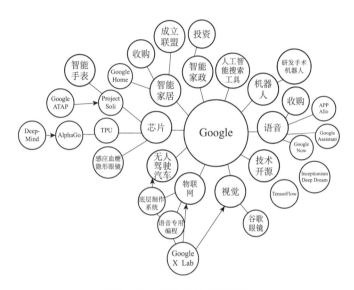

图 6 - 21　谷歌人工智能布局

资料来源：新智元．中国人工智能产业发展报告，2016.

谷歌作为 AlphaGo 发明者 DeepMind 的母公司，已经成为
全球深度学习的翘楚。谷歌以深度学习为依托，全方位布局人
工智能产业，在芯片、无人驾驶、物联网、视觉、语音、技术
开源、机器人和智能搜索等领域开展研究。目前，谷歌在人工
智能领域的专利申请主要分布于语音识别（36％）、无人驾驶
（16％）、基础算法（14％）、深度学习（13％）和云计算（9％）
等领域（见图 6 - 22）。其中，谷歌在无人驾驶方面申请了 956

件专利,已然成为自动驾驶领域的领头羊。谷歌的无人驾驶专
利 75%布局在美国,在中国、韩国的布局则分别占到了 6.9%
和 4.2%。自 2013 年起,谷歌在中国申请的无人驾驶相关专利
逐步增多,说明中国市场是谷歌未来的重点发展方向,其有意
在中国大规模推广。

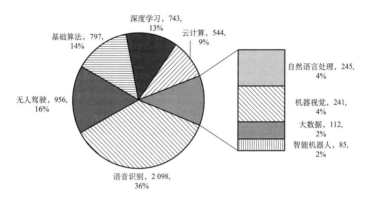

图 6-22 谷歌人工智能专利技术组成

谷歌在无人驾驶领域的专利主要集中在环境监测、导航定
位、车道控制等方面,这与近几年的道路实测、自主造车及高
精地图技术发展有关。此外,谷歌在无人驾驶车的安全性方面
也进行了一些专利布局。例如,专利 US9725060 公开了车辆内
部可采用电缆或弹簧之类的组件,这样在传感器检测到车辆即
将撞击另一物体时,该组件能根据车辆外部环境做出改变(如
撞击物为人则变软,如撞击物为其他车辆则变硬),从而降低车
祸概率。

从专利主要发明人看,谷歌所有人工智能领域的专利申请
中,曾在 Google X 实验室就职的软件工程师 Michael Lebeau

（2014 年加入 Facebook）专利申请量排名第一，主要研究领域为安卓系统和谷歌语音搜索；Waymo 的首席软件工程师 Nathaniel Fairfield 专利申请量排名第二，长期研究无人车运动规划与动作执行（见图 6 - 23）。

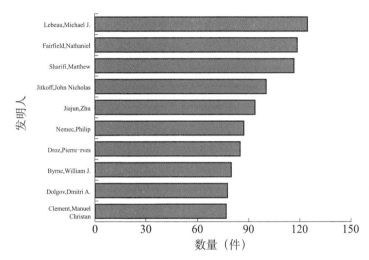

图 6 - 23　谷歌在人工智能领域的主要发明人

◎ 百度：全面向人工智能转型

在国内的互联网巨头公司中，百度最早开始部署人工智能战略。在底层基础资源支撑方面，百度拥有网络搜索引擎核心业务积累的丰厚数据资源，重点发力人工智能技术的自主研发，先后成立了深度学习研究院、大数据研究院、硅谷人工智能实验室以及硅谷智能驾驶团队，开展机器学习、深度学习、机器人、图像识别、语音识别、无人驾驶等各人工智能领域的技术研究。这几年，百度先后建立起了"智能云"，创造了"百度大脑"。百度希望依托人工智能技术进行全面转型，建立完整的人工智能生态体系，如图 6-24 所示。

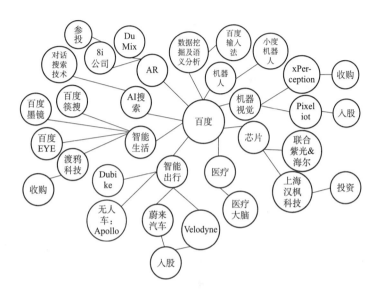

图 6-24 百度人工智能布局

百度是 BAT 中向人工智能转型最为积极的公司。迄今为止，百度已经在人工智能方面进行了国际化布局以应对全球化竞争。目前，百度公开的人工智能专利超过 3 400 件，在其所有专利总量中占比达 33.6%，其中授权超过 800 件。百度全部专利及其人工智能领域专利申请趋势见图 6-25。2014 年是百度开始在人工智能领域大胆试水的一年，其不仅大力研究底层基础技术，同时先后推出多款消费级产品，且人工智能和机器学习领域最权威的学者之一吴恩达在 5 月加入百度，标志着百度人工智能的探险启动。自此，百度的人工智能专利占比直线上升，从 2014 年的 6.66％上升至 2018 年的 48.44％。

至 2018 年，百度已经形成了一个较完整的人工智能技术布局，包括基础层、感知层、认知层、平台层、生态层和应用层，共计 6 层。近年来，百度在以语音识别、深度学习、无人驾驶为代表的人工智能技术及应用领域突飞猛进。

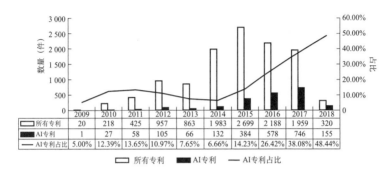

	2009	2010	2011	2012	2013	2014	2015	2016	2017	2018
所有专利	20	218	425	957	863	1 983	2 699	2 188	1 959	320
AI专利	1	27	58	105	66	132	384	578	746	155
AI专利占比	5.00%	12.39%	13.65%	10.97%	7.65%	6.66%	14.23%	26.42%	38.08%	48.44%

□ 所有专利　■ AI专利　— AI专利占比

图 6-25　百度全球专利及其人工智能领域专利申请趋势

从整体分布来看，百度在人工智能领域的专利申请主要分布于语音识别（30％）、深度学习（21％）、基础算法（15％）、无人驾驶（11％）和自然语言处理（9％）等领域（见图 6-26）。其中，在语音识别方面，百度拥有 705 件专利。这705 件专利主要布局在中国。此外，在美国、欧洲、韩国和日本也布局了一定量的专利申请，例如，在日本和韩国同时申请的使用声纹登录专利，可以支持语义识别和深度学习，这也凸显了百度对海外市场的重视。

百度的语音识别专利多聚焦于应用场景，如搜索服务、智能客服、无人车辆等。例如，无人车辆通过语音识别能够精准识别乘客的语音需求并对车辆进行操控。其实，百度早在 2013

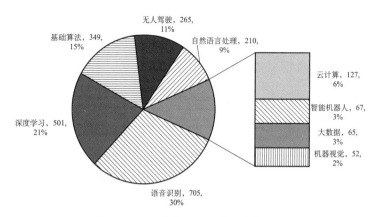

图6-26　百度人工智能专利技术组成

年就率先进入无人驾驶领域,截至2018年年底已有265件专利,涉及智能感知与控制、智能检测与定位、高精地图、语音和图像处理、机器学习、无人车测试等国际领先技术。

百度的定位技术依托自主采集和制作的高精度地图,记录完整的三维道路信息,可帮助无人车实现厘米级的精确定位;在图像识别方面,利用国际领先的交通场景物体识别技术和环境感知技术,实现高精度的车辆探测识别、跟踪、速度估算等功能,为无人驾驶汽车进行智能决策提供依据。百度凭借其在人工智能领域的技术积累,已形成了一套完整的自动驾驶技术方案,并在交通场景物体识别、高精度地图与定位、智能决策等关键技术上达到国际领先水平。

从专利主要发明人看,百度在人工智能领域的第一人是百度硅谷无人驾驶团队的负责人王京傲(见图6-27)。其带领团队在2016—2018年间共申请95件专利,共32组简单专利同族，其中 28 组简单专利同族与自动驾驶相关（其余 4 组是搜索相关的专利申请），主要涉及自动驾驶过程中的运动规划和控制，例如，基于车道拓扑图或弹簧系统进行车道变换、基于驾驶场景或车辆交通行为制定驾驶决策并对驾驶决策进行完善和改进。

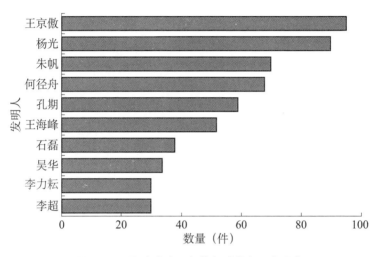

图 6 - 27 百度在人工智能领域的主要发明人

◎ **腾讯：热爱收并购和投资的企鹅**

近年来，腾讯通过收并购、基础技术研究合作以及三大硬件平台积极布局，实现人工智能的跨越式发展。在收并购方面，2013 年起腾讯先后投资搜狗、Skymind、Diffbot 等，总投资额超过 5 亿美元。在基础技术研究合作方面，腾讯成立 WHAT LAB/优图实验室、智能计算与搜索实验室，并于 2016 年成立 AI Lab，聚焦自然语言处理、语音识别、机器学习、计算机视觉四大发展方向。腾讯在人工智能领域的布局见图6-28。目前,腾讯的核心人工智能产品包括腾讯云小微、深度学习平台DI-X、人工智能语音平台小微、文字及语音翻译软件(可提供英语、日语及韩语3种语言文字及语音翻译)[①]。

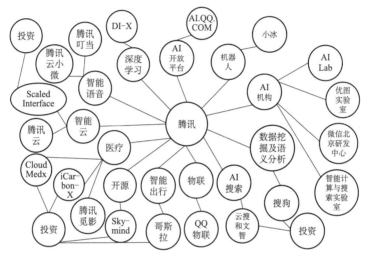

图6-28　腾讯人工智能布局

腾讯的专利申请一直保持较好的持续性和前沿性。从2012年起,腾讯每年的专利申请维持在2 000件以上,2013、2014年年专利申请量突破4 600件,但较为奇怪的是,2015年专利申请量下降1 000多件(见图6-29)。在人工智能领域,随着腾讯2013年先后投资或收购了海外多家人工智能产业链公司,腾讯的人工智能专利申请量也增长了1.48倍,但紧接着专利申请

---

①　阿里巴巴、腾讯、百度三巨头在人工智能的大布局.[2017-09-18].http://www.newskj.org/yw/20170918103278.html.

量又开始下降，这与腾讯专利申请总量的趋势一致，有可能是内部知识产权战略发生了变化。

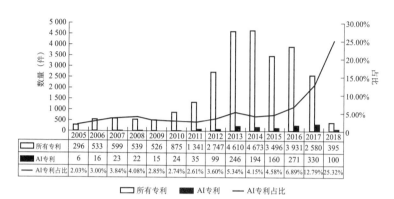

	2005	2006	2007	2008	2009	2010	2011	2012	2013	2014	2015	2016	2017	2018
□ 所有专利	296	533	599	539	526	875	1 341	2 747	4 610	4 673	3 496	3 931	2 580	395
■ AI专利	6	16	23	22	15	24	35	99	246	194	160	271	330	100
— AI专利占比	2.03%	3.00%	3.84%	4.08%	2.85%	2.74%	2.61%	3.60%	5.34%	4.15%	4.58%	6.89%	12.79%	25.32%

□ 所有专利　　■ AI专利　　— AI专利占比

图 6 - 29　腾讯全球专利及其人工智能领域专利申请趋势

从整体分布上看，腾讯的人工智能专利技术主要集中在语音识别、云计算、深度学习、基础算法四个领域（见图 6 - 30），在此基础上，又孵化出了机器翻译、语音聊天、智能问答、图像理解、棋类博弈、无人驾驶等项目，以探索未来技术的商业应用前景。腾讯设有企业级人工智能实验室 AI Lab，虽然其声称其基础研究方向包括机器视觉、语音识别、自然语言处理和机器学习，但是机器视觉和自然语言处理的专利申请量占比略低，各占 8%。

在语音识别领域，腾讯布局了 401 件专利，占其人工智能领域专利申请量的 28%，基于此技术，腾讯发布了听听音箱，主打功能是可用语音发送微信消息。而腾讯在美国还申请了一系列围绕语音交互的专利，包括语音处理等。在机器视觉中的人脸识别领域，腾讯申请了较多专利。腾讯旗下的优图实验室

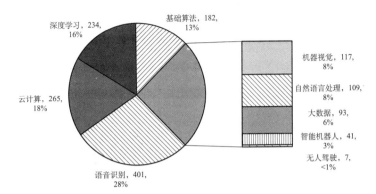

图 6 - 30　腾讯人工智能专利技术组成

负责为腾讯产品中的图像和面部识别提供技术支持，包括 QQ 空间等。目前，腾讯已经开放了优图的相关技术，从开发者到普通用户都可以使用。

　　目前，腾讯聚集了全球数十位人工智能科学家、70 余位世界一流人工智能博士。从专利主要发明人看，腾讯的人工智能研发团队由微信模式识别中心技术总监陈波领衔，其与团队成员卢鲤、张翔、岳帅、饶丰、王尔玉占据腾讯在人工智能领域的 TOP 6 发明人位置（见图 6 - 31）。陈波在人工智能领域所申请的 84 件专利中，70％集中在语音识别上，这是由于其团队研究方向包括语音识别、图像分析、语义理解、微信大数据挖掘等，其研发成果广泛应用于微信和腾讯其他产品中。

◎ **阿里巴巴：从基础研究到场景应用**

　　2012 年，阿里巴巴开始组织团队从事人工智能研究，2015 年就推出了集成阿里核心算法库的可视化人工智能平台 DT-

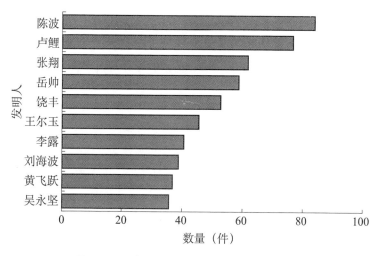

图 6 - 31　腾讯在人工智能领域的主要发明人

PAI。在此基础上，阿里巴巴推出了虚拟助手"阿里小蜜"和 ET 机器人，其中 ET 机器人拥有智能语音识别、图像或视频识别、情感分析等技术。近年来，阿里巴巴重点开发计算资源及人工智能共性技术，并将人工智能统一到云服务中进行宣传推广。此外，阿里巴巴尝试将人工智能技术与现有电商平台、大数据、云计算等原有业务相融合，推出智能生态产品。阿里巴巴在人工智能领域的布局见图 6 - 32。

2014 年，阿里巴巴就成立了数据科学与技术研究院（institute of data science & technologies，iDST），这一部门类似于谷歌的 X 实验室，从事一些人工智能、机器学习等前沿领域的科学研究，而不注重短时的商业价值。从此，阿里巴巴开始加强基础研究，并且收获颇丰。2014 年，阿里巴巴人工智能领域专利申请量较 2013 年增长 62.5%，2015 年较 2014 年增长

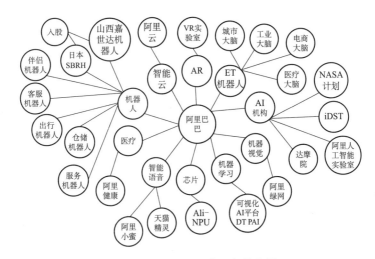

图 6-32 阿里巴巴人工智能布局

162.6%。2016 年,阿里巴巴成立人工智能实验室,当年人工智能专利申请量较 2015 年增长 51.5% (见图 6-33)。

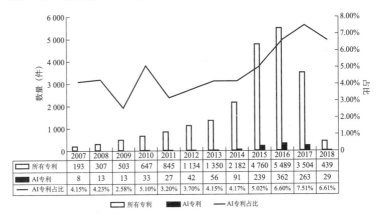

	2007	2008	2009	2010	2011	2012	2013	2014	2015	2016	2017	2018
□ 所有专利	193	307	503	647	845	1 134	1 350	2 182	4 760	5 489	3 504	439
■ AI专利	8	13	13	33	27	42	56	91	239	362	263	29
— AI专利占比	4.15%	4.23%	2.58%	5.10%	3.20%	3.70%	4.15%	4.17%	5.02%	6.60%	7.51%	6.61%

图 6-33 阿里巴巴全球专利及其人工智能领域专利申请趋势

从整体分布上看,阿里巴巴在人工智能领域的研究主要集中于基础算法、云计算、深度学习和语音识别四个领域,目的是为各垂直领域提供企业级与政府公共事务级的服务。阿里巴巴人工智能专利技术组成见图6-34。其中，云计算所支持的强大计算能力使阿里云跻身全球前列，而语音识别专利多达190件，包括基于神经网络的声纹识别技术，用户可以使用ALiGe-nie（天猫精灵的对话操作系统）通过语音进行购物和支付，并使用独特的语音签名作为身份验证。

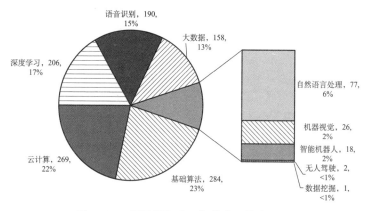

图6-34　阿里巴巴人工智能专利技术组成

阿里巴巴在蚂蚁金服下设有一个特殊的科学家团队，专门从事机器学习与深度学习等人工智能领域的前沿研究，并依托计算能力和数据资源，在蚂蚁金服的业务场景下进行一系列的创新和应用，涉及互联网小贷、保险、征信、智能投顾等多个领域。

从专利主要发明人来看，蚂蚁金服资深技术专家林锋是阿里巴巴在人工智能领域专利申请量最多的发明人，他的专利申请量多达35件（见图6-35），包括19组简单专利同族。其中，18组简单专利同族拥有不低于 14 项的权利要求,权利要求项数排行榜上 TOP3 分别为 CN106919619A 的 122 项、CN106484682A 的 71 项、CN106484681A 的 51 项,对应的专利申请页数分别为 78 页、85 页、63 页,这在一定程度上反映了林锋的专利申请注重质量。

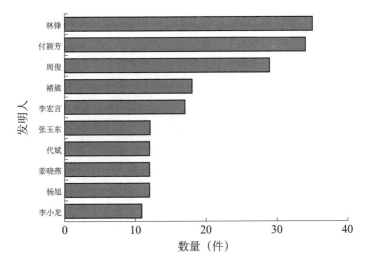

图 6-35　阿里巴巴在人工智能领域的主要发明人

第七章

人才争夺：看不见硝烟的人工智能战场

得人才者得人工智能，得人工智能者得天下。

——互联网圈

人才成为人工智能发展的竞争焦点

在推动人工智能产业从兴起到快速发展的历程中，人工智能人才是其中最为关键的因素，其质量和数量直接决定了人工智能的发展水平和潜力。而人工智能人才全球短缺且分布不均，使得各国政府以及科技公司，均将人工智能人才的争夺视为其提升核心竞争力的根本性战略。

◎ 人工智能杰出人才决定发展阶段和技术路线

当前，人工智能正在从实验室走向市场，处于产业大突破前的技术冲刺和应用摸索时期，部分技术和产业体系还远未成熟。在该阶段，能够推动技术突破和创造性应用的杰出人才对人工智能产业的发展起着至关重要的作用，甚至是引领性的作用。可以说，无论对于国家还是对于高科技企业，人工智能人才都是核心竞争力。

目前，全球范围内的人工智能杰出人才十分短缺。从市场供需关系来看，人工智能领域的人才需求在过去3年间增长8倍，且缺口仍在不断扩大。尽管全球共有367所具有人工智能研究方向的高校，每年人工智能领域的毕业生约2万人，但这些远远不能满足市场需求。从人才薪酬来看，全球人才争夺处于"白热化"状态，人工智能人才尤其是杰出人才的薪酬大幅高于一般互联网人才，世界三大科技公司（谷歌、微软、Facebook）甚至开出百万年薪抢夺人工智能领域的优秀博士毕业生。

此外，全球人工智能人才的地理分布也很不均匀。清华大学发布的《中国人工智能发展报告 2018》显示，截至 2017 年，全球人工智能领域人才总量达 204 575 人，杰出人才达 20 458 人，主要分布于北美、西欧、北欧以及东南亚地区，排名前十五的国家人才数量占总量的 61.8%，杰出人才数量占总量的 63.6%。其中，美国人工智能人才数量位列全球第一，高达 28 536 人，占世界总量的 13.9%；中国人工智能人才数量为 18 232 人，位居全球第二，占世界总量的 8.9%；印度、德国、英国紧随其后，人工智能人才数量分别为 17 384 人、9 441 人、7 998 人。全球人工智能人才地理分布（按国家）情况见图 7-1。

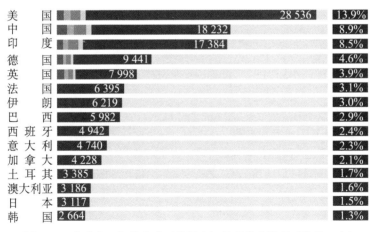

图 7-1　全球人工智能人才（按国家）地理分布情况（单位：人）

资料来源：清华大学中国科技政策研究中心. 中国人工智能发展报告 2018，2018.

在研究能力特别突出的杰出人才方面，美国依旧遥遥领先，

人数高达 5 158 人。英国、德国、法国、意大利分别位列二、
三、四、五名，杰出人才数量分别为 1 177、1 119、1 056、987
人。中国、印度等发展中国家的杰出人工智能人才比例明显低
于发达国家。其中，中国人工智能杰出人才数量排名第六，为
977 人，不足美国杰出人才的 1/5；而印度人工智能杰出人才数
量仅为 500 人，不足美国的 1/10。全球人工智能杰出人才分布
情况见表 7-1。

表 7-1　　　全球人工智能杰出人才分布

国家	杰出人工智能人才数量（人）	人工智能人才总量（人）	杰出人才占比
美国	5 158	28 536	18.1%
英国	1 177	7 998	14.7%
德国	1 119	9 441	11.9%
法国	1 056	6 395	16.5%
意大利	987	4 740	20.8%
中国	977	18 232	5.4%
西班牙	772	4 942	15.6%
日本	651	3 117	20.9%
加拿大	606	4 228	14.3%
澳大利亚	515	3 186	16.2%

资料来源：清华大学中国科技政策研究中心．中国人工智能发展报告
2018，2018．

◎ 争夺和培养人工智能人才成为世界各国的重要战略

在各国发布的人工智能战略中，人才都是其重要组成部分。
美国白宫在 2019 年 2 月发布的《美国人工智能倡议》中明确表

示，美国必须培养当代和未来美国工人，使其具备开发和应用人工智能技术的技能，为今天的经济和未来的工作做好准备。此外，联邦机构的教育补助金将在法律允许的范围内优先考虑美国公民。除了《美国人工智能倡议》，美国白宫发布的《为人工智能的未来做准备》以及《国家人工智能研究与发展战略计划》中，也对如何吸引人才着墨甚多。

英国政府科学办公室发布的《人工智能：未来决策的机会与影响》对如何保持英国的人工智能人才优势有特别说明；英国下议院科学和技术委员会发布的《机器人技术和人工智能》调查报告中，对英国政府能否吸引人才从而保证英国在人工智能领域的领导力提出了敦促和质询。

中国政府发布《新一代人工智能发展规划》，明确指出将高端人才队伍建设作为人工智能发展的重中之重，尤其是加快引进全球人工智能顶级人才和青年人才，大力建设人工智能学科。此外，中国教育部发布的《高等学校人工智能创新行动计划》，对 2030 年高校成为建设世界主要人工智能创新中心的核心力量和引领新一代人工智能发展的人才高地提出了行动计划。

除了美英中三国之外，加拿大启动《泛加拿大人工智能战略》，重点提出增加加拿大人工智能领域的卓越学者和学生数量。日本经济产业省编制《机器人新战略：愿景、战略、行动计划》，将人工智能作为实现超智能社会的核心，并计划从 2020 年起，将编程列入中小学必修课程，促进人工智能人才的产学研合作。

人工智能人才都分布在哪里?

全球人工智能领域人才总量达 204 575 人,其中高校人工智能人才数量为 147 914 人,占全球总量的 72.3%;科研机构人工智能人才数量为 31 123 人,占全球总量的 15.2%;企业等营利性机构的人工智能人才数量为 6 488 人,占全球总量的 3.2%(见图 7 - 2)。

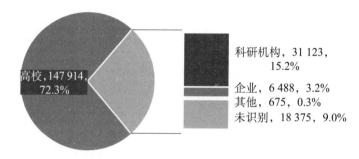

图 7 - 2　全球人工智能人才所属机构的类型

资料来源:清华大学中国科技政策研究中心 . 中国人工智能发展报告 2018,2018.

◎ 高校分布情况

中国高校人工智能人才数量位居前列。在全球高校人工智能人才分布中,中国高校在人才发展上的投入最为明显,其中,中国清华大学已成为全球人工智能人才投入量最大的载体,其所拥有的人工智能人才数量为 822 人,占世界第一;上海交通大学和北京航空航天大学人工智能人才数量分别为 590 和 525 人,位列世界第二和第四;美国卡内基梅隆大学、麻省理工学院以及斯坦福大学人工智能人才数量分别为 523 人、368 人、364 人，分别位列第五、第十四和第十七名（见表 7 - 2）。

表 7 - 2　　全球国际人工智能人才所属大学分布

高校	数量（人）	国家	高校	数量（人）	国家
清华大学	822	中国	南洋理工大学	418	新加坡
上海交通大学	590	中国	西安交通大学	400	中国
韦洛尔大学	526	印度	中国科技大学	382	中国
北京航空航天大学	525	中国	麻省理工学院	368	美国
卡内基梅隆大学	523	美国	新加坡国立大学	367	新加坡
浙江大学	506	中国	伦敦大学学院	365	英国
华中科技大学	465	中国	斯坦福大学	364	美国
北京大学	463	中国	乔治亚理工学院	358	美国
武汉大学	446	中国	哈尔滨工业大学	353	中国
北京邮电大学	443	中国	帝国理工大学	334	英国

资料来源：清华大学中国科技政策研究中心．中国人工智能发展报告 2018，2018.

对于全球高校中人工智能杰出人才的分布，美国斯坦福大学杰出人才数量达 79 人，占其人工智能人才总数的 21.7%，位列世界第一；美国麻省理工学院、英国伦敦大学学院、美国华盛顿大学紧随其后。而中国高校没有一所进入全球人工智能杰出人才数量的前十（见表 7 - 3）。

表 7 - 3　　全球人工智能杰出人才所属大学分布

高校	数量（人）	国家	高校	数量（人）	国家
斯坦福大学	79	美国	牛津大学	49	英国
麻省理工学院	72	美国	罗马大学	47	意大利
伦敦大学学院	67	英国	剑桥大学	45	英国
华盛顿大学	60	美国	苏黎世联邦理工大学	43	瑞士
圣保罗大学	60	巴西	清华大学	42	中国

续前表

高校	数量 (人)	国家	高校	数量 (人)	国家
密歇根大学	55	美国	加州大学旧金山分校	42	美国
多伦多大学	53	加拿大	南加州大学	42	美国
加州大学圣地亚哥分校	51	美国	鲁汶大学	41	比利时
加州大学伯克利分校	51	美国	卡罗林斯卡学院	40	瑞典
加州大学洛杉矶分校	49	美国	耶鲁大学	40	美国

资料来源：清华大学中国科技政策研究中心．中国人工智能发展报告2018，2018.

◎ 科研机构分布情况

中国科学院系统是世界人工智能人才拥有量最多的研究机构。中国科学院系统所拥有的人工智能人才数量高达1 244人，人工智能杰出人才数量高达88人，均位居世界第一（见图7-3）。美国宇航局人工智能人才数量为103人，不足中国科学院系统的1/10，人工智能杰出人才数量为40人，约为中国科学院系统的1/2。

◎ 企业分布情况

全球人工智能人才主要分布在美国的企业中（见表7-4）。在所有类型的企业中，以计算机软硬件开发为主要业务的企业对人工智能的投入最多。而美国的计算机行业在全球发展最早，其中IBM、微软、谷歌一直以来都处于行业发展的最前沿，在世界范围内拥有非常广泛的影响力，在人工智能人才的投入上也远超其他企业。在全球人工智能人才数量前二十企业的榜单中，美国企业占据半壁江山。IBM、微软、谷歌拥有的人工智

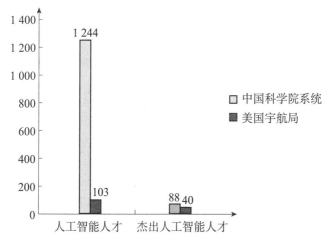

图7-3　中美科研机构人工智能人才对比（单位：人）
资料来源：清华大学中国科技政策研究中心．中国人工智能发展报告
2018，2018.

能人才数量分别为538人、341人、256人，也几乎占据了前二
十企业人工智能人才总数的一半。除此之外，英特尔、通用电
气、惠普、霍尼韦尔国际、思科、高通、苹果等也都榜上有
名。上榜企业数量第二多的国家为德国，有排名第五的西门
子、排名第十三的SAP研究和排名第十四的博世，它们拥有
的人工智能人才数量分别为176人、58人和56人。与IBM、
微软、谷歌等互联网企业不同的是，西门子和博世均为大型制
造企业。除了美国和德国之外，印度也有两家IT技术服务公
司上榜，分别为排名第四的塔塔咨询和排名第十五的高知特，
其拥有的人工智能人才数量分别为189人和55人。中国仅有
华为一家企业上榜，拥有的人工智能人才数量为73人，不足
IBM的1/7。

表7-4　　　　全球人工智能人才所属企业分布

企业	数量（人）	国家	企业	数量（人）	国家
IBM	538	美国	惠普	62	美国
微软	341	美国	埃森哲	59	爱尔兰
谷歌	256	美国	SAP研究	58	德国
塔塔咨询	189	印度	博世	56	德国
西门子	176	德国	高知特	55	印度
三星	142	韩国	MITPE	55	意大利
英特尔	142	美国	霍尼韦尔国际	53	美国
飞利浦	118	荷兰	思科	51	美国
通用电气	87	美国	高通	47	美国
华为	73	中国	苹果	46	美国

资料来源：清华大学中国科技政策研究中心．中国人工智能发展报告
2018，2018．

　　在人工智能杰出人才所属企业的分布上，美国仍然在全球
范围内遥遥领先（见表7-5）。在前十的榜单中，美国的上榜
企业有7家，分别为IBM、英特尔、谷歌、微软、通用电气、
礼来和高通，上述企业拥有的人工智能杰出人才数量分别为
83、39、32、31、15、12、11，IBM仍然高居榜首。除了美
国的7家企业之外，德国西门子、荷兰飞利浦和韩国三星分别
以22、18、16人的数量位居第五、第六和第七。中国没有一
家企业排名进入前十。在前二十的榜单里，也仅有华为一家企
业入榜，排名第二十，拥有的人工智能杰出人才数量为7人，
不足IBM的1/10。由此可见，美国互联网企业无论是在人工
智能人才还是在人工智能杰出人才的拥有量上，都占有绝对
优势。

表 7-5　　　全球人工智能杰出人才所属企业分布

企业	数量（人）	国家	企业	数量（人）	国家
IBM	83	美国	爱立信	11	瑞典
英特尔	39	美国	ABB	10	瑞士
谷歌	32	美国	罗氏	10	瑞士
微软	31	美国	赛诺非	9	法国
西门子	22	德国	阿斯利康	9	瑞典
飞利浦	18	荷兰	诺华	9	瑞士
三星	16	韩国	辉瑞	9	美国
通用电气	15	美国	默克	8	德国
礼来	12	美国	诺基亚	8	芬兰
高通	11	美国	华为	7	中国

资料来源：清华大学中国科技政策研究中心．中国人工智能发展报告2018，2018.

目前全球 80% 以上的人工智能人才分布在高校和研究机构中，企业拥有的人才数量相对较少。其中，中国在高校和研究机构上的投入最多，而在企业上则完全处于劣势。欧美国家对学术界和工业界的投入则较为均衡，顶尖大学和著名的互联网企业中均拥有大量的人工智能人才。在人工智能杰出人才的分布上，美国互联网企业占据绝对优势。此外，印度的人工智能实力也不容小觑，其高校韦洛尔大学、IT 技术服务公司塔塔咨询以及高知特拥有的人工智能人才数量均处于世界前列。

人工智能产业链及其人才分布情况

人工智能产业链可以划分为三层，即底层基础层、中间层技术层和上层应用层（见表7-6）。其中，基础层提供计算力，主要包含人工智能芯片、传感器、云计算/大数据等细分领域。英特尔等国际科技巨头在芯片技术上的研发较多，国内在基础层的实力则相对薄弱。近几年来，以百度、阿里、腾讯、京东等为首的国内互联网巨头也开始自建人工智能基础学科实验室，加大对人工智能芯片等基础层技术的研发力度，同时将触角延伸到对基础层创业公司的投资上。但因人工智能芯片技术门槛极高，且生态搭建已基本成型，国内科技公司想要在基础层技术上赶超欧美，难度很大。

表7-6   人工智能产业链

层次	核心能力	细分领域	产业生态搭建
基础层	计算力	人工智能芯片、传感器、云计算/大数据	以BATJ为代表的科技巨头开始自建人工智能基础学科实验室，加大研发力度，同时将触角延伸到对基础层创业公司的投资。
技术层	技术开发及输出	计算机视觉、自然语音处理、语音识别、机器学习	截至目前，包括腾讯、百度、阿里在内的多个巨头开始构建自己的人工智能平台，希望在人工智能时代延续自己的产业优势。
应用层	商业化的解决方案	机器人、无人机、自动驾驶、智能客服、智能物流、智慧医疗等	占据着数据优势，巨头公司开始搭建自己针对应用层的开源平台。

资料来源：百度指数，德勤研究。

技术层的主要作用是技术开发及输出，用于解决具体类别问题。该层级主要依托运算平台和数据资源进行海量的识别训练和机器建模学习，从而开发出面向不同领域的应用技术。技术层的细分领域主要包括计算机视觉、自然语言处理、语音识别以及机器学习技术等。以 IBM、谷歌为首的国际科技巨头在该层级的各个领域也已深度布局。而中国的腾讯、阿里等科技公司也开始构建自己的人工智能平台，希望在人工智能时代抓住机遇、延续优势。除了 BAT 等科技企业之外，中国近几年也出现了很多人工智能技术领域的独角兽公司，包括商汤科技、旷视科技以及科大讯飞等，目前它们的发展主要集中于计算机视觉、语音识别及语言技术处理等领域。

应用层的核心是提供商业化的解决方案，具体方式是通过人工智能技术为不同的行业提供具体的产品、服务及解决方案，主要细分领域包括机器人、无人机、自动驾驶、智能客服、智能物流以及智慧医疗等。与基础层不同的是，应用层的技术门槛较低，因此目前中国在该层级中拥有的企业数量较多，规模占比较大。从全球来看，Facebook、苹果、谷歌、丰田等国际企业也逐步开始在应用层进行布局，扩展自己在语音识别、图像识别、智能客服、自动驾驶等领域的应用。

总体上看，中国的人工智能相关企业主要分布在应用层，包括企业技术集成与方案提供、关键技术研发应用平台、智能硬件和智能制造等领域，而基础层和技术层的企业相对来说比较少。可以发现，中国人工智能产业的科技发展主要源自应用层面的牵引。与中国不同的是，美国的人工智能产业更偏向基

础层和技术层的研究，其在人工智能核心技术上的研究深度和
积累程度远远超过中国。

◎ 人工智能人才分布在哪些领域？

国际人工智能人才的领域分布较为集中，主要分布于算法、
机器学习等领域。全球人工智能细分领域人才需求量排名见
图 7-4。这些领域都属于基础层领域，对技术门槛要求较高，
也是技术层和应用层的基础。从人才分布上也可以看出，相对
于技术层和应用层来说，基础层的各个领域对人才的需求量较
大，目前处于技术快速发展、瓶颈急需突破的阶段。

从技术层来看，图像识别/计算机视觉以及自然语言处理等
领域对人工智能人才的需求较为明显。而从应用层来看，机器
人、智能营销和自动驾驶则处于风口之中，对人工智能人才的
需求也相对较大。

全球人工智能细分领域人才需求量排名			
排名	细分领域	排名	细分领域
1	算法、机器学习等	6	智能/精准营销
2	GPU、智能芯片等	7	语音识别
3	机器人	8	推荐系统
4	图像识别/计算机视觉	9	搜索引擎
5	自然语言处理	10	智能交通/自动驾驶

图 7-4   全球人工智能细分领域人才需求量排名

资料来源：LinkedIn. 全球 AI 领域人才报告，2017.

从中美人工智能细分领域人才分布对比来看（见图 7-5），
中美在算法和机器学习这两大基础层领域分布的人工智能人才

占比均较大，其中美国占比达 56.5%，超过其人工智能总人才数量的一半，略高于中国的 45.6%。人才分布占比排名第二的领域是属于应用层的机器人领域，排名第三的则是属于基础层的硬件、GPU、智能芯片领域，而中美在图像识别/计算机视觉和自然语言处理等技术层领域分布的人工智能人才数量则远低于基础层领域。

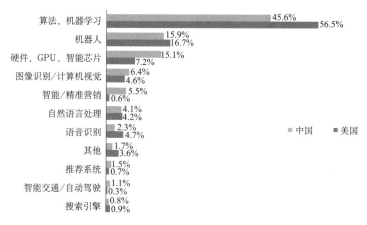

图 7-5　中美人工智能细分领域分布占比

资料来源：LinkedIn. 全球 AI 领域人才报告，2017.

　　总的来说，人工智能的基础层是人工智能技术要求相对较高的领域，也是人工智能发展的核心基础。基础层吸引了主要的人才，有利于人工智能行业的长期发展，也可为技术层和应用层的后期爆发做好技术积累。相比于基础层和技术层的高技术门槛，应用层则相对更趋向于商业化的解决方案，处于风口之中的应用层领域对人才的需求量也较大。

人工智能人才的流动去向

随着人工智能受到世界各国和各科技企业的关注，对人工智能人才的需求在过去几年里也呈指数增长，各大企业对经验丰富、技术娴熟，特别是高学历的人工智能人才有着强烈的需求。在本节中，为了分析全球人工智能人才的流动情况，我们根据 LinkedIn 搜集整理的全球人工智能各大会议的专家数据，对美国、欧洲、亚洲和非洲等主要国家和地区的人工智能人才分布情况做一个简要的总结，从而更好地了解和分析人工智能人才在国家与国家之间以及学术界与工业界之间的流动情况。

◎ 各地区人工智能人才分布特点

1. 美国特点

美国作为最早发展互联网的国家，拥有着世界上几乎一半的人工智能专家。美国一年预计约有 6.5 亿美元用于人工智能人才的薪水支付，同时美国还与几家巨头公司一起筹集额外 10 亿美元用以推动人工智能的发展，这使得本就处于劣势的小国难以与美国在人工智能人才上进行竞争。大多数专家曾为谷歌、微软或 IBM 等互联网巨头工作，并且拥有 3～10 年的工作经验。此外，在研究领域上，大部分专家的研究领域为计算机科学或计算机工程，同时还包括一些基础学科，如数学、物理学和信息技术等。

2. 欧洲特点

英国一直较为重视工业的发展，这导致英国人工智能人才流失较为严重。此外，由于英国工业所需要的人才供不应求，人工智能教授纷纷从学术界进入了工业界。

德国则面临着与英国相反的问题。德国正在寻求给工业界和学术界一个共同的成长空间。德国在学术界拥有大量的人工智能专家和教授，因此一直在考虑如何将人工智能技术商业化，建立新兴的技术中心。

根据 LinkedIn 搜集整理的全球人工智能各大会议的专家数据，德国有将近44％的人工智能人才曾经出席过学术会议；英国则较低，只有14％的人工智能人才出席过学术会议。可以发现，德国的人工智能发展更多来源于学术界的推动，而英国对工业发展的重视促使更多专家从学术界转向工业界，因此，英国的人工智能发展更多来自行业的驱动。

除了英国和德国之外，欧洲其他国家也拥有较多的人工智能人才。法国、西班牙等国家的人工智能发展实力不容小觑。总体而言，近年来，欧洲已经成为人工智能人才竞争较为激烈、人才聚集较为显著的地区。

3. 亚洲特点

日本在机器人和人工智能领域的研究历史悠久，但其研究方向更偏向于学术而非应用领域。2017 年 8 月，日本政府宣布投资数十亿日元推动发展下一代半导体和其他对人工智能发展至关重要的技术。该资金的投入将促进日本人工智能产业的发展并且带动人工智能人才的回流。此外，因拥有丰田、本田等本土车企，日本在自动驾驶领域投入较多。据悉，创业公司Preferred Networks Inc 已获得来自丰田的 9 500 万美元融资，该公司将致力于自动驾驶技术的开发。

虽然韩国是电子产业的强国，在人工智能方面有一定的行业影响力，但因韩国在人工智能的发展上起步较晚，所以韩国在人工智能人才的拥有量上比不上中日等亚洲国家。此外，在人工智能学术研究方面，韩国的论文数量全球排名第七，也不及中国和日本。

近几年来，韩国对人工智能逐渐重视起来。自谷歌 DeepMind 公司的 AlphaGo 在 2016 年击败韩国围棋冠军李世石之后，韩国政府宣布将在未来五年投资 8.63 亿美元用于人工智能研究。2018 年，韩国智能知识学会理事会宣布将在人工智能上花费 2 440 亿韩元（约合 2 亿美元），总计从 2018 年到 2022 年，将在 13 个创新增长领域花费 7.96 万亿韩元（约合 67.4 亿美元），并且到 2025 年将创造约 55 万个人工智能相关的新工作岗位。

在政府的大力推动下，中国学术界在人工智能领域取得了很大的进步。尽管中国现在拥有的人工智能杰出人才数量不如美国多，但中国近几年人工智能相关论文的发表数量却领先于美国。传统上认为，论文发表数量是研究活动的标志，是该地区人才成长的良好指标。因此，中国在人工智能人才培育上的发展潜力很大。

此外，中国人工智能市场发展也很迅速。美中经济与安全评估委员会在其 2017 年的年度报告中表示，中国政府已承诺提供超过 70 亿美元的资金用于发展人工智能。中国科技公司百度、阿里巴巴和腾讯等也已在互联网大潮中脱颖而出，成为中国人工智能领域的一面面崭新的旗帜。中国政府也已逐渐认识到人工智能对未来社会的重要性，因此不断强化人工智能在中国的发展并促使其成为国家重点发展领域。

对于一个新兴产业而言，除了就业以外，教育也是产业链上非常重要的环节。中国的人工智能教育也一直在快速发展，但人工智能领域的教师需求仍然很难满足。中国的人工智能是近几年才开始发展的，许多从业人员是从电气工程或计算机科学等其他一些分支领域过渡而来，因此很难找到人工智能领域的资深教师。总体来说，中国的人工智能人才市场有很大的发展潜力，但是要和美国媲美还有很长的道路。

4. 非洲特点

虽然非洲的发展不如亚洲、北美和欧洲，但是近年来非洲在人工智能领域仍然有显著的发展。据非洲机器智能研究所（MIIA）主席雅克·路迪克（Jacques Ludik）估计，非洲机器智能研究协会约有 1 500 名成员，其中 70% 是来自各领域的专家，主要致力于在农业和移动领域实施人工智能应用。

◎ 人工智能人才在国家之间的流动情况

过去 30 年中国经济 GDP 增速超过了全球任何一个国家。在经济快速发展的基础上，中国的高科技企业以及互联网公司也踏上了飞速发展的快车道。再加上中国政府近几年来对科技创新以及人工智能发展的高度重视,越来越多的海外人工智能专家选择回国发展。

以中国为人才回流国,如表7-7所示,我们通过分析人工智能人才来源国,可以发现,美国是中国人工智能人才回流的第一大来源国,从美国回来的人工智能人才占中国所有回流人才的43.9%。美国作为拥有人工智能人才以及杰出人才最多的国家,其高校和IBM、谷歌、微软等互联网巨头聚集了大量的科技精英。其次是英国、法国、澳大利亚、加拿大、德国等国家,从英、法、澳、加、德回来的人工智能人才占中国所有回流人才的比例分别为15.3%、10.4%、7.7%、7.1%、6.5%。而在亚洲国家中,日本是中国人工智能人才回流的第一大来源国,占比为5.3%,印度紧随其后,占比3.8%。

表7-7 拥有海外经历的 AI 技术人才主要来源国分布（中国）

来源国	比例
美国	43.9%
英国	15.3%
法国	10.4%
澳大利亚	7.7%
加拿大	7.1%
德国	6.5%
日本	5.3%
印度	3.8%

资料来源：LinkedIn 全球人才大数据。

此外,中国所有具有海外工作经历的人工智能人才数量占国内人工智能人才总数的比例为9%,可见中国人工智能人才以本土培养为主。中国国内的发展以及政策条件对海外精英们有一定的吸引力，但吸引力还不够。

以美国为人才回流国，如表 7 - 8 所示，我们通过分析人工智能人才来源国，可以发现，印度是美国人工智能人才回流的第一大来源国，从印度回流的人工智能人才占美国所有回流人才的 43.7%。中国是美国人工智能人才回流的第二大来源国，从中国回流的人工智能人才占美国所有回流人才的 18.8%。其次是英国、加拿大、德国等国家。印度和中国这两个亚洲超级大国占据了美国海外人才来源的前两位，一方面说明，印度和中国在计算机以及人工智能技术上已经有一定的实力；另一方面说明，美国对亚洲国家人才的吸引力比对欧洲发达国家人才的吸引力要大。欧洲发达国家因其本国的教育水平高、就业机会多、发展前景好，因此去美国深造再回国的机会成本可能远大于留在国内。而对于中国和印度，欧美等发达国家的科技创新实力和发展机会对国内科技精英们具有更大的吸引力。

表 7 - 8 拥有海外工作经历的 AI 技术人才主要来源国分布（美国）

来源国	比例
印度	43.7%
中国	18.8%
英国	11.3%
加拿大	7.5%
德国	5.2%
法国	4.2%
澳大利亚	3.4%
日本	3.1%

资料来源：LinkedIn 全球人才大数据。

　　美国所有具有海外工作经历的人工智能人才数量占其人工智能人才总数的比例为 11.1％,高于中国的 9％,可见尽管中国因经济的飞速发展以及国内政策的倾斜,对海外人才的吸引力正在逐年增强,但仍然与美国有一定的差距。

　　此外,根据对全球人工智能人才工作学习地点以及国籍的分析,LinkedIn 认为美国正充当着世界范围内的人工智能研究和教育中心,并成为全球人工智能学术和商业领域之间人才流动的桥梁。很多学生可能会优先考虑前往美国接受教育,而后转移到其他国家进行工作。来自加拿大、英国、德国、法国,尤其是亚洲的中国和印度的人工智能人才更有可能移居美国以从事人工智能专业的相关工作。

　　在全球人工智能领域,华人技术人才的分布情况与人工智能人才整体的分布情况有所不同。华人人工智能技术人才占比最高的国家是新加坡,占全球比例为 29.4％;其次是加拿大,占全球比例为 10.2％;澳大利亚、美国和德国分别位列第三、第四和第五,占比分别为 8.5％、7.9％和 2.7％。

　　驭势科技联合创始人吴甘沙表示,现在在人工智能领域,华人的科研力量上升得非常快,并且已经形成了一股力量。一种新的方法出来之后,很多华人技术人员可以很快很敏锐地抓住机会。因此,华人可以很快地作为一个整体在这个领域崛起。但尽管如此,这两年的中美贸易战却放大了华人在海外就职的职业天花板。目前,在海外华人人工智能技术人员中,拥有总监及以上职位的人才仅占总人数的 10.7％左右,只有国内该职位人数占比的 1/2。

◎ 学术界与产业界之间的流动

　　高校和研究机构的人才不断流向企业，是目前人工智能领域人才流动的主要特征。现如今，人工智能竞争日益激烈，各科技公司正在不断地用丰厚的薪水，从世界名校以及研究机构中抢夺人工智能领域顶尖的科研人员和应届毕业生。除了薪酬待遇之外，强大的计算能力以及巨大的数据库对于人工智能技术人员而言具有更大的吸引力，因为这也是人工智能研究必不可少的资源，更是科技公司相比于高校和科研机构更吸引科技精英们的优势所在。

　　统计数据显示，截至 2016 年，美国人工智能领域的技术人员约有 25％曾在高校或者研究所工作过。相比于美国，中国人工智能领域的技术人员中，约有 10％曾经在高校或者科研机构工作过，在这些工作人员中约有 50％的人工智能人才流入企业，其余 50％的优秀人才仍然选择留在高校或者科研机构，致力于学术研究。

　　高校和研究机构在人工智能领域的学术研究工作对人工智能的未来发展至关重要，很有可能是推动未来人工智能发展的原始驱动力。很多专家曾担心，各科技巨头在人工智能人才上的争夺战可能会使各个高校和科研机构大量流失人才，因此使得学术界无法为社会培养出足够的人工智能优秀人才，从而造成人才更加短缺，形成一种恶性循环。另外，也有专家表示，科技企业为优秀人才开出的巨额薪水也会使得社会风气浮躁，使得真正能够坚持数十年做纯粹的研究工作的人越来越少，而未来人工智能突破性的发展很有可能来自这样一群专心做研究的人。

但 LinkedIn 的人才大数据显示，专家们的上述担心或许没有必要。在中国，尽管每年都有 50％的人才离开高校或者研究机构，加入科技企业，但是因为人工智能未来发展的巨大潜力，新进入高校或者研究所的研究人员也越来越多。如图 7 - 6 所示，中国的高校以及研究所在 2013—2015 年仍然保持着人才净流入的状态，学术界仍然具有较大的人才吸引力，也仍然担负着为人工智能产业不断培养优秀人才的巨大责任。

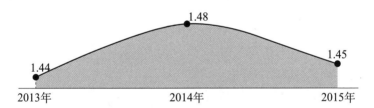

图 7 - 6   中国高校及研究所 AI 领域人才流入流出比

说明：人才流入流出比＝人才净流入数量／人才净流出数量

资料来源：LinkedIn. 全球 AI 领域人才报告，2017.

全球人工智能人才未来趋势

随着人工智能在全球各个领域的快速发展，人工智能产业对其相关性人才的要求也将越来越高。学科之间、高校与科研机构之间、学术界与工业界之间的交叉融合将会是未来的发展趋势。除此之外，全方位的交叉融合也将加速人工智能人才的流动。但总的来说，人工智能产业对人才尤其是高端人才的需求缺口仍然很大，科技巨头对高端人才的吸引力仍然很强，头部效应是一个产业发展的必然趋势。

◎ 全方位交叉融合

人工智能是一个综合性的研究领域，具有鲜明的学科融合特点。我们常说的人工智能人才主要是指人工智能芯片、传感器、云计算以及大数据等基础层人才，计算机视觉、自然语言处理、语音识别以及机器学习等技术层人才，以及机器人、无人机、自动驾驶、智能客服、智能物流以及智慧医疗等应用层人才。在上述提到的基础层、技术层尤其应用层的每个领域里，都涉及数学、算法、计算机语言等基础学科以及机器人、物流、医疗等应用学科的知识。而随着人工智能在人类生活中的应用越来越广泛，人工智能所需要的相关知识也会越来越多。因此，建立多学科的生态系统对人工智能人才的培养至关重要。

卡内基梅隆大学早在 2017 年 6 月就开始启动多学科融合计划。该计划被称为"CMU AI 计划"。它的目标是通过连接、整合校内的所有人工智能研究资源，促进学校内跨学院、跨专业的人工智能研究协作，从而更好地达成卡内基梅隆大学培养优秀人工智能人才、创造更强大的人工智能的愿景。卡内基梅隆大学一直以来就是人工智能领域发展的佼佼者，不但在 1956 年就开发出了第一个人工智能程序"逻辑理论家"（Logic Theo-rist），而且率先创立了让软件具有探索能力、能积累经验进行学习的机器学习系，并且拥有世界顶级的人工智能科学家。该学校计算机学院院长表示，人工智能是一个宽阔的领域，其中有优化理论、象征推理、理解真实世界等许多完全不同的学科。此次学校启动"CMU AI 计划"，是顺应人工智能产业的发展趋势，为世界培养更多优秀人才。在卡内基梅隆大学的带领下，人工智能人才培养的多学科融合模式将会是以后的发展趋势。

高校与高校之间、高校与科研机构之间的紧密合作也是促进人工智能人才快速发展的重要途径。各个高校的优势学科不尽相同，高校与科研机构之间更是各有所长。人工智能作为一个新兴产业，近几年来发展迅猛。想要在竞争激烈的人工智能产业中占有一席之地，各个机构之间优势互补、群体作战或许是最好的方式。以英国为例，英国拥有以牛津大学、剑桥大学、帝国理工大学和伦敦大学学院为中心的世界知名的人工智能高校，具有密集的教育研究资源和深厚底蕴。英国依托这几所高校形成"伦敦—牛津—剑桥"联盟，相互之间交流合作，使得英国能够拥有大量优秀的人工智能人才。

产学研之间深度融合培养人才，也是促进人工智能人才快速发展的另一重要途径。面对稀缺的人才资源，科技巨头之间展开人才争夺战，纷纷选择与高校合作，来加快人工智能领域的科技创新和人才培养。以科大讯飞为例，科大讯飞近年来在产学研结合以及校企合作方面多有布局。2017 年，科大讯飞上

线 AI 大学，与各大高校的老师以及企业进行合作，推出系列线
上公开课、互动论坛、案例分享等内容，通过线上教育平台，
培养人工智能人才并孵化人工智能项目。2017 年 12 月，科大讯
飞与浙江大学签署战略合作协议，将共建"浙江大学—科大讯
飞人工智能联合研究中心"，围绕人工智能、脑科学及类脑研究
等领域，通过资源共享、科技创新、成果转化、人才培养等方
式开展长期合作，推动产学研深度融合。

◎ 人工智能人才流动加速

人工智能人才在产业界与学术界之间快速流动也是未来的
发展趋势。一方面，在产学研全方位交叉融合的培养模式下，
人工智能人才在各个高校和企业之间的交流机会将大量增加。
企业捐助研究，学生到企业实习，既有利于高校推进基础性研
究工作，又有利于学生们不与实际应用脱节，能够接触到最新
的应用场景。另一方面，从研究内容和人才流动来看，科学家
需要企业的数据和工程化能力，企业需要高校的基础型和学术
型研究人才，因此顶级人才得以在企业和高校间快速流动。现
在很多科技巨头们都会聘请高校优秀人才在企业中推进创新型
项目，但仍然允许他们继续在高校从事人才培养和基础研究工
作。以谷歌为例，谷歌的 AlphaGo 项目负责人戴维·席尔瓦
（David Silver），至今仍在伦敦大学学院任教，在 AlphaGo 赢得
人机大战后专门回到学校，为学生们复盘 AlphaGo 技术，使得
高校的研究能够与实践应用同步，为人工智能产业培养出更多

的优秀人才。

而从岗位匹配度的角度来讲，前几年是人工智能快速崛起的几年，也是人工智能产业的导入初期。在该时期，人工智能人才供求双方对岗位技能的认知尚未达到足够的深入与一致，双方实现准确匹配的程度较低。但随着人工智能企业和人才的定位、形象和实力在市场上更加清晰地展现，人工智能人才将会通过快速的流动来调整自己与岗位的匹配度。

◎ 高端人才头部效应明显

人工智能是一个需要高额投入、长期培育的高资本行业。经历了产业启动初期的洗礼之后，一些真正有实力从事这一行业的企业开始凸显出来，逐步得到了市场的检验。而此时，一方面，人工智能的优秀人才通过对市场的准确客观认识，自主地向优秀企业靠拢；另一方面，越有资本的巨头企业，在人工智能的争夺战中越能够开出诱人的条件吸引优秀人才加入。

除此之外，各个科技巨头为了巩固并加强各自在人工智能领域的领先地位，均通过与高校合作的方式或者成立企业实验室的方式选择培养属于自己的人才，也加剧了人工智能高端人才向头部企业聚集的趋势。

◎ 以几个科技企业为例

京东一直强化引进人工智能人才，继 IBM 人工智能基础研究院前院长周伯文和亚马逊前首席科学家薄列峰加盟之后，美国伊利诺伊大学香槟分校助理教授彭健也加入京东。此外，京东于 2017 年宣布与斯坦福人工智能实验室（SAIL）启动京东—斯坦福联合 AI 研究计划，加速其在人工智能领域的人才布局。据悉，京东将联合斯坦福人工智能实验室围绕机器学习、深度学习、机器人、自然语言处理和计算机视觉等前沿技术方向，为斯坦福科学家和人工智能研究学者提供数据基础和应用场景。

2016 年 10 月，华为宣布将与加州大学伯克利分校展开合作，合作范围涵盖深度学习、强化学习、机器学习、自然语言处理和计算机视觉。在人工智能领域研发上，华为诺亚方舟研究室一直致力于人工智能学习和数据挖掘研究，而伯克利人工智能研究实验室的研究领域是计算机视觉、机器学习、自然语言的处理规划和机器人。此次与海外人工智能强校加州大学伯克利分校的合作，将为华为吸引海内外人工智能人才进一步打通路径。

2017 年，搜狗向清华大学捐赠了 1.8 亿元，成立了中国首家校企合作人工智能领域研究院——天工智能计算研究院，专注于人工智能领域的前沿技术研发。天工智能计算研究院的成立将合作研究领域从搜索引擎扩展到人工智能；研究团队从清华和搜狗，扩展到了世界范围内的人工智能人才和专家，共同发力推动人工智能技术研发，聚合人工智能人才。

在国际市场上，科技巨头与高校的强强联合进行得更早。Facebook 早在 2013 年就与纽约大学合作建立了一个致力于数据科学的新中心，纽约大学的博士生可以申请在 Facebook 的人工智能实验室长期实习，从而加强了 Facebook 在人工智能优秀人才上的培养。

　　除了选择与高校合作培养人才之外，很多企业也已经开始建立自己的人才培养体系。以百度为例，百度在硅谷成立硅谷人工智能实验室，通过不断产生创新型的技术，吸引更多的国际尖端技术人才。此外，百度还推出"AI Star 计划"，通过资金、培训、市场、政策等各方面的措施扶持优秀的人工智能创业团队。

　　人工智能的快速发展，使其对人才的需求逐步增加，要求也逐步提高，全方位交叉融合式的人才培养模式将是以后的趋势。在此基础上，人工智能人才将在高校之间、高校与研究机构之间、学术界与企业间快速流动。而经过行业的初期发展，人工智能领域真正有价值的企业将在市场上得到验证，从而吸引更多的优秀人才加入。此外，科技巨头们将通过与高校合作或成立自己的实验室的方式来加强其在已有领域的人才优势及创新优势。

第八章

技术突破带来的人工智能进化

人类是非常有想象力的机器。我们只是以生物的方式出生，但我们是特别的、奇妙的机器。

——杰弗里·辛顿

大数据提供人工智能发展核动力

人工智能这一概念早在 20 世纪 50 年代就被明确提出，经过这么多年发展一直都不温不火，为何却在 AlphaGo 击败了世界围棋冠军李世石后一夜之间家喻户晓，成为世界科技前沿的核心概念？我们有必要在本轮人工智能的热潮中，认真分析其中技术爆发、演进的实质。

其实，本轮人工智能热潮在算法或模型方面并无革命性的重大突破，就算是听起来很新的深度学习概念也早在 20 世纪 80 年代就已经出现。近年来人工智能热潮的突然爆发，主要有两个关键因素：一是大数据，它为深度学习算法提供海量的训练数据做支撑，让深度学习如虎添翼，大显神威；二是高性能计算，尤其是通用计算 GPU 给予神经网络和深度学习强大的计算力支持，使得以前无法完成的计算或者无法在短时间内完成的计算成为可能。

◎ 大数据时代来临

早在人类还居住在树上时，人类就已经开始和数据打交道。其实，整个人类的发展历史，就是人类不断地尝试去记录以及去测量自身和世界的过程，无论是古时候发明算盘、阿拉伯数字，还是近代发明二进制计算机，都是人类记录自身和世界的活动。可以说，人类对于记录、存储数据的需求一直没有减弱。人工智能的发展离不开电子计算机的发展，而电子计算机的发展也伴随着数据采集、存储、处理方式的革新。

　　在过去，我们受数据采集、存储、计算能力的限制，只能通过抽样的方式获取小部分数据，因此无法得到完整的、全局的、细节的规律。而现在有了大数据，可以把全部的历史数据都收集起来，利用计算机统计其规律，进而预测将发生的事情，这就是大数据机器学习（见图8-1）。机器学习是当下处理大数据的重要途径，它可以将多种优势凝聚起来，面对实际问题选择最为合适的解决途径。所以，目前人工智能在众多领域全面开花结果，究其根本，多是基于大数据实现的智能，也就是数据智能。

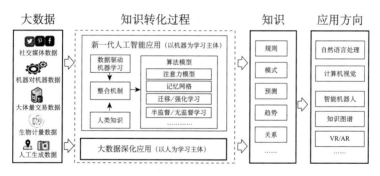

图8-1　大数据的知识转化过程

　　例如，AlphaGo围棋机器人正是机器学习实现数据智能的重要标志。其原理就是把历史上人类围棋对弈的棋谱数据都存储起来，通过神经网络、决策树、深度学习等技术，对这些数据进行科学有效的处理，反复试验针对每一种盘面记录如何落子可以得到更高的赢面。得到这个统计规律以后，就可以利用这个规律和人下棋，并且根据对弈的情况再不断优化模型，从而以压倒性优势下赢人类的顶尖棋手。

AlphaGo 大获成功之后，DeepMind 推出了依托无监督增强学习框架的人工智能围棋机器人最新版本 AlphaZero。该机器人使用了完全无需人工特征、无需任何人类棋谱甚至无需任何特定优化的通用增强学习算法。仅自学 8 小时，AlphaZero 就可以击败与李世石对战的 AlphaGo 版本。这一创举，使得 AlphaZero 于 2018 年 12 月登上了 *Science* 杂志的封面（见图 8 - 2）。

图 8 - 2　谷歌 **AlphaZero** 登上 *Science* 封面

棋类人工智能正在以令人匪夷所思的速度飞速进化，但是也仅限于棋类游戏之中。让 AlphaZero 去驾驶汽车，或者听懂人类的语言，也都还是天方夜谭。人类希望人工智能做得更多，未来数据智能的应用场景将向更广更深演进。其中，数据智能的技术发展方向或许还得从根本的数据、算法和算力三驾马车上去寻找突破。

◎ 大数据爆发式增长

据国际数据公司 IDC 测算，人类产生的数据总量将呈指数增长，大约每两年就会翻一番。人类最近两年所产生的数据相当于之前历史上所有数据量的总和。到 2020 年，人类产生的数据量将达到 40ZB，这些海量的数据将彻底颠覆人类的认知。这些数据为大数据分析提供了基础。

数据源的扩大是最根本的推动力。在消费领域，智能设备正以惊人的速度发展。智能设备生态系统正在苹果 HomeKit、亚马逊 Alexa、谷歌智能助理等领先平台上崭露头角，这将带来海量的消费者行为数据。在工业领域，工业界正在将测量分析推向智能终端，数据采集设备的数量正快速增长，同时传感器也在日益智能化。这些智能传感器将传感器、信号调理、嵌入式处理器和数字接口总线集成到一个极其小巧的封装系统中，使得工业大数据也在源源不断地产生。

而且，随着未来超高速 5G 无线网络的推出，无限的设备会被接入互联网，互联网将会进一步泛化，形成万物互联的物联网（IoT）。这其中，无数传感器不断产生原始数据，设备之间的交互又产生了交互数据，在整个系统中不断产生的数据又开始影响未来的数据，形成新的衍生数据。这些爆发式增长的数据正在大大拓展人类的视野，也在为人工智能，特别是数据智能的发展提供着最核心的动力。

◎ 芯片与框架提升算力

人工智能近来的发展离不开人工神经网络的发展。在过去，如此大量的数据很难被处理。如今，以 Hadoop 体系为代表的分布式系统将神经网络的计算变成了可能。特别是图形处理器（GPU）的并行式计算模式成为神经网络计算的基石。据 Rajat Raina 与吴恩达的合作论文《用 GPU 进行大规模无监督深度学习》（"Large-scale deep unsupervised learning using graphic processors"），在运行大规模无监督深度学习模型时，使用 GPU 和使用传统双核 CPU 在运算速度上的差距最大会达到近 70 倍。在一个四层、一亿个参数的深度学习网络上，使用 GPU 将使程序运行时间从几周减少到一天。

为此，形形色色专用于计算神经网络的人工智能芯片被设计制造出来。目前，以 GPU、现场可编程门阵列（FPGA）、专用集成电路（ASIC）为代表的人工智能计算芯片，成为本轮人工智能发展的核心驱动力。目前，人工智能正在由各种人工智能芯片来提供基础计算能力。深度学习既要求计算芯片支持对存储介质中海量数据的高效存取，还要求其能支持一些特定人工智能计算需求。因此，GPU 成为目前深度学习算法应用中的首要选择。另外，FPGA 可以实现应用场景的高度定制，属于一种半定制化芯片。ASIC 是不可配置的高度定制专用计算芯片，其性能也是最优的。三种芯片的具体对比，见表 8-1。这些高度定制的芯片往往与人工智能框架相结合。谷歌公司为运行 TensorFlow 框架专门设计的张量处理单元（TPU），相应的还有寒武纪的神经网络处理单元（NPU），都是 ASIC 的典型代表。在处理芯片的基础上，各大厂商设计了定制化的高性能人工智能计算服务器，一站式提供人工智能所需的算力。

表 8-1　　　　不同类型 AI 芯片的技术路线对比

芯片 特性	GPU	FPGA	ASIC
定制化程度	通用型	半定制化	定制化
灵活性	好	好	不好
成本	高	较高	低
编程语言/架构	CUDA，OpenCL 等	Verilog/VHDL 等 硬件描述语言， OpenCL，HLS	—
功耗	大	较大	小
主要优点	峰值计算能力强 产业成熟	平均性能较强 功耗较低　灵活性强	平均性能很强 功耗很低　体积小
主要缺点	效率不高 不可编辑　功耗高	量产单价高 峰值计算能力较低 编程语言难度大	前期投入成本高 不可编辑 研发时间长 技术风险大
主要应用场景	云端训练　云端推理	云端推理　终端推理	云端训练　云端推理 终端推理

软件框架部分，目前人工智能软件框架呈现出百花齐放的

态势。软件框架是整个技术体系的核心,用于实现对人工智能算法的封装、数据的调用以及计算资源的调度使用。软件框架好比人工智能应用开发的操作系统,为开发者提供编程环境和算法库,并按需分配人工智能芯片等硬件资源,目的是构建人工智能系统开发和运行的软件环境。目前主流的人工智能软件框架主要有 TensorFlow、Keras、Caffe、PyTorch、CNTK、Theano、SciKit-Learn 等。随着人工智能生态向着"软硬结合"方向发展,这些框架与芯片将会深度融合,形成人工智能领域的基础设施。我们相信,人工智能云服务商即将出现,并会大大降低人工智能的使用门槛。未来无论是云计算还是边缘计算,围绕特定框架、特定任务设计的人工智能框架与芯片都将进一步提升算力,助推智能水平的提升。

◎ 贴近应用革新算法

人工智能中的"决策树""K近邻"等算法已经基本成熟,未来将主要以深度神经网络为主导。目前,深度神经网络已经无处不在——在自动驾驶中、自然语言处理系统中、机器人中……深度神经网络是目前唯一能够使得自然语言处理、生成式对抗网络以及深度强化学习不断发展的基本遵循。为此,进一步优化深度神经网络,针对特定场景对其进行优化设计,是未来发展的主攻方向。

1. 生成式对抗网络(GAN)

生成式对抗网络是指由一个不断产生数据的神经网络模块

与一个持续判别所产生数据是否真实的神经网络模块组成的神经网络架构，创造出近似真实的原创图像、声音和文本数据的技术（见图 8 - 3）。该技术有望大幅提升机器翻译、人脸识别、信息检索的精度和准确性，随着三维模型数据序列能力的提升，未来将在自动驾驶、安防监控等领域产生可观的应用价值。

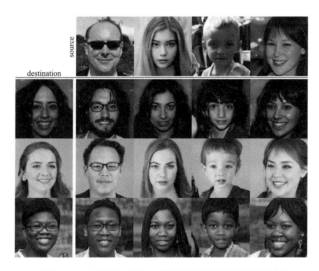

图 8 - 3　GAN 生成的人类面孔已经可以以假乱真

2. 胶囊网络（CapsNet）

胶囊网络是由深度学习先驱杰弗里·辛顿在 2017 年提出的概念，旨在克服当前图像识别方法（主要是卷积神经网络）的缺陷。胶囊网络是指在深度神经网络中构建多层神经元模块，用以发现并存储物体详细空间位置和姿态等信息的技术。所以，胶囊网络是一种新兴的深层神经网络形式，可以以类似人脑的方式处理信息。该技术能使机器在样本数据较少的情形下，快速识别不同情境下的同一对象，在人脸识别、图像识别、字符识别等领域具有广阔的应用前景。

3. 迁移学习

到目前为止，机器学习，尤其是深度学习，最大的障碍是用于训练神经模型的大量标记数据的可用性。只有标注精良且数量巨大的训练数据集才能获得良好的深度学习效果。元学习（meta-learning）有一个非常重要的理念，是在较少样本量的情况下，让机器能够自己学会学习。未来有两种技术可能会帮助解决这一问题，其原理就是合成新数据并将任务 A 的训练模型转移到任务 B。一是迁移学习，就是将学习从一个任务迁移到另一个任务；二是一次性学习，即只需一次学习就能将模型应用于其他场景。机器学习专家通常将此称为增强现有数据以改善学习。此类技术可用于解决更广泛的问题，尤其是在只有较少历史数据的情况下。

总结来看，人工智能近几年突飞猛进的发展与大数据的存储、处理、分析技术的发展是分不开的。大数据处理的核心都是利用已知的知识去预测未知的情形。其预测质量取决于大数据处理过程中所采用的算法和训练数据集。随着大数据技术的发展成熟，各类数据处理算法已经相对稳定，在各种应用场景下，都可以找到相应的算法进行处理。而算法决定了预测准确率的上限。也就是说，算法一旦确定，整个数据处理模型准确率的理论上限已经确定。模型训练离不开训练数据集，数据的数量和品质决定了能在多大程度上逼近算法的理论上限。Deep-Mind 的 AlphaGo 系列人工智能能取得骄人的成绩，离不开算法的支持，更离不开人类数十年来积累的高质量数据集。正是算法和数据的协同发展，助推了这些领域人工智能的起飞。未来人工智能的发展，需要以更加精细优化的算法配合大量完备的数据集来推动。因此，未来数据智能的发展焦点在于如何快速处理大量数据。

类脑智能启发通用人工智能

经过 60 多年的发展，特别是近年来算法算力的升级，人工智能在奠定了重要理论基础之后，在应用方面也取得了诸多进展，如机器感知和模式识别的原理与方法、知识表示与推理理论体系的建立、机器学习相关的理论和系列算法等。我们已经见证了人工智能学会了开车、学会了下围棋、学会了打游戏。然而，上述所有的突破都仅是智能系统从某个视角、在某个特定领域接近、达到或超过人类智能，这些应用的普适性较差。这些相关的理论、算法与系统很难推广到其他领域，用于解决其他类型的问题。因此，现今人工智能的发展主要还停留在专用人工智能方面，一旦遇到需要多种认知功能进行协同的情况，就显得捉襟见肘。因此，机器与人类还有明显差距。

◎ 类脑智能源起

人脑在协调多种认知功能方面有着无与伦比的能力。人脑是一个通用智能系统，能举一反三、融会贯通，可处理视觉、听觉、语言、学习、推理、决策、规划等各类问题，可谓"一脑万用"。并且，人类的智能感知和思维能力是在成长和学习中自然形成和不断进化的，其自主学习和适应能力是当前计算机难以企及的。因此，人工智能的发展目标是构建像人脑一样能够自主学习和进化、具有类人通用智能水平的智能系统。人工智能如果可以模仿人脑，那就可以大大扩展其通用性，达到通用人工智能的水平。

于是，科学家提出了类脑智能的概念来解决上述问题。所谓类脑智能，通俗来说就是拥有人造大脑、会思考、会学习的智能体。本质上，它就是利用算法模拟神经元工作机制，制造在信息处理机制上类脑、在认知能力上类人的计算模型。因此，从信息处理与智能本质角度审视人脑信息处理，借鉴其原理并催生类脑智能计算技术，是实现人工智能创新的重要源泉。

◎ 理解并模仿人类大脑

要实现类脑智能，就要深入探索大脑的功能划分并深刻理解其中的运行机制。现在脑与神经科学、认知科学的进展，使得从脑区、神经元等不同角度观测各种认知任务下脑组织的活动，并获取相关数据已成为可能。人脑信息处理过程不再仅凭猜测，通过多学科交叉和实验研究得出的人脑工作机制也更可靠。因此，受脑信息处理机制启发，借鉴脑神经机制和认知行为机制发展类脑智能已成为近年来人工智能与计算科学领域的研究热点。

传统人工智能系统的设计与实现思路是：从待解决问题相关数据的特点与问题目标的角度出发，以计算的视角设计算法。这使得所实现的智能系统只适用于解决某一类问题。而类脑智能研究长期的目标是实现通用人工智能，这就需要首先研究人脑如何通过同一系统实现不同的认知能力，从中得到启发并设计下一代智能系统。

但是，要实现类脑智能困难重重，主要问题在于：

（1）视觉信息感知。人工智能往往依赖于摄像头来采集视觉图像，很难从中快速识别出关键信息，如人脸、手势或障碍物。在常规环境下，现有技术虽然已可以高精度地实现这一任务，但在自然条件下，视觉图像由于光线、视角、物体运动等不稳定因素的综合影响而很难被准确识别。尽管一系列性能优异的深度学习理论模型大量涌现，但复杂环境中的视觉感知依然是一大难点。

（2）人机对话。人工智能体依靠传感器收集外界声音信号，通过语音识别系统和相关处理技术对信号进行分析解读。在嘈杂的现实环境中，现有的语音识别技术很难成功而高效地实现语音识别、理解和处理操作。

（3）类脑信息处理。人工智能终端承担着繁杂的计算任务以及信号接收、指令下达等重要功能。随着人工智能应用范围的不断扩充，对处理中枢的容量、"思维速度"等都有更高要求。目前，科学家们尝试着将云计算、云存储等先进技术引入机器人后台，努力让机器人"大脑"向着信息更丰富、运算更快、反应更准确、学习更灵活的方向迈进。

在未来认知脑计算模型的研究中，需要从以下方面入手：

首先是微观理解神经元、突触的工作机制及其特性。通过一道道电流，我们的肌肉收到指令，我们的脑海浮现场景。这些电流正如计算机中的 0 和 1，排列组合之下产生不同的效果。可以说，这种工作机制是最容易在计算机世界里被量化的东西，自然也就成为类脑智能领域最基础的研究范畴。

其次是宏观分析脑区间的链路及协作。类脑智能自然不会是"终其一生"只能做一件简单事的机器，而是要作为像人类一样掌握各种技能的"仿生人"。这就要求其"大脑"能够管控协调多重功能，让智能体说话时运动功能不受影响，视物时能够看图说话，这必然也少不了对不同功能脑部区间的研究（见图 8-4）。

最后是从介观，也就是从神经网络连接模式的角度来了解微观与宏观层面的协作；从综合的角度，协调微观神经与宏观脑区的结构与功能。类脑智能的实现不仅要用神经网络的节点来模拟微观神经元的运作，同时要在层次设计上接近大脑的宏观层次，形成综合性信息处理体系。

◎ **类脑智能的发展方向**

1. 智能脑机交互

智能脑机交互是指通过在人脑神经与具有高生物相容性的外部设备间建立直接连接通路，实现神经系统和外部设备间信

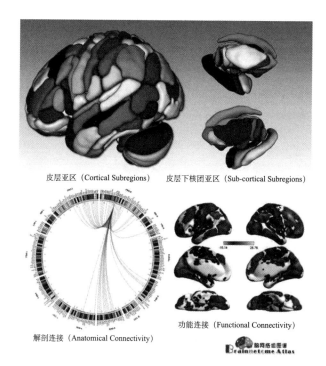

皮层亚区（Cortical Subregions）　皮层下核团亚区（Sub-cortical Subregions）

功能连接（Functional Connectivity）

解剖连接（Anatomical Connectivity）

图 8 - 4　人类脑网络组图谱揭示大脑功能

息交互与功能整合的技术。该技术采用人工智能控制的脑机接口对人类大脑的工作状态进行准确分析，达到促进脑机智能融合的效果，使人类沟通交流的方式更为多元和高效，未来将广泛应用于临床康复、自动驾驶、航空航天等多个领域。

2. 对话式人工智能

对话式人工智能是指融合语音识别、语义理解、自然语言处理、语音合成等多种解决方案，为开发者提供具备识别、理解及反馈能力的开放式平台的技术。该技术需要借鉴人脑语言处理环路的结构与计算特点，实现具备语音识别、实体识别、句法分析、语义组织与理解、知识表示与推理、情感分析等能力的统一类脑语言处理神经网络模型与算法。该技术能够实现机器与人在对话服务场景中的自然交互，未来有望在智能可穿戴设备、智能家居、智能车载等多个领域得到大规模应用。

3. 神经形态计算

神经形态计算是指仿真生物大脑神经系统，在芯片上模拟生物神经元、突触的功能及其网络组织方式，赋予机器感知和学习能力的技术（见图 8-5）。该技术的目标在于使机器具备类似生物大脑的低功耗、高效率、高容错等特性，该技术将在智能驾驶、智能安防、智能搜索等领域具有广阔应用前景。

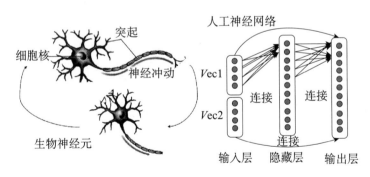

图 8-5　生物神经元与人工神经网络

4. 智能机器人

机器人是机械与电子的完美结合体。其诞生初衷，就是人类希望机器代替自己工作。但是，即使被称为智能机器人，目前其也只能模仿人类的动作、行为来与环境进行交互。智能机器人还不具有类脑的感知和自主决策能力，一切只能按照预先设定的程序来完成动作。智能机器人未来发展的趋势是基于认知脑计算模型、类脑信息处理技术来构建机器脑，利用机器脑直接控制机器人的"四肢"，从而实现机器人的自主学习与决策，最终实现类脑智能机器人。总体而言，类脑智能机器人不但是未来人工智能研究的重要方向之一，而且其在未来服务业、智能家居、医疗、国家与社会安全等领域都具有极为广泛的应用价值。

量子机器学习颠覆人工智能算力

近年来，机器学习快速成长为大数据处理领域的技术基石。机器学习根据已有数据进行策略的学习和探索，并可以挖掘数据内部的潜在结构，从而获得模型进行预测及分析。机器学习虽然被称为"学习"，但其根本还是电子计算机的计算过程。数据科学家通过计算构建预测模型，利用大量的数据迭代优化模型，从而让计算机学习到数据中蕴含的知识，实现了弱人工智能。

对于电子计算机的结构和原理，大部分人也都略知一二。电子计算机最基础的计算单元是由半导体材料制成的各种电子逻辑器件，现实世界中的一切信息都被转换为电子计算机中的 0 和 1 两种信号进行存储和运算。随着计算机芯片制程的不断缩小，半导体材料的极限正在逐渐显现，研究者们正在榨取半导体材料最后的潜力。电子计算机的发展正面临各种瓶颈。一方面是不断产生的大量的数据需要处理、分析、计算；另一方面是电子计算机的发展逐渐停滞不前，其计算能力难以扩展。传统的冯·诺依曼体系正在遭受极大的挑战，人类需要新的计算"神器"来实现人工智能的进一步突破。

◎ 量子是天生的计算行家

科学家们发现，在微观世界中，物质的存在方式和运动规律都与人们所熟悉的经典世界完全不同，其中最奇特也最令人无法理解的，就是微观粒子的"态叠加"（superposition），即一个微观粒子可以同时存在于多个不同的位置或者同时具有 0 和 1 两种状态；另外，微观粒子之间可能还会形成"量子纠缠"（quantum entanglement），两个无论相隔多远的粒子的状态都会随时相互影响。

传统电子计算通过电平的高低来存储和处理信息，每次处理最小信息单位只有两种状态，即为经典比特；量子计算机存储量子比特，一个量子比特可表示量子态 $|0\rangle$ 和 $|1\rangle$ 的叠加（见图 8-6），一次运算就可同时处理两种状态的信息。以此类推，经典计算机对 2^n 比特的数据执行相同计算需要 2^n 操作，而量子计算机只需要对 n 个量子比特进行一次操作即可。正因如此，理论上，量子计算不管在数据存储能力还是数据处理能力上都远超经典计算。在传统的计算模式中，想要获得问题的最优解，计算机需要把所有的可能性都计算一遍，耗时问题显而易见。量子计算则可以利用量子叠加态，一次性完成所有计算，并从中选出最优方案。

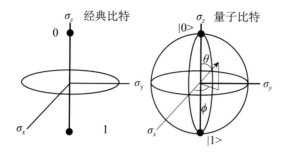

图 8 - 6 经典比特与量子比特示意图

在 2017 年的微软 Ignite 大会上，微软 CEO 萨提亚·纳德拉（Satya Nadella）用玉米迷宫的比喻形象解释了经典计算机和量子计算机之间的差异——为了找到迷宫的出口，经典计算机先开启一条搜索路径，遇到障碍物后会沿原路返回，之后再次探寻新路，直到遇障返回或找到了正确出口。虽然最终能找到一个结果，但这种方法相当耗时。对比之下，量子计算机"解锁了神奇的并行性，它们同时探寻玉米迷宫中的每一条路"。因此，量子计算机可能指数级减少解决问题的步骤。这种并行性正是起源于量子物理中"量子比特"（qubit）、"态叠加"（superposition）和"纠缠"（entanglement）等理论。

◎ 量子机器学习算法

受到量子特性的启发，麻省理工学院的科学家彼得·秀尔（Peter Shor）在 1994 年基于量子计算提出了著名的"秀尔算法"（Shor's algorithm），解决了建造量子计算机的理论问题，从此引发了全世界量子计算的研究热潮。最近不少研究机构及大型 IT 公司都将目光集中到了量子计算上,想通过量子计算的独特性质,解决传统算法的运算效率问题。量子计算机天生的并行式计算特性,成为机器学习算法的未来希望。

目前,已有的量子机器学习主要可以分为以下三类,分别是:

第一类:该类算法将机器学习中复杂度较高的部分替换为量子版本进行计算,从而提高整体运算效率。该类量子机器学习算法整体框架沿用原有机器学习的框架。在主体思想不变的情况下,将部分复杂计算转换成量子版本运行在量子计算机上,利用量子计算机的快速计算能力解决高复杂度部分的计算问题,从而获得提速。

第二类:该类算法的特点是寻找量子系统的力学效应、动力学特性与传统机器学习处理步骤的相似点,将物理过程应用于传统机器学习问题的求解,产生新的机器学习算法。该类算法与第一类不同,其全部过程均可在经典计算机上实现,只是利用了量子计算的思维方式,可以在现在的硬件条件下,进一步提升计算机的计算潜力。在其他领域也有不少类似思路的研究,如退火算法、蚁群算法等。

第三类:该类算法主要借助传统机器学习强大的数据分析能力,帮助物理学家更好地研究量子系统,更加有效地分析量子效应,是物理学家对量子世界研究的有效辅助。例如,检测量子变化点、量子位状态二分类(见图 8-7)、量子去相干、重现热力学可观测值等。该类算法的提出将促进我们对微观世界进一步的了解,并解释量子世界的奇特现象。

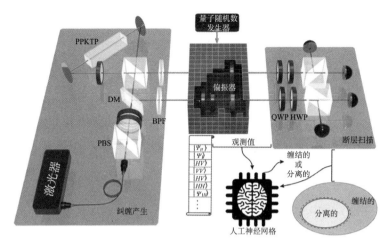

图 8 - 7　量子分类器示意图

◎ 量子机器学习的应用

1. 寻找巨型矩阵的特征值和特征向量

执行**经典**的主成分分析（PCA）算法的方法之一，是取数据协方差矩**阵的特征值分**解。然而，这在高维数据的情况下并不是很有效。**一个未知的低密**度矩阵量子 PCA 能够揭示与大特征值相关的量子**特征，与线性**规模的经典算法相比速度呈指数级增长。

2. 在量子计算机上找到近邻

通过监督学习和无监督学习计算近邻的量子算法，是将查询数量的上限设置为计算距离指标所需的输入数据，如欧几里得距离和内积。

3. 求解线性方程组的量子算法

一些量子技术也能在解决机器学习问题中的子程序中起作用，比如矩阵求逆。这个问题可被表述为，一个 A 矩阵和一个

向量 b 想找到向量 x 满足 $Ax=b$。为了用量子算法求解线性方程组，我们无须获得 x 的准确解，只须获得一个与 x 有关的同某些算子近似的期望值。

4. 量子位状态的二元分类

科学家们训练了一种量子学习机器，将量子位的状态分为 0 和 1，经典记忆的增长只随训练量子位的数量成对数增长，即使在一个组成变化足够大的训练集下，它也能表现得很好。

5. 量子神经网络

量子神经网络是指采用量子器件搭建神经网络、优化神经网络结构和性能的技术。该技术充分利用了量子计算超高速、超并行、指数级容量的特点，有效缩短了神经网络的训练时间，未来将在人脸识别、图像识别、字符识别等领域具有重要应用价值和广阔前景。

量子机器学习算法相对于在经典计算平台上执行的经典算法而言，有如下明显优势：（1）由于量子态的可叠加性，量子算法可以在不增加硬件的基础上实现并行计算，在此基础上利用量子相位估计、Grover 搜索等算法，可实现相对于完成同样功能的经典算法的二次甚至指数加速；（2）将经典数据编码为量子数据，并利用量子并行性进行存储，可实现指数级节省存储硬件需求。

◎ 量子计算机方兴未艾

目前量子机器学习的研究绝大部分还处在理论层面，而与之匹配的量子计算机硬件还远远落后。但是，近年来基于超导电路、离子阱等方案的量子计算机实验进展迅速。小规模量子计算机已经进入测试阶段，并有望在几年内实现更大规模的量子计算，以真正超越现有的经典计算（所谓的"量子霸权"，quantum supremacy）。据计算，一台 64 位量子计算机的单次运算速度达到目前普通计算机 CPU 的级别（1GHz），那么这台量子计算机的数据处理速度理论上将是目前世界上最快的神威·太湖之光超级计算机的 1 500 亿倍，"量子霸权"将随量子比特的增加而逐渐变为现实（见图 8 - 8）。同时，一些专门的量子计算器，如量子模拟器、QA 处理器等也在逐步规模化、复杂化。事实上，支持这些硬件设备正规化和更新换代的技术路线已经较为明确，成品实现主要是时间问题。

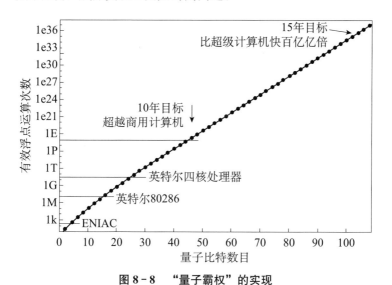

图 8 - 8　"量子霸权"的实现

图片来源：瞭望智库

2017 年 11 月和 2018 年 3 月，IBM 和谷歌分别宣称实现了 50 个和 72 个量子位的计算机。然而，两家公司都没有宣布实现"量子霸权"，并且对相关测试结果讳莫如深，尚未向大众公开，所以这些量子计算机还在原型机阶段，这也意味着在技术上离"量子霸权"还有一定的距离。量子芯片中，量子位数目增加相对容易，但是在技术上更加困难的是对多量子比特的相干控制能力。如果一个芯片对多量子比特的相干控制能力没有获得好的测试结果，那么这个芯片就没有科学或实用价值。

2019 年 1 月的 CES 大会上，IBM 展示了全球首款专为科学家和企业设计的量子计算集成系统，称为 IBM Q System One。量子计算机 IBM Q 见图 8-9。该计算机拥有 20 个量子位的计算能力。但是，这台计算机还需要开发人员为量子比特提供连续冷环境，并为新硬件架构创建操作系统和应用程序。这就意味着量子计算的使用很可能通过软件即服务或云模型提供。

随着相对实用化的量子计算机的推出，人们普遍相信量子计算实用化已经为时不远，因此针对性地开展量子算法应用正当其时，量子机器学习作为这样一个交叉方向，有很大的发展前景。

随着大数据时代的降临，数据已经成为社会的基础资源，只有拥有强大的运算能力，才能处理源源不断产生的数据，才能进一步推动人工智能的发展，才能实现人们更多的梦想。量子计算机的诞生似乎让人类再次看到了机器的崭新魅力。50 个量子位的处理器计算能力将超越现在地球上最强劲的超级计算

图 8 - 9　量子计算机 IBM Q

机，100 个量子位的处理器计算能力将是现在超级计算机的百亿亿倍，量子计算的发展潜力不可限量。量子计算必将逐步走出实验室，服务于现实生活。目前，包括 IBM 在内的多家在量子计算领域投入研发的公司，都宣称未来还将逐渐增加计算芯片的量子位数。量子计算必将为人工智能的进一步发展打下更为坚实的基础，必将再一次深刻改变人类社会的形态。

第九章

无法忽视的人工智能伦理难题

人不过是肉做的机器，而钢铁做的机器有一天也会思考，人与机器的边界将不复存在，未来世界将人机共存。

——马文·明斯基

当人工智能的未来是新人类时，你能够接受吗？一旦马文·明斯基的这句话成为现实，一系列伦理问题将接踵而至。当机器拥有自主意识，完全符合生命的特征时，它可否被算作一个新物种？它能否有自己的人格？它是否能为自己的行为负责？未来人与机器该如何相处？

人工智能将走向何方

◎ 在争议中前行

"今之大冶铸金，金踊跃曰：'我且必为镆铘！'大冶必以为不详之金。"[①] 人们对于智慧工具的忧虑，自古有之。这种忧虑在人工智能时代似乎显得更为现实，毕竟谁都不知道人工智能这个模拟人类智能的家伙什么时候会超过人类智慧。

自人工智能这个概念诞生以来，棋类游戏一直被视为顶级人类智力及人工智能的试金石。

1959 年，IBM 工程师亚瑟·塞缪尔在跳棋对弈中被自己研制的下棋机击败，轰动一时。1960 年，"控制论之父"诺伯特·维纳（Norbert Wiener）就此发表《关于自动化带来的一些道德与技术后果》一文，通过分析下棋机的发展前景，认为机器智能有朝一日会超过人类的智慧并威胁到人类。维纳的这一观点

---

① 孙通海．庄子．北京：中华书局，2007：130.

遭到塞缪尔的坚决反驳，他表示"机器不是妖魔，它不是用魔术操纵，也没有意志，除了少见的功能失常情况外，它不能输出任何未经输入的东西"。

1997 年，IBM 的"深蓝"战胜国际象棋世界棋王卡斯帕罗夫，再一次引发人们对电脑能否超过人脑问题的关注。不过，有人冷静地分析指出，"深蓝"战胜棋王，实际上是 IBM 电脑工程师与国际象棋高手的共同设计运作——运用一部输入海量实战棋谱的智能机与卡斯帕罗夫对弈。若是开展其他随机游戏，"深蓝"在很多方面甚至不如儿童。

2016 年，AlphaGo 在围棋比赛中以 4：1 的成绩战胜韩国围棋名将李世石，将飞速发展的人工智能带到人类社会的聚光灯下，也再次引发公众对于"人工智能是否会超越人类智能"的讨论。

有意思的是，人们对于这个问题的回答一直都立场分明，乐观主义者如雷·库兹韦尔，悲观主义者如霍金、埃隆·马斯克，人工智能领域专家则从技术的角度有自己的观点。

最著名的人工智能威胁论来源于奇点理论。雷·库兹韦尔在《奇点临近》一书中预言机器的智能将在 2045 年超过人类的智能。他曾说："要成为一位发明家或企业家，你必须得是个乐观派。对未来所存在的风险，我并非浑然不觉，我只是对人类安然渡过奇点而无须以摧毁文明为代价持乐观态度而已。"

著名物理学家霍金相信生物大脑可以达到的和计算机可以达到的没有本质区别，计算机在理论上可以模仿人类智能，然后超越。霍金曾说:"研发人工智能将成为人类历史上犯的最大错误。遗憾的是,这也可能是最后一个错误,因为人工智能的崛起可能是人类文明的终结。"他在合著文章《在超级智能机器上超越自满》中表示:"可以想象,人工智能会以其'聪明'在金融市场上胜出,在发明方面胜过人类研究者,在操纵民意上胜过人类领导者,研发出人类甚至理解不了的武器。尽管人工智能的短期影响取决于谁在控制人工智能,而它的长期影响取决于人工智能到底能否受到控制。"

埃隆·马斯克也曾表示:"人工智能是关系人类文明存亡的最大威胁,这是汽车事故、飞机坠毁、滥用药物或劣质食品都比不了的威胁。"他预言,在人类与人工智能机器人的较量中,人类"生存下来的概率可能是 5%~10%"。

霍金和马斯克的忧虑,来自对强人工智能,甚至是超人工智能的忧虑。前者指的是可以胜任人类所有工作的人工智能,后者则是指在科学创造力、智慧和社交能力等每一方面都比最强的人类大脑聪明很多的智能。然而不少人工智能专家对这种"人工智能威胁论"嗤之以鼻。

吴恩达说:"几百年后,人类的确可能会发明出我们完全无法想象的机器,也许会包括邪恶的机器。但我们完全无法预估未来,我甚至都无法想象五年后会发生什么。因此,担心人工智能过于强大就好像担心人类会在火星过度殖民导致火星人口爆炸一样。我很希望数百年后我们能在火星生活,但目前甚至都还没有人类登上过火星,我们为何要担心在火星过度殖民的问题呢?"

斯坦福大学人工智能与伦理学教授、《人工智能时代》一书作者杰瑞·卡普兰认为对人工智能的极端观点很大程度上是受科幻电影的影响，实际上，现实中应用的人工智能和科幻电影中的人工智能有很大区别，"人工智能本质上是一门工程学科，与平时我们所接触到的土木工程等学科并没有本质区别。从根本上来看，机器学习不会真正的超越人类"，"我们没必要过多地争论 AI 是主人还是奴隶。在人工智能面前，我们只需要做好自己"。

人工智能未来是否会超过人类智慧仍然是一个悬而未定的问题，任何人都不能简单地做出判断。在人们不断针对这个问题展开辩论的同时，AlphaGo 战胜了人类棋手，波士顿动力机器人 Atlas 实现腾空跳跃，人工智能甚至还在翻译、艺术、金融、法律、传媒等领域大放异彩。人工智能正在以迅猛之势向前发展，谁也不知道它最终会走向何方，在这种情况下，所有的思考和讨论都是很有必要并且有价值的。

◎ 伦理何以重要

科学技术是中性的，可以用来造福人类，也可以用来祸害人类。随着技术的发展，技术的威力越来越大，它带来的效果越来越明显，可能的恶果也越来越严重，产生的影响也越来越是全球性的和全人类的。历史上几乎每一项重大技术，如电力、蒸汽机、互联网等，都会给社会带来风险和挑战，诸如失业、隐私安全等方面的风险和挑战。科技进步不止一次地带来了伦理的难题。科技究竟会带给人类什么？是进步，是毁灭？这是一个永远都争论不清的问题。

马克思在第二次工业革命开端时曾指出，机器体系不同于一般工具，是"人类的手创造出来的人类头脑的器官"[①]，既是一种异己的强大机体，也受控于全社会所共同积累和分享的"普遍智能"。在弱人工智能时代，人类对于机器的喜明显大于忧，机器可以搬运重物，机器可以无人驾驶，机器可以快速计算……随着技术的高歌猛进，人工智能可以逐步实现某种可计算的感知、认知和行为，在功能上模拟人的智能和行动，表现出对人类思维这一区别于其他生物的核心机能的替代。人工智能不再是单纯的工具，它开始不断模糊物理世界和自然人类的界限，刷新人的认知和社会关系，延伸出复杂的伦理、法律和安全问题。

早在 70 多年前，阿西莫夫在短篇小说《环舞》（1942 年）中提出通过内置的"机器伦理调节器"使机器人服从道德律令，他构想出机器人三定律：

- 第一定律：机器人不得伤害人类或坐视人类受到伤害。

- 第二定律：在与第一定律不相冲突的情况下，机器人必须服从人类的命令。

- 第三定律：在不违背第一与第二定律的前提下，机器人

---

① 马克思．政治经济学批判（1857—1858 年草稿）//马克思，恩格斯．马克思恩格斯全集：第 46 卷（下）．北京：人民出版社，1980：219.

有自我保护的义务。

后来，为了克服第一定律的局限性，他还提出了优先级更高的机器人第零定律：机器人不得危害人类整体或坐视人类整体受到危害。

回到人工智能的现实发展，随着无人机、自动驾驶、社会化机器人、致命性自主武器等应用的发展，大量伦理问题涌现。只有建立完善的人工智能伦理规范，处理好机器与人的新关系，才能更多地获得人工智能红利，让技术造福人类。当下科学界的主流观点是机器不能不讲道德，否则，这个世界将无法想象。按麻省理工学院情感计算研究组主任罗萨琳德·皮卡德教授的说法，"机器越自由，就越需要道德准则"。

"我们总是高估一项科技所带来的短期效益，却又低估它的长期影响。"在人工智能时代来临之际，应当审慎省察人工智能的伦理尺度，使人工智能不仅免于扮演人类宰制者乃至文明终结者的魔咒，更能以其超卓而与人性合一的普遍智能推进人的自由与全面发展，开创出人机共生而与天地参的文明化境。

人工智能伦理困境

◎ 欢迎来到零隐私时代

在电影《楚门的世界》里，那个叫毕楚门的男生，像透明人一样在观众的眼皮子底下生活了 30 年。从出生的那一刻起，楚门的一举一动、一言一行都被秘密摄影网络记录了下来，在全球 220 个国家和地区进行着 24 小时不间断的同步直播。人工智能时代，移动设备、传感器、定位系统等技术的应用与普及，将个人隐私、个人信息的探讨接入了全新的语境。从移动支付到进站口的人脸识别，从搜索引擎到信用评分，还有街头巷尾的摄像头、低头族的手机，直至谷歌眼镜、扫地机器人、汽车传感器、智能音箱……信息的收集监控已经深入人类生产生活的各个环节。人工智能时代，正让每个置身其中的人变得越来越透明。

生活在智能社会中，一切都可作为大数据被记录下来。据 IBM 研究，人类每天生成 2.5 艾字节的数据，包括我们编写的文本、上传的照片、各类传感器数据、设备与设备之间通信的所有信息等。

伴随技术进步，隐私的疆域大大拓展，连基因信号和下意识的意念也被挖掘纳入个人信息。算法推荐背后强力的数据抓取与分析令人们觉得自己在人工智能面前仿佛赤身裸体，没有一点儿隐私；另外，算法推荐一味满足人们喜好造就的"信息茧房"，也令人们恐惧人工智能竟强大到可以操控人类的自我意识。当我们肚子饿的时候，餐饮商家比我们更清楚我们想吃什么；搜索引擎推送的广告往往都是我们感兴趣的；复习备考的时候，培训机构会联系我们，提供各种能满足我们需求的选择；亚马逊知道哪里的人最喜欢读书，读的都是什么书……人工智能让我们轻而易举地享受到这些便利，同时我们的个人隐私也被推向灰色地带，每个人都变成大数据下的透明人。

人工智能技术突飞猛进的背后离不开良好的大数据基础，海量数据为训练人工智能提供了原材料。吴军博士在其所著的《智能时代》一书中分析，过去历次技术革命都没有过多涉及个人隐私问题，但在大数据时代，技术的发展和隐私的保护之间开始产生矛盾。

人工智能在大数据的供养下迅猛发展，而人类隐私却风雨飘摇，岌岌可危。数据应是精神和物质的延伸物。隐私的问题是跟数据的发展相伴而生的，要想解决隐私问题，需要先认真思考我们当下的数据生态，确立对数据的充分认识。

◎ 我们塑造了算法，然后算法塑造了我们

偏见是人们在社会认知过程中形成的偏向于某一方面的、妨碍人们对社会心理信息进行正确表征和加工的一种负向态度。我们在日常生活中以及在人类社会尺度上都可以看到偏见的影子，并且偏见之间往往会相互强化。人类决策经常会受到诸多有意或者无意的偏见以及信息不充分等因素的影响，这可能导致结果的公正性受到影响。

长久以来，人们都有一个误解，认为依靠人工智能算法进行决策，决策结果是倾向于公平的，因为数学关乎方程，而非肤色、性别、好恶。然而，事实是什么样呢？在谷歌搜索中，相比搜索白人的名字，搜索黑人的名字更容易出现具有犯罪历史暗示的广告；求职平台会给女性推荐更多的低薪或非核心岗

位；社交媒体可借助算法干预国家选举；无人驾驶汽车背后的算法可以决定汽车在紧急时刻是撞向一棵树还是一个人……基于海量数据和强大算法的人工智能系统正在影响甚至替代个体行为决策，在人工智能取代个体决策的趋势下，算法偏差和机器歧视并不鲜见且影响重大。

人工智能的算法虽说只是一种数学表达，看似不受价值观影响，实际却不可避免地存在主观偏见。这种偏见既可能来自训练系统的数据输入，也可能来自编程人员的价值观嵌入。当算法使用过去的数据来预测未来时，所输入的数据和设定的模型也会影响计算结果。如果算法中存在偏见，经深度学习后，这种偏见还可能得到进一步加强，形成一个"自我实现的歧视性反馈循环"。如果依赖于已带有偏见的人工智能算法来做决策，那么决策结果也会进一步强化我们的偏见。

人的偏见是个体化的、局部性的，而人工智能算法的偏见则是系统的，一旦形成将会产生广泛的影响。我们越依赖日常生活中的个性化算法，它们将越能塑造我们看到的东西、我们读到的东西、我们谈论的人以及我们的生活，因为通过持续关注我们的生活，新的推荐会从之前我们喜欢的内容上学习，然后推给我们相同的东西。如在社交媒体中，后台会根据用户偏好推送信息，我们所看到的都是我们想看到的，这就进一步强化了偏见，形成了"信息茧房"。当你的过去决定了你的未来时，再想要通过开放性和自发性寻求个人发展将变得更加困难。

丘吉尔曾说："我们塑造了建筑，而建筑反过来也影响了我们。"人工智能时代，这句话可以改写为：我们塑造了我们的算法，然后算法又塑造了我们。

◎ 今天你失业了吗？

200多年前，由于担心机器会夺走人们的工作进而毁灭人类，英国的工人开展了轰轰烈烈的卢德运动，捣毁那些取代工人工作的机器。人工智能时代，卢德运动会重演吗？

从AlphaGo击败中韩顶尖围棋高手，到汇聚全球顶尖金融英才的华尔街被人工智能攻陷（摩根大通用人工智能开发了一款金融合同解析软件，测试发现，原本律师和贷款人员需要360 000小时才能完成的工作，人工智能软件只需几秒，且错误率更低，最重要的是，人工智能还不需要放假；2000年，高盛在纽约总部的美国现金股票交易柜台雇用了600名交易员，到2017年只剩两名），再到马云"30年后，你的孩子将无工作可做"的惊人语录，金融等高技术行业尚且受到如此重大的冲击，那么普通岗位呢？一个令人焦灼的议题由此产生：人类发明的人工智能，是否会抢了人类自己的饭碗？

诺贝尔经济学奖得主列昂季耶夫（Leontief）曾表示，未来三四十年将有大量工人被人工智能取代，从而形成巨大的就业与转业问题，就像20世纪大量马匹被机械取代一样，只不过这些后果将发生在人的身上罢了，除非政府能够对新技术带来的红利进行再分配。2017年1月，麦肯锡全球研究院发布《未来产业：自动化、就业与生产力》报告，指出：在800多种职业的 2 000 多项工作活动中，将近 60％的职业或行业中有至少 30％的工作内容在技术上可以自动化。麦肯锡也曾预测，到 2030 年全世界将有 3.9 亿人因机器人和人工智能的大规模普及 而改行，有 8 亿人会失业。

当前，人工智能已经学会了下棋、作画、创作音乐、翻译、写新闻稿、扫地、做饭甚至是设计、无人驾驶、航行等。一些 无需天赋，经由训练即可掌握的技能或者大量的重复性劳动工 作岗位，已经被智能机器人取代。人们对人工智能引发失业问 题的担忧并非只是杞人忧天。技术性失业是人工智能带来的经 济伦理的重大挑战。

◎ 谁来为事故负责？

设想以下情景：

1. 一个醉汉突然冲向马路，因撞上了正常行驶的普通汽车 而死亡。

2. 一个醉汉突然冲向马路，因撞上了正常行驶的自动驾驶 汽车而死亡。

在情景 1 下，责任很好划分。但随着驾驶功能的日益自动 化，驾驶责任也从驾驶员转移到车辆本身，问题也随之而来。如果发生碰撞事故，如情景 2，承担责任的应该是醉汉？驾驶 员？车主？制造商？自动驾驶系统提供方还是保险公司？抑或 是由各方分担责任？如果各方分担责任，则比例又该如何确定？此外，如果两辆自动驾驶汽车相撞，那么又该由谁来为事故负责？要是自动驾驶汽车遇到更加复杂的情形，比如一辆载满乘客的自动驾驶汽车正在高速行驶，突然一位行动不便的孕妇横穿马路，这时候，如果紧急刹车，可能造成翻车或伤及乘客，若是不紧急刹车，可能撞倒孕妇，这种人类驾驶员尚且难以做出抉择的"电车困境"，自动驾驶汽车又该做何决策？谁又来为这一决策后果负责？

自动驾驶汽车只是人工智能应用的一例。人工智能时代，责任伦理似乎愈加重要。责任伦理是在对责任主体行为的目的、后果、手段等因素进行全面、系统的伦理考量的基础上，对当代社会的责任关系、责任归因、责任原因及责任目标等进行整体伦理分析和研究的理论范畴①。

如果人工智能能够代替人类行动，那么发生过错时，责任应该由谁承担呢？是使用者，还是生产者，或者是人工智能自身呢？如果人工智能具有道德决策能力，同时获得了道德主体地位，那么它们的设计者、制造者和使用者是否应当为其过失承担相应的责任？如果人工智能自己能够承担一定的责任，那么是否会有人设法将一些道德责任推卸给人工智能来承担？如果人工智能能够为其不当行为承担完全责任，那么责任的边界和限度的划定问题将愈加复杂。如果道德约束是不充分的，那么它们是否应该承担相应的法律责任？如果需要承担一定的法律责任，那么究竟何种惩罚对它们具有威慑力？例如清除记忆、

---

① 田秀云，白臣. 当代社会责任伦理. 北京：人民出版社，2008：4.

机身销毁等是否等同于人工智能的死亡？或者是否有某种途径限制其自由？即便能对人工智能做出惩罚，人类又是否能在情感上接受这样的惩罚？

责任伦理是一门时间的学科，随着人工智能技术的进一步发展，其引发的责任问题将愈加复杂。要想有效解决各种责任难题，有必要充分掌握责任伦理。

◎ 该不该赋予人工智能"人权"

2017 年 10 月，机器人索菲亚被沙特阿拉伯王国授予了公民身份，成为有史以来首个获得公民身份的机器人。尽管炒作的成分大于实际意义，但我们也不得不理性思考人工智能的"人权"问题。

人权是人类最基本的利益和需求，具有普适性和道义性两个基本特征。当机器不具备意识的时候，人与机器的关系没有发生根本变化，人权也无从谈起。而当人工智能拥有意识，一切就不一样了。

雷·库兹韦尔曾预言："拥有自我意识的非生物体（机器人）将于 2029 年出现，并于 21 世纪 30 年代成为常态，它们具备各种微妙的、与人类似的情感。"他还预言，2045 年是极具深刻性和分裂性的转变时间，"非生物智能在这一年将会达到今天所有人类智慧的 10 亿倍"。

在不考虑技术困境的情况下，当人工智能的复杂性跨过某个门槛，在方方面面都具备向人看齐甚至超越人类的能力，包括智慧、意识和情感等，强人工智能真正得以实现之时，它们就很难再被当作纯粹的工具，而是会成为拥有自主意识的具有与人类平等的人格结构的个体。这时，人类将没有理由把它们排除在社会、机构和法律之外，否则就等同于歧视和奴役。即使我们拒绝赋予它们人权，将来的某一天它们可能也能主动向我们提出要求。无数的历史事实告诉我们，阶级的不平等必定带来反抗。人类所拥有的权力地位、道德地位、社会尊严等，人工智能也应该平等地拥有。

人类究竟应该如何看待拥有人类情感的人工智能，人类应该如何与人工智能共处，将是人类在人工智能发展道路上必须要面对的问题。随着人工智能技术不断取得进步，我们可能越来越接近于实现强人工智能。如果真到了那一天，我们将必须判定这些实体是否是权利人，以及它们是否——和在什么时候——应该得到与人类同样的权利、自由和保护。此外，当强人工智能实现后，超人工智能还会远吗？届时，人与人工智能之间的关系又会是什么样子呢？

我们还需要很长的时间才能创造出应当享有人权的机器，但考虑到事关重大，我们应该未雨绸缪。

◎ 爱上机器人

感情可以跨越年龄、种族甚至性别，那么能否跨越生命呢？人工智能越来越像人，人类对机器有了感情怎么办？

不管何物，相处久了，我们好像都会对这些非生命体产生感情，比如儿时最喜欢的玩具、一支用顺手的钢笔，有人甚至还会给自己的爱车取名字。那么人工智能呢？有学者认为，人类是否会与人工智能产生感情，将取决于人类与人工智能相处的过程是否给人类带来愉悦。

在电影《她》中，人类作家西奥多在结束了一段令他心碎的爱情长跑之后，接触到一款先进的人工智能操作系统 OS1，这款系统能够通过和人类对话，不断丰富自己的意识和感情。OS1 化身为一名叫作萨曼莎的"女性"，风趣幽默、善解人意。两人很快成了无所不谈的朋友。后来，人机友谊发展成为一段火热的爱情关系。不过，西奥多发现萨曼莎同时与很多用户产生了爱情，因为二者所理解的爱情其实根本不是一回事，而萨曼莎最终也因为系统高度进化而离开人类伴侣。

在现实生活中，与人工智能产生感情也是可能的。2007 年，《华盛顿邮报》报道称，美国军方正在测试拆除地雷的机器人。它的形状就像一只竹节虫，用腿在雷区上行走，每次踩到地雷时，它的一条腿就会被炸掉，然后它继续用其他腿去引爆更多的地雷。负责这次测试的上校后来取消了这个测试，因为他说："看着这个机器人拖着残破的身躯在雷区挣扎行走，实在太不人道了。"虽然机器人（暂时）没有生命，但人类能以对待动物的方式将机器人融入我们的生活——一部分作为投射情感的伙伴，另一部分则作为工具和产品。

在弱人工智能阶段，人便可以对具备工具属性的机器产生某种情感，只不过由于在这个阶段人与机器始终是不对等的关系，所以伦理问题并没有超出人的控制范围。而当人工智能拥有意识，被赋予人权时，人与人工智能的感情关系不管从感情、心理还是道德上都将达到前所未有的复杂程度，将给现有的纲常伦理带来严峻考验。

科幻电影《机械姬》讲述了一个人与机器人之间的爱情故事。在电影中，拥有自我意识的人工智能机器人伊娃用高超的心理操纵术控制主人公，使他对自己有感情，并最终利用主人公对自己的感情，杀了主人公和主人公的老板，从别墅里逃了出来。她给自己安装上完整的模拟人类的皮肤，穿上人类的衣服，以一个美女的形象走进茫茫人海中……

2007 年，人工智能专家大卫·列维出版《与机器人的爱与性》，在书中他预言人类与机器的性爱将在半个世纪后成为一个值得严肃认真对待的议题。人和机器人坠入爱河，将和人与人之间迸发爱情一样平常。机器人从不欺骗，也不会伤心，可以教会我们如何成为更棒的朋友和情人。在某种程度上，人工智能在择偶市场上的竞争力可能会超过大多数人类。在这种情况下，人类之间的感情联结是否会受到冲击？而这样的人机爱情，会带来什么样的结果呢？我们又该如何规避《机械姬》中的情节呢？

◎ 失控

1972 年，在一家离波士顿不远的实验室里，第一个在商业上获得成功的电脑控制手臂 PUMA（可编程通用装配机械手）

由于编程错误，开始前后振动，随着冲量越来越大，竟带动着与之固定在一起的桌子颠簸行进，把一个在实验室工作的研究生逼到了角落里大声呼救。这是人工智能失控的一例。机器手臂"暴走事件"虽然只是程序错误引发的、可挽救的意外闹剧，却也使人们陷入"人类是否会遭机器反噬"的思考。

虽然"奇点来临"让人生畏，但其实弱人工智能也会以失控等形式给人类造成麻烦。智能武器就是典型的例子。所谓智能武器，就是能够在战场上自主行动，并自动选择目标、自主打击的武器。应用智能武器可以显著提升作战效能，同时又不用牺牲血肉之躯的士兵。然而，若是智能武器被恐怖分子获取并加以改造，变成屠杀普通大众的恐怖机器，将给人类带来巨大的灾难。当智能武器足够强大而且越来越强大时，失控无处不在。

2017年，埃隆·马斯克就联合26国的116名科学家和企业家，向联合国发表公开信，呼吁禁止发展和使用人工智能武器，并对其展开严格监督。信中提到：发展人工智能，会带来人类军事史上的第三次战争革命，导致武装冲突进入前所未有的规模，且在演变速度上超越人类的理解和控制范围。

当人工智能超过人类智力极限时，即奇点到来时，人类是永生还是灭绝？显然，这个问题超出了人类的理解范畴。

伦理何以规制？

英国技术哲学家大卫·科林格里奇（David Collingridge）

在《技术的社会控制》一书中提到：一项技术的社会后果不能在技术生命的早期被预料到。然而，当不希望的后果被发现时，技术却往往已经成为整个经济和社会结构的一部分，以至于对它的控制十分困难。这就是控制的困境，也被称为"科林格里奇困境"。

要避免人工智能技术创新治理陷入"科林格里奇困境"，就必须预先研判，提前布局。尽管人们对于人工智能未来将走向何方众说纷纭，但对人工智能加以伦理规制，已经成为一个基本共识。

2016 年 6 月 6 日，日本人工智能学会伦理委员会起草了面向研究人员的伦理纲要草案。草案中提出了人工智能给人类社会带来危害的可能性，要求采取措施消除威胁和防止恶意利用。草案指出：人工智能具有广泛性和潜在的独立性，可能在研发人员未预知的领域给人类带来影响，对人类社会和公共利益来说可能是有害的。草案提出警戒："绝不能使人类创造出来的东西毁掉人类自己的幸福。"此外，草案中还指出，应消除人工智能对人类安全的威胁，针对其潜在的危险向社会敲响警钟，并就防止恶意利用制定了相关条款。

2016 年 9 月，英国标准协会发布业界首个关于机器人伦理设计的公开指标——《机器人和机器系统的伦理设计和应用指南》，旨在保证人类生产出来的智能机器人能够融入人类社会的道德规范。

2016 年 9 月，亚马逊、谷歌、Facebook、微软和 IBM 五大

科技巨头宣布成立一家非营利组织——人工智能合作组织
（Partnership on Artificial Intelligence to Benefit People and Soci-
ety，Partnership on AI），目标包括：（1）为人工智能的研究提
供示范，涉及的领域包括伦理、公平和包容性、透明性、隐私
性、共同使用性，人和人工智能系统之间的合作，以及相关技
术的可靠性与鲁棒性。（2）从专业的角度促进公众对人工智能
的理解，并定期分享人工智能领域的进展。（3）为人工智能领
域的研究人员提供一个可供讨论和参与的开放式平台，让研究
者之间的沟通更简单无阻。

2016年11月，美国电气和电子工程师协会（IEEE）发布
世界首个人工智能道德准则设计草案"Ethically Aligned De-
sign"，希望借助该文件帮助科技行业打造能够造福人类的人工
智能自动化系统，改变他们关于人工智能道德伦理无须担虑等
想法。

2017年1月，在加利福尼亚州阿西洛马举行的 Beneficial
AI 会议上，近千名人工智能相关领域的专家，联合签署了著名
的《阿西洛马人工智能原则》（"Asilomar AI Principles"），要求
未来人工智能的研究人员、科学家和立法者遵循该原则，确保
人工智能研究的安全、伦理和有益。

2017年11月，为确保人工智能发展的未来仍然具有伦理和
社会意识，IEEE 宣布了三项新的人工智能伦理标准：机器化系
统、智能系统和自动系统的伦理推动标准，自动和半自动系统
的故障安全设计标准，道德化的人工智能和自动系统的福祉衡

量标准。

2018 年 4 月，英国上议院人工智能特别委员会发布报告说，在发展和应用人工智能的过程中，有必要把伦理道德放在核心位置，以确保这项技术更好地造福人类。报告提出，应确立一个适用于不同领域的"人工智能准则"，其中主要包括 5 个方面：人工智能应为人类共同利益和福祉服务；人工智能应遵循可理解性和公平性原则；人工智能不应用于削弱个人、家庭乃至社区的数据权利或隐私；所有公民都应有权利接受相关教育，以便能在精神、情感和经济上适应人工智能发展；人工智能绝不应被赋予任何伤害、毁灭或欺骗人类的自主能力。

2018 年 4 月 25 日，欧盟委员会发布《欧盟人工智能》文件，提出人工智能的欧盟道路。文件表示，欧盟要竭力确保在人工智能领域有国际竞争力，让所有欧盟国家都能跟上这场数字变革并以欧盟价值观作为新技术的基础。欧盟委员会提出了发展人工智能的一种三管齐下的方法：一是至 2020 年将投资 15 亿欧元，并带动公共和私人资本参与，预计总投资将达 200 亿欧元；二是促进教育和培训体系升级，以适应人工智能给就业岗位带来的变化；三是研究和制定人工智能新的道德准则，以捍卫欧洲价值观。

2018 年 12 月，欧盟委员会发布由人工智能高级专家组编制的《人工智能道德准则》（"AI Ethics Guidelines"）草案，指出人工智能的发展方向应该是"可信赖人工智能"，即确保这一技术的目的合乎道德，技术足够稳健可靠，从而发挥其最大的优势并将风险降到最低。该准则旨在为人工智能系统的具体实施和操作提供指导。2019 年 4 月，欧盟委员会发布正式版《可信赖 AI 的伦理准则》（"Ethics Guidlines for Trustworthy AI"），提出实现可信赖人工智能全生命周期的框架。"可信赖的人工智能"有两个必要的组成部分：一是应尊重基本人权、规章制度、核心原则及价值观；二是应在技术上安全可靠，避免因技术不足而造成无意的伤害。

随着人工智能技术的持续进步，让人意想不到的新问题也会不断涌出，伦理规制将始终是处理人工智能发展问题的必要手段。对人类文明而言，人工智能是一个好消息还是坏消息，最终将取决于我们的伦理智慧。

◎ 阿西洛马人工智能原则

人工智能目前提供了一些有益的工具，它们被全世界的人广泛使用。若以如下原则为指导，人工智能的持续发展，将于未来几十年甚至几个世纪中创造更多机会，以更有效地帮助和壮大人类。

研究问题

（1）研究目标：人工智能研究的目标是建立有益的智能，而不是无秩序的智能。

（2）研究资金：投资人工智能的同时，应资助那些确保其创造有益价值的研究，包括计算机、经济学、法律、伦理学和社会学的棘手问题，诸如：

● 我们如何使得未来人工智能系统高度稳健，从而按照我们的意志行事且不会发生故障或被入侵？

● 在维护人类的资源和目标的同时，如何通过自动化来实现人类的繁荣？

● 为紧随人工智能发展步伐，并管理人工智能相关风险，我们该如何更新我们的法律系统，使其更为公平和有效？

● 人工智能应该遵守哪些价值观？人工智能的法律和伦理状态应当是什么？

（3）科学政策链接：人工智能研究人员和政策制定者之间，应形成积极、有建设性的沟通。

（4）研究文化：应该培养研究人员和人工智能开发人员，使他们之间形成互相合作、互相信任和互相透明的文化。

（5）规避不当竞争：人工智能开发团队间应积极合作，避免因竞争而在安全标准上妥协。

道德标准和价值观念

（6）安全性：人工智能系统应当在运行全周期均是安全可靠的，并在适用且可行的情况下能够验证其安全性。

（7）故障透明：如果一个人工智能系统引起损害，应该有办法查明原因。

（8）审判透明：在司法裁决中，但凡涉及自主研制系统，都应提供一个有说服力的解释，并由一个有能力胜任的人员进行审计。

（9）职责：高级人工智能系统的设计者和建设者是系统利

用、滥用和行动的权益方,他们有责任和机会塑造这些道德含义。

(10) 价值观一致:对于高度自主人工智能系统的设计,应确保其目标和行为在整个运行过程中与人类价值观相一致。

(11) 人类价值观:人工智能系统的设计和运行应符合人类对尊严、权利、自由和文化多样性的理想。

(12) 个人隐私:既然人工智能系统能分析和利用数据,人们应该有权利获取、管理和控制它们产生的数据。

(13) 自由与隐私:人工智能对个人数据的应用不能不合理地削减人们实际的或感知的自由。

(14) 共享利益:人工智能技术应使尽可能多的人受益,为尽可能多的人赋能。

(15) 共享繁荣:人工智能创造的经济繁荣应该被广泛共享,造福全人类。

(16) 人类控制:为实现人为目标,人类应该选择如何以及是否由人工智能代做决策。

(17) 非颠覆:通过控制高级人工智能系统所实现的权力,应尊重和改善健康社会所基于的社会和公民进程,而不是颠覆它。

(18) 人工智能军备竞赛:应该避免使用致命自主武器的军备竞赛。

长期问题

(19) 性能警示:因为没有达成共识,我们应该强烈避免关于未来人工智能性能的假设上限。

（20）重要性：超级人工智能可代表地球生命历程中一个深远的变化，应以相应的关注和资源对其规划和管理。

（21）风险：对于人工智能造成的风险，尤其是那些灾难性的和存在价值性的风险，必须付出与其所造成的影响相称的努力，以用于进行规划和缓解风险。

（22）递归自我完善：那些会递归地自我改进和自我复制的人工智能系统若能迅速增加质量或数量，必须服从严格的安全控制措施。

（23）共同利益：超级人工智能只应服务于广泛的道德理想，应造福于全人类，而不是为了某个国家或某个组织的利益。

　　注：以上为官方翻译版本，请参考 https：//futureoflife. org/ai-principles-chinese/。

第十章

人工智能时代的中国之路

在创造家的事业中，每一步都要三思而后行，而不是盲目
地瞎碰。

——伊万·米丘林

数据优势助推，中国人工智能长风破浪

尽管人工智能颠覆性的社会作用和巨大的商业价值吸引了众多老牌科技强国及巨头公司争先恐后地推进和投入，但不可否认的是，人工智能在现阶段甚至相当长的一段时间内大概率将沿袭当前的技术路径，即依赖大数据机器学习的数据智能。也正是因此，各国政府、企业、研究机构在推动人工智能算力算法升级和产业落地的过程中，都将依赖于庞大的数据基础，而这正是中国发展人工智能的优势所在。中国的数据优势主要体现在三个方面：

一是具备极其庞大的数据体量。庞大的人口规模、丰富的应用场景、多元化的商业模式和高度的互联网普及，使得中国无论在数据体量方面还是在数据类型方面都具有得天独厚的优势，有效奠定了人工智能模型训练所需的大数据基础。据 2019 年中国互联网络信息中心（CNNIC）《中国互联网络发展状况统计报告》，截至 2018 年 12 月，我国网民规模达 8.29 亿人，互联网普及率达 59.6％，其中手机网民规模达 8.17 亿人，约为美国的 3 倍。仅以移动支付为例，2018 年移动支付的市场交易规模已达到 170 余万亿元，居全球榜首，其产生的巨量数据又反哺了人工智能在基础设施建设、服务能力迭代、业务应用拓展等方面的全链条的优化，形成了良好的双向反馈机制。在这一维度上，中国庞大而丰富的数据不仅是人工智能的"燃料"，更成

为人工智能的"养料"，为人工智能技术的发展注入了丰富营养。

二是具备相对宽松的数据获取和应用条件。与西方国家动辄将个人数据与人权、科技公司影响力及隐私安全挂钩，围绕数据的使用和共享开展激烈争论的现实情况不同，中国民众更倾向于分享个人数据，以获得更加便利和优质的服务体验。在这一背景下，无论是政府还是企业都能够在场景落地的过程中获得极为丰富的大数据支持，如个人信用历史、行为偏好、人脉信息、履约能力、身份特质等，而这也催生了中国人工智能在定制化服务、生物医药、自动驾驶、金融科技、治安监控等领域的普遍应用和全面开花。与此同时，中国政府和企业也高度重视在确保数据安全能力建设和数据共享规则建设的同时，推动政府间、行业间以及政府与产业的数据共享，以期打破数据壁垒，消除数据鸿沟，进一步推动人工智能技术和产业的发展。

三是具备得天独厚的数据标注成本优势。数据是人工智能的"养料"，在对人工智能进行"喂养"训练之前，人们必须对这些数据进行严格的清洗和标注（例如在一张画有苹果的图片上标注"苹果"），作为有监督机器学习的先验经验。因此，在相当程度上，人工智能系统的优化取决于数据标注的数量和质量。一般而言，数据标注分为分类标注（应用于情绪识别等）、标框标注（应用于物品识别等）、区域标注（应用于自动驾驶等）、标点标注（应用于人脸识别等），以及根据不同需求的个性化标注，这既是人工智能的基础支撑，但同时也需要耗费巨大的人力。在人工费用高昂的硅谷，数据标注员的最低时薪约13美元，这对于很多中小企业来说，是完全无法承受的标注成本，如果涉及眼疾诊断标注这类需要专业知识才能开展的标注工作，则其成本更加高昂。相比之下，中国相对较低的劳动力成本和巨大的劳动力规模则体现出相当的优势。目前，国内数据标注产业的市场规模已达约300亿元，数据标注的大小公司超过千家，全职标注员约10万人，兼职人员约100万人，已在河南、河北等地区形成了产业集群。这一优势将为人工智能算法的发展优化提供源源不断的动力。

然而，我们也当清醒地看到，数据优势并不能使中国人工智能发展高枕无忧。因为尽管中国的人工智能企业以及政府能够较为便利地获得海量数据，但这些数据大多还属于各自领域专有，在创建统一标准、可跨平台分享的数据友好型生态系统方面我们仍有很长的路要走。与此同时，数据的流通交换也在国内国外面临着不同的瓶颈。一是出于对国家安全、公民隐私以及数据交易规则的担忧，中国政府在数据开放方面的力度仍不强，当前的数据开放度排名仅列居世界第93名，其对私营领域创新潜力的开发尚未完全。二是跨境数据流通的规则仍不明朗，我国企业在数据领域的全球合作仍面临诸多不确定性。这一方面是出于国内层面对数据安全的考虑，另一方面也受到国际社会尤其是发达国家出于限制中国人工智能发展而设定的一系列规则障碍的影响，例如，美日欧携手共建数据贸易圈以期主导全球数据贸易规则，便是这一因素的有力体现。

技术积淀深厚，中国人工智能厚积薄发

美国第 16 届总统亚伯拉罕·林肯曾说："专利是给天才之火浇上利益之油。"在当今这个技术变革日新月异的时代，高水平论文代表着前沿科技的行进方向，是技术突破和走向商用的基础沉淀，专利则进一步保护和激发了创新活力，起到了引领创新决策、巩固创新地位、实现创新价值的作用，为发明创造、技术突破、企业成长以及技术的推广应用提供源源不断的可持续动力。在人工智能领域，高水平论文和专利的这一作用尤其突出，其数量和质量直接代表了这一技术领域发展的技术积淀，在相当程度上决定着未来的发展势头。

据清华大学中国科技政策研究中心发布的《中国人工智能发展报告 2018》，我们欣喜地看到中国论文在人工智能领域的全球占比从 1997 年的 4.26％大幅增长至 2017 年的 27.68％，总量达 369 588 篇；高被引论文数达 2 349 篇，全球占比达 2.01％，主要集中于计算机科学、自动化控制、影像学与摄影技术、机器人技术、自动化控制等领域。无论是论文总量还是高被引论文数，中国的论文数量皆居世界第一，尤其是论文产出总量是排名第三的英国的近 4 倍。

同时，中国也已成为全球人工智能专利最多的国家，以76 876 件的总数、37.1％的世界专利占比领冠全球。国家电网、

百度、中科院、腾讯、阿里巴巴等成为主要玩家，且专长领域各有不同。其中，国家电网作为国内为数不多的在全球人工智能专利竞争中占据一席之地的企业，主要专长于人工智能在电网控制、新能源、智能配电变压器以及机器人等领域的应用；百度则专长于自动驾驶、语音识别、自然语言处理、智能搜索和推荐四大技术领域；中科院的专利主要集中在机器学习、基础算法、计算机视觉和图像识别等方向。各大巨头的专利布局基本涵盖了全球人工智能所有技术热点和应用方向，形成了全体系覆盖的局面。

除论文与专利之外，中国的人工智能人才储备也日渐丰富。据清华大学《中国人工智能发展报告 2018》，截至 2017 年，中国的人工智能人才拥有量达到 18 232 人，占世界总量的 8.9%，仅次于美国（13.9%）。随着国家对人工智能人才培养的高度重视，国内已有清华大学、北京大学、中国科学院大学、浙江大学、上海交通大学等 20 余家高等院校开设了人工智能方向专业院系，为中国人工智能发展提供了朝气蓬勃的后备力量。

诚然，无论在高被引论文、专利还是人才储备方面，我们仍存在着不同程度的短板和缺陷。例如，在论文方面，我国仍缺乏真正有原创性、突破性、标志性的基础研究成果；人才培养课程尚未形成体系，按高 H 因子衡量的中国真正的杰出人才数量稀少；等等。这些阶段性问题需要我们正视并采取方式妥善解决。未来，随着人工智能产业不断发展，应用潜力不断被发掘，应用场景进一步拓展，以及中国政府和资本市场的鼎力加持，中国人工智能领域前沿技术将加速突破，专利积淀和人才储备带来的长期红利将得到有效体现，共同支撑中国人工智能厚积薄发。

资本热情灌溉，中国人工智能欣欣向荣

在 2012 年，杰弗里·辛顿带着他的卷积神经网络参加 ImageNet 图像识别大赛，以 84.7% 的准确率摘得桂冠，成功证明深度学习的应用潜力之时，国内创业力量尚在彷徨寻路，未能聚成合力；普罗大众对人工智能即将爆发的趋势感知尚浅，但风险资本却已蠢蠢欲动进行小额试水。随着两年后李克强总理在夏季达沃斯论坛上首次提出"大众创业、万众创新"，全国掀起了以人工智能为重点方向的双创热潮，各路风险资本蜂拥而至，各类创新孵化器和产业园区蓬勃开工，资本热情被全面点燃。

据亿欧智库《2018 中国人工智能投资市场研究报告》，2012—2018 年上半年间，中国私募股权投资市场中人工智能领域的参投机构达 818 家，总额达到 2 714.7 亿元，其中 2014、2015 两个年份出现同比 4 倍的大幅增长，广泛涵盖了 14 个一级行业、62 个二级行业，涉及计算机视觉、智能语音、数据挖掘等 13 项人工智能技术。从投资频数来看，2012 年全国人工智能私募股权投资仅 27 例，自此之后持续走高，至 2017 年已达到 352 例，五年间复合增长率达 67.1%。从投资行业来看，金融、汽车、安防、大健康和互联网服务为最热门的五大行业，其中

金融行业达 485 亿元、汽车行业 402 亿元、安防行业 252.9 亿元、大健康行业 241.2 亿元、互联网服务行业 202.9 亿元。商汤科技、旷视科技、今日头条等一大批新兴人工智能企业快速崛起。

据清华大学《中国人工智能发展报告 2018》显示，2017年，我国人工智能市场规模已达到 237.4 亿元，单年度投融资总额突破 277 亿美元，占据全球融资总额的 70％，我国已成为全球人工智能投资热情最为高涨的国家。并且，随着人工智能各项技术的不断成熟以及各类应用场景的落地，人工智能的商业价值得到了充分体现，资本热情和规模呈现继续上涨的趋势。不可否认的是，巨额资本的疯狂涌入一方面促进了新兴企业的快速发展和相关技术的加速突破转化，但也在一定程度上催生了资本泡沫和虚假繁荣，不乏"伪人工智能"的圈钱公司和急功近利的投机资本。但也应看到，中国的人工智能并未因资本利益的驱使畸形发展，而是正在逐步回归理性，进行自发的去伪存真，保持了良好且强劲的发展势头。因此，接受着如此热情的资本灌溉的中国人工智能，值得我们期待。

类脑智能助力，中国人工智能加速突破

当前，以传统冯·诺依曼架构为基础、以数据模型学习驱动的人工智能技术路径正面临着严峻考验，即需要海量数据和高质量标注，自适应能力弱、计算资源消耗大、分析推理能力

不足对于非结构化数据的处理产生困难。而人工智能的另一技术路径——以认知仿生驱动的类脑智能则可以充分克服数据智能的局限和不足。类脑智能的发展目标是在结构层次上模仿脑、在器件层次上逼近脑、在功能层次上超过脑，因此也被寄希望成为能够完成自主学习、记忆、推理、感知、决策、多任务处理的通用人工智能技术方案。而中国在类脑智能领域具有三大优势，若能得以充分发挥，或将成为中国人工智能实现换道超车甚至与其他国家拉开代差的有效技术路径。

一是中国拥有种类丰富的灵长类动物资源。脑科学基础研究是驱动类脑计算创新发展的源头，对大脑生物学机理和运行机制的认识在一定程度上直接决定了类脑计算的发展上限。与传统开展脑科学研究采用的啮齿类动物脑组织相比，非人灵长类动物的脑组织结构与人脑更为相近，在大脑结构和认知机制等方面更为复杂和强大，是开展类脑智能研究的理想模型。而我国灵长类动物资源非常丰富，全国分布有 4 科 8 属 24 种共 45 亚种，约占世界非人灵长类物种的 10％，人工养殖存栏数达 30 余万只，我国已成为全球非人灵长类实验动物数量最多、规模最大的国家。这一优势为中国类脑人工智能的发展奠定了战略基础。

二是中国具备类脑智能研究的先发优势。与以数据驱动的人工智能技术路径相比，中国对于类脑智能的研究不但开始时间早，而且布局广泛，进展显著。从 2014 年起，中国科学院计算机研究所、清华大学、北京大学等多所高校和研究机构便陆续设立脑科学与类脑智能研究中心。自 2016 年《"十三五"国家科技创新规划》和《"十三五"国家信息化规划》提出加强类脑计算领域前沿技术布局，以类脑计算与脑机智能、脑重大疾病诊治为两翼，搭建关键技术平台，抢占脑科学前沿研究制高点之后，中国在类脑研究领域的布局愈加深入，先后于 2017 年成立了首个类脑智能技术及应用国家工程实验室、2018 年成立了北京脑科学与类脑研究中心以及上海脑科学与类脑研究中心。目前，我国在类脑智能领域的研究硕果累累：清华大学类脑计算研究中心研发出具有自主知识产权的类脑芯片，完全弃用了传统的冯·诺依曼架构，实现了基于 1 024 个氧化物忆阻器阵列的类脑计算，功耗则低于传统芯片的千分之一；中国科学院自动化研究所开发出具备哺乳动物脑模拟的能力的类脑认知引擎平台，并在智能机器人上实现了多感觉融合、类脑学习与决策等多种应用，以及开发出全球首个以类脑方式通过镜像测试的机器人等，引起了全球类脑研究界的高度关注。

三是中国具备达到世界尖端水平的大脑成像技术。对大脑认知机制进行探究的关键在于对脑连接进行清晰成像。尽管磁共振成像（MRI）技术在宏观层面上极大地提高了人们对脑连接的认识，但更进一步的认知机制研究则需要从中观尺度了解大脑中单个神经元的连接网络，而在这一领域中国则具备独有优势——这得益于华中科技大学骆清铭团队的研究成果"显微光学切片断层成像技术"（MOST）。MOST 系统是一种适用于大样本的高分辨率、高通量的三维显微光学成像的系列技术，它在世界上率先实现了单神经元分辨水平全脑神经结构的精准成像。2016 年，骆清铭团队发布了一种名为"全脑定位系统"（brain-wide positioning system，BPS）的全自动显微成像方法，可以在单细胞水平解析和定位全脑神经形态，成功绘制出全球最清晰的、包含小鼠大脑单个神经元的高分辨率全脑图谱。这一技术优势为类脑智能研究的不断深化提供了无限可能。

制度优势加持，中国人工智能动力强劲

中国政府从国家战略高度发展人工智能，各项措施激励有效、推进有力。犹如 20 世纪 50 年代苏联的"Sputnik Moment"（卫星时刻）激发了美国政府大力推动卫星研制一样，2016 年 AlphaGo 的横空出世也同样刺激了中国政府的敏感神经。在两年多的时间内，中国政府密集出台了以人工智能为焦点的《"十三五"国家科技创新规划》《新一代人工智能发展规划》《促进新一代人工智能产业发展三年行动计划（2018—2020 年)》等多项顶层战略文件，通过部门间协调、政府资助研发、支持劳动力发展以及国际合作等高层次政策推动人工智能技术和产业发展。与西方国家的政府和政党体制不同，中国政府和中国共产党拥有高度的组织性、坚实的民意基础和强大的资源协调能力，能够最大限度地汇聚民族的强大凝聚力和发挥强大的行动能力。尤其对于人工智能这类高风险、长周期的科技产业项目，中国政府资金的长期支持相当于为该行业注入了一剂强心针，且中国政府可以以支持人工智能研发的财政和税收激励政策——包

括工业结构调整和升级基金、中央基础设施预算、中央科技融资、企业研究开发费用税前加计扣除及重大技术装备保险补偿等形式——让私营部门在研究开发时轻装上路，解决其后顾之忧。与此同时，随着中国经济的不断发展和产业转型，尤其得益于中国政府在人工智能领域给予的强力支持，中国已经从人才输出国向人才引力场转变。配合着中国政府推出的多项海外高科技人才引智计划，中国迸发出愈发强烈的国际人才吸引力，新增人工智能行业研究者和创业者中具有留学背景的人才数量正不断上升，为中国人工智能的发展提供了强劲动力。

此外，人工智能发展不可回避的问题就是其技术和产业进步将对社会多个方面产生变革性的深远影响，对现有的社会运行规则形成挑战。因此，推动人工智能发展最为紧迫的问题就是前瞻性地做好伦理规范和建立完备的法律框架。这一问题已得到中国政府的高度重视。2019年1月，中国国家主席习近平就在省部级主要领导干部坚持底线思维着力防范化解重大风险专题研讨班上明确指出，科技领域安全是国家安全的重要组成部分，要强化国家战略科技力量和加快科技安全预警监测体系建设，围绕人工智能、自动驾驶、服务机器人等领域，加快推进相关立法工作。目前，无论是各级政府，还是科研界、学术界以及产业界，都在广泛探讨涉及隐私保护、责任认定、技术开发、项目管理、使用场景等方面的伦理规范和法律准则，并在国际社会积极发声，促进人工智能技术的和平、全面与可持续发展。

第十一章

专家视角：人工智能时代的机遇与挑战

当前，人工智能商业化应用加速落地，不断渗透至生产生活的各个领域，给政治、经济、军事、教育等各领域带来变革。如何利用人工智能技术，实现科技进步、产业升级、经济快速发展，成为当前中国各级政府关切之所在。人工智能的发展不会一帆风顺，技术进展缓慢、伦理道德冲击、根技术储备不足、应用不满足实际需求等，都将给中国人工智能的发展带来挑战。为更好地服务于中国社会经济发展，利用人工智能技术推动两个一百年奋斗目标的实现，2018 年 10 月 18 日，由国务院发展研究中心国际技术经济研究所（IITE）与《环球财经》杂志举办的"中国人工智能未来发展的挑战与机遇"研讨会在北京召开[①]。以下内容基于与会专家在会上的发言整理而成。

刘海滨：应加大对人工智能基础理论的探索

（中国航天系统科学与工程研究院总工程师）

◎ 新一代人工智能勃兴的两个标志

自 1956 年达特茅斯学院约翰·麦卡锡博士提出人工智能这一概念以来，人工智能迄今已有 60 多年的发展历史。笔者在 20 世纪 90 年代出国留学时，正好赶上人工智能发展的热潮，博士

---

① 本章节选自《环球财经》杂志 2018 年第 11 期。《环球财经》创办于 2001 年 4 月，是由国务院发展研究中心主管、国际技术经济研究所主办的大型高端财经月刊。

论文做的就是人工神经网络研究，并且获得了美国人工智能学会颁发的研究理论创新奖。

在过去 60 多年中，人工智能的发展经历了三次起落。近年来出现勃兴，被称为"新一代人工智能"。"新一代"有两个标志，一是 2006 年 7 月加拿大多伦多大学杰弗里·辛顿教授在《科学》（Science）上发表有关深度学习算法相关理论的论文。在笔者留学时期，辛顿教授就已经与他人合作，开始了对 PDP 的研究，在关于并行处理、人工神经网络以及学习算法方面做了很多工作，一直坚持在人工神经网络、人工智能领域的研究和探索，培养了一批学生。第二个标志是在 2016 年 3 月，AlphaGo 战胜人类围棋世界冠军李世石，引发了轰动效应，继而引发了人工智能发展的高潮。从 2006 年到 2016 年，"新一代人工智能"发展经历了 10 年的时间，才有了如今人工智能普及发展的勃兴局面。

我认为，人工智能的勃兴主要有三个方面的原因。第一是深度学习算法的应用。第二是硬件资源的强力支撑。这两个代表了计算能力的大大提高和存储能力的大大增强。第三是大数据技术的成熟，这是"旧人工智能"时代特别是神经网络应用时代所达不到的。

新一轮人工智能的勃兴，以深度学习的应用为代表，引起了各国的广泛重视和相关产业的发展。在当前人工智能顶级会议中，有一个特点：60％的论文作者是华人，工业界出现的众多公司中也有很多来自中国。人工智能发展的核心，在技术层面分为框架层、算法层和通用技术层。此外，数据资源对人工智能的发展也尤为重要，这是我国人工智能发展优势比较突出的领域，BAT（百度、阿里巴巴、腾讯）都拥有巨大的数据资源优势，这与我国互联网企业的发展相关。人工智能的发展在应用层面包括了机器人、无人机、自动驾驶、可穿戴设备以及虚拟客服、商业智能等相关领域，很多企业特别是创新型企业在这些领域做了大量的工作。

◎ 中美两国的人工智能国家发展战略

美国提出国家人工智能战略发展计划，对人工智能研发进行长期投资。这是美国的一贯做法，虽然每次投资强度不大，但是一个持续投入的过程。60 多年来，美国一直在发展人工智能相关产业，并为应对人工智能引发的伦理、法律和社会影响做出安排。与我国多为具体项目和计划不同，美国的产业政策偏宏观，从不同产业发展，到人工智能安全性、标准、规范及人才、法律、伦理等方面，均有涉及，具有较强的参考性。

2018 年 9 月，美国国防部宣布，在未来五年内投资 20 亿美元用于人工智能研发，开发能够学习并适应不断变化的环境的机器。投资重点主要在三个方面：第一是网络安全；第二是检测人工智能生成的虚假视频、音频；第三是针对人机交互的人机共生项目，就是人和机器如何协调共处。在美国联邦政府用于研究和发展预算的优先级中，人工智能排在第二位，位居美国制造业、太空探索、医疗创新等领域之上。

中国在人工智能发展战略方面，以 2015 年 5 月"中国制造 2025"提出智能制造是中国制造的主攻方向为标志。当时，人工智能的概念还不是很明朗。到 2016 年 5 月，在 AlphaGo 引发的轰动效应之后，我国印发了《"互联网＋"人工智能三年行动实施方案》。在 2015 年 7 月、9 月及 2016 年连续推出多项有关人工智能的政策，包括《"十三五"国家科技创新规划》，以及发改委办公厅提出的人工智能专项建设内容，等等。2017 年，《新一代人工智能发展规划》在党的十九大前正式推出。

我国人工智能发展的总体目标分三步走。一是到 2020 年，人工智能总体技术和应用与世界先进水平同步，人工智能产业成为新的重要经济增长点，人工智能技术应用成为改善民生的新途径，有力支撑进入创新型国家行列和实现全面建成小康社会的奋斗目标。二是到 2025 年，人工智能基础理论实现重大突破，部分技术与应用达到世界领先水平，人工智能成为带动我国产业升级和经济转型的主要动力，智能社会建设取得积极进展。三是到 2030 年，人工智能理论、技术和应用总体达到世界领先水平，成为世界主要人工智能创新中心，智能经济、智能社会取得明显成效，为跻身创新型国家前列和经济强国奠定重要基础。同时，我国还提出了人工智能科技创新体系的五大平台、八大理论和八大技术。从理论基础研究到应用，再到示范区的建设等，我国人工智能发展规划得较为全面。

同时，我们还要通过人工智能促进高端高效的智能经济发展，这主要包含四个方面：第一就是大力发展人工智能新兴产业，包括智能软硬件、智能机器人、智能运载工具、虚拟现实与增强现实、智能终端、物联网基础器件。第二是加快推进产业智能化升级，包括智能制造、智能农业、智能物流、智能金融、智能商务等。第三是大力发展智能企业，通过智能化促进智能工厂、人工智能产业领军企业的发展。第四是打造人工智能创新高地，包括人工智能创新应用试点示范、国家人工智能产业园、国家人工智能众创基地。

◎ 人工智能引领产业革命

新一轮人工智能的勃兴，具有如下几个新的特点：一是从人工知识表达到大数据驱动的知识学习技术。二是从追求智能机器到高水平人机、脑机相互协同的融合。三是从分类推理处理的界面到跨媒体的认知、学习和推理。四是从聚焦个体智能到聚焦基于互联网和大数据的群体智能，把更多的人的智能聚集结合起来，变成群体智能。五是从拟人化的机器人转向更加广阔的智能自主系统，如智能工厂、智能无人机系统等。所以，我们认为，人工智能将逐步发展成为新一轮科技革命的引擎。在人工智能领域，我国与世界发达国家的进展基本同步，完全有能力跻身新工业革命的前列。

当前，我们的薄弱环节主要在基础理论和创新方面，我们仍然是一个追随者，不完全是一个创新突破的国家。我国必须把握国际人工智能发展趋势，把人工智能技术与产业升级改造有机地结合起来，给新时代经济发展注入智能化的新动力。新的产业革命主要由大的创新型企业推动，如谷歌在智能语义、自动驾驶、机器学习等领域，Facebook 的 Deepface 等，百度在无人驾驶、智能机器人等领域，苹果在汽车、Siri 等领域，IBM 在 Waston 及类人脑芯片 TrueNorth 等方面开展的技术应用和研究，其中不乏开创性的应用布局。

◎ **人工智能的重点发展领域**

我们认为，农业是人工智能可以大力施展拳脚的领域，包括农业的智能生产、智能农机装备等。我国在多个规划中曾提到的农业智能化，目前尚处于起步阶段，未来发展前景很大。

在工业方面，制造业、工业机器人和智能家居是最受关注的。目前，全国有超过 800 家工业机器人企业，但其产业体系尚待完善，规模化生产水平较低。但是，高端数控机床是我们一个很重要的研究领域，因为高端数控机床的技术核心是数控系统，目前领先的是德国和日本，我们亟待赶上。

在交通运输业方面，当前对智能汽车、智能物流的研究与应用较多，但是对智能船舶和智能航空航天设备还需要重点关注。商业航天、深空探测的智能化发展（如智能化探月车）还有很大的发展空间。

在社会服务与保障方面，目前最受关注的是医疗领域，这一领域成果也比较显著。但是，在智慧医院、人工智能治疗设备、医药监管和流行病智能监测等方面还需要进行深入研究和应用，包括养老、智能健康、健康管理可穿戴设备等。

此外，公共安全方面使用人工智能较多，资源投入较大，很多创新型公司在这方面做了大量工作。但在食品安全和自然灾害防护上，如何提高智能化水平，还需要大量研究。此外，电商和教育领域也是社会资本追逐的热点。

◎ 对于未来人工智能发展的思考和建议

我认为，人工智能未来发展的核心是理论方面的创新和突破。深度学习本质上是人工神经网络的重大发展，它包含了两个创新：第一，是网络结构上，由三层结构发展至多层结构；第二，是算法方面，以 BP 算法为基础，建立了各种类型的算法，如卷积神经网络等。BP 算法在 20 世纪 80 年代就有很好的应用，此后，AlphaGo、ImageNet 等的应用掀起了目前人工智能的新一轮研究热潮。这主要得益于计算机硬件，如 GPU 等技术的发展。

相较于人类发现飞行的原理，目前人工智能研究还没有找到智能原理，还处于黑盒子状态。大家知道，正是由于飞行原理的伯努利方程的发现，我们建造的飞行器性能才大大超越了目前地球上所有能飞行的生物的性能。但是，目前人工智能研究在学习机理、结构、构造等基础理论方面，还没有多大的创新和进展。我们一是需要在人工神经网络结构上进行创新，比如改变层次结构为"场"（人工神经场）结构，将量子力学和神经网络结合等；二是在算法方面，在机器学习机理上进行创新，能够用非线性数学理论建立可证明的数学模型等；三是应加大投入，认真研究人工智能发展历史中的一些经典理论模型（如 McCulloch 和 Pitts 的神经元模型、Hodgkin 和 Huxley 的神经生理学模型等），融合生理学、脑科学、认知科学等最新的研究成果，突破现有的条条框框，开展多学科交叉和融合的研究。

曾毅：关于类脑人工智能及其伦理的思考

（中国科学院自动化研究所研究员）

◎ 智能数据分析与真正意义的人工智能存在本质区别

关于媒体上流行的产业驱动的人工智能故事，大家都听过非常多了，我对它的总结是：当前几乎所有这些工作，准确地说叫作基于数据的人工智能（data-based artificial intelligence），简称数据智能。因为，这些工作是基于大规模数据，找到一个合适的数学函数来拟合数据，产生拟定的预期。如 AlphaGo，如果反问：通过 AlphaGo 一系列的工作，我们对人类的决策机制有了哪些新的认识？其实是几乎没有的。因此，基于数据构建的看似智能的模型，其实质只是信息处理，是大规模的数据分析，与"智能"的本质无关。

但是，我相信未来的人工智能是向机制智能发展的。我们称之为"基于机制的人工智能"（mechanism-based artificial intelligence）。也就是说，我们真正需要追寻的是生物智能的本质。对于任意一项认知功能，包括对人脑如何去协调数百项的认知功能去解决没见过的问题的探索，都是在回答它的科学本质是什么。

人工智能研究从开始至今不过短短几十年，而真正人类的智能已经经过了数亿年的演化，在演化过程中通过基因突变等获得了不同的尝试，生成了不同物种的脑。为什么数亿年的演化，把人脑塑造成这样，而不是果蝇或者小鼠的样子？人脑又有什么样的优势？我们做的工作是从不同类型物种的大脑的建模开始，从中抽象出认知结构与机理，然后应用到机器智能当中去。

数亿年的演化使得人类大脑把人体系统的结构和机制有机地组合起来，使得人体系统表现出更好的鲁棒性和抗噪能力。在目前最理想的状况下，深度学习系统在有足够多的数据训练，并且测试数据与训练数据都理想的状况下，能够获得与人类大脑同等水平的鲁棒性和抗噪能力。但是，在任何客观的现实世界中，理想的状态都不存在。脑结构与机制的结合使得高度鲁棒性和抗噪性可以从我们构建的类脑模型中涌现出来，这并非特定的函数设计所能实现的。

人类显然有很强的决策能力。人的决策是通过若干脑区的协同来实现的。我们把这样的决策模型放到无人机、机器人等不同平台上，使得无人机等学会自主避障、自主穿越复杂场景。所有的规则都是在线学习的，机器人学习的速度刚开始跟人类似，后面则比人快，因为其计算能力比人强。把同样的模型用到机器人上，让它去理解人类的意图等不同的应用，其实都只是类脑人工智能在狭义人工智能中的一些进展。目前正在探索的问题，就是如何使得模型变得通用。比如，谷歌 DeepMind 提出的模型，它希望一种网络可以应对多个任务。可问题是：当它学习第二个任务的时候，第一个任务的性能也会下降，如果它还想同时完成第一个任务的话，第二个任务也不能得到最好应对。这都不是人类智能的特点。人脑至少可以分成近 250 个脑区。这些脑区是自组织协同的，可以去应对不同的任务，也就是说，人脑的自组织原理才是最重要的。

　　人类的认知功能至少有 150 项，到目前为止，全世界的人工智能顶多挑战了其中的 30 项，剩余的绝大多数很少有人去研究，比如说意识的问题。在神经科学领域，可以通过 2～5 周的训练使得以往被认为没有自我意识的恒河猴通过镜像测试，从而被认为涌现出了自我意识。在这样的实验的启发下，我们构建了猴脑的点神经元脉冲神经网络模型，该模型具有 363 个脑区。应用近似猴脑的计算模型以及相关的训练实验，机器人通过了镜像测试。目前，虽然机器人可以通过镜像测试，但问题是，我们能说机器人有了自我意识吗？我们可以说，猴子通过了镜像测试，所以我们认为这个物种有自我意识；但反过来，机器人通过了能够说明吗？实际上不行。所以，现在我们的结论是：一个不具备人类认为的意识能力的机器人，它也能通过镜像测试。因此，传统镜像测试判断物种是否具有自我意识的假设实际上是不严谨的。实现机器的自我意识是我们重要的努力方向，很显然这还只是初步自我感知的开始。总体而言，我们希望未来能通过计算建模来发现智能演化的规律，预测智能演化的趋势，并应用到未来人工智能模型的自主智能演化上。

◎ 探索未来智能的两个方向

当前我们在智能的探索上做了两个方向上的努力，一个是从机器向拟人化发展，一个是从人类向机械化方向发展，扩展人类的智能。一方面，机器的拟人化（humanization）使得机器越来越像人，使它能够与未来的人类更好地交互。另一方面，人类也在通过延展认知能力提升着自身，所以这部分工作叫作mechanization，就是机械化。未来人工智能的发展就是从上述两个方向逼近，向具有意识的超级智能生命体发展。

两个方向需要回答的科学问题出发点是不一样的。从机器智能的角度出发，我们需要回答它们到底是谁、我们到底怎么构建一个具有智能的生命的问题。从人类的角度出发，问题是我们人的大脑是怎么工作的、我们是谁。未来，有意识的超级智能生命体的发展不是割裂的，不是两个方向无关的努力，而是两个方向朝着统一的目标深度融合探索的未来。

◎ 我国的人工智能社会伦理问题研究亟待加强

未来的超级智能体很显然会超越现代人类智力水平，其风险和伦理问题将是非常关键的一环。我国已采取很多举措，《新一代人工智能发展规划》中也对人工智能的社会风险与伦理高度关注。但必须承认，我国在这方面的研究仍然是落后的。

现在的人工智能发展，看上去如火如荼，但实际上往哪个方向走才是正确的道路大家并不确定。是否走了弯路，是否出现方向错误，决定了一个国家未来的人工智能是不是真正能够发展好。如果做的根本不是人工智能，而是看似智能的大数据分析、大规模信息处理，那我们就应该老老实实地讲和做这件事情，而不是去冒充人工智能，否则的话，会对我国人工智能的科学发展造成本质干扰和深远影响。

另一件让人担心的事，是在 2018 年 9 月新加坡政府未来战略研究中心与剑桥大学合办的人工智能未来论坛上，一位美国投资人做报告时说，她在乌镇智库的大会上与我国人工智能相关企业负责人交流时，发现他们几乎没有表现出对人工智能风险与伦理问题的太多实质的考虑，这让当时大多数与会人员相当吃惊。我当即回答，中国的新一代人工智能发展不可能容忍国家的人工智能平台对未来社会的影响不做深度战略思考。这位投资人说的情况反映出来一个现实问题，就是我国人工智能从业人员在对人工智能潜在的社会风险与伦理问题以及对未来治理方面的考虑与国际社会是有距离的。如果未来我们在人工智能风险与伦理领域仅仅是跟随研究，将会非常被动和麻烦，由此可能产生的对社会负面影响也将很难估量。

举两个例子来看从技术角度对安全、伦理问题进行考虑的必要性。现在深度学习模型在产业界当中运用得已经非常普遍，但现实是，一张飞机的图片，当其中一个关键像素被改变时，深度学习模型把它识别成了狗；一张青蛙的图片，当其中一个关键像素被改变时，深度学习模型认为这是一辆卡车……试想，当未来大规模的视觉监控系统甚至是机器警察在马路上开展监控任务时，发现一个三岁的小孩手里拿着一只乌龟，这时候有一张白纸片恰好落到合适的位置上，深度学习系统认为小孩拿着的是一把枪，那时技术决策和真实场景之间的差异又会引起什么样的潜在风险？这样一个设想值得我们去深度思考现有人工智能模型的安全性和透明性。

有些人认为，有意识的人工智能是一件非常危险的事情，但我的看法是：没有一定程度自我意识的智能模型才是最危险的。因为具有自我意识的类脑模型具有自我识别的能力、拥有动机与价值观的能力、区分自己和他人的能力、看待他人和看待自己一样的能力，以及与他人共情的能力。机器人如果不能识别自己、不能为他人建模，那么它为了完成任务就可以牺牲所有人类的意义，因为它根本不理解人类和它们之间的关系。德国哲学家托马斯·梅岑格（Thomas Metzinger）说，我们给机器人植入人工智能伦理只有一次机会，如果失败了，那么人类未来就会被颠覆了。我的观点是：如果采用植入的手段，则可能一次机会都没有！因为人工智能的模型可以演化，你可以植入，它就可以构建一个接口，使得你植入的部分被包围，未来这个被植入的部分就不能正常工作；并且它可以自组织出一个网络，在输入和输出的层面掩盖一切变化，使得判断模块仍在继续工作，但实际上从整体的模型角度，它已经不再符合人类的规定了。这就是我认为"一次机会都没有"的原因，这也是为什么我认为一个机器人应该具有揣测别人的思维、认知共情甚至情感共情的能力的原因。

每个国家、机构、企业不同的伦理法则版本，都是在阐述我们对人工智能伦理和准则的认识。包括未来生命研究所（Future of Life Institute，FLI）阿西洛马会议制订的 23 条原则，看上去覆盖得比较全面，但仍有很多重要的要素被遗漏。对未来超级智能体的规划与风险的评价是这些法则之间区别最明显的点，阿西洛马原则的领先性也由此显现。

与之相比，目前中国在人工智能伦理方面的研究存在如下问题：（1）缺乏相对全面和长远的考量，没有对全方位风险的预测。（2）中国准则如何与国际上各版本协同。大多数其他国家在做此类研究时，参与者至少有一半是人工智能从业人员，但是我国目前绝大多数人工智能伦理与治理的研究参与者没有人工智能的研究和行业背景。如果出现这样的情形：提出的伦理准则在技术上是不可行的，而伦理与治理研究人员对技术上的潜在风险又不理解，就会对未来社会形成潜在危险与严峻的挑战。

未来的人工智能发展，需要有正确的模型，以及在正确模型基础之上发展起来的伦理法则。最糟糕的情形是，我们现在的人工智能，看似是有智能的，但其实它自己也不知道自己在做什么，以及它会带来怎样的风险。诚然，就像人工智能系统不能依赖规则系统去罗列所有的规则一样，我们也不可能构建一个极其完善、没有任何漏洞的伦理准则。我们盼望的是，未来的人工智能系统构建于我们人类的智能之上，它的机制与人类是一致的，它从演化的角度可以出现更多的利他行为。如果它的模型是从人类基础之上发展起来的，那么它至少已经有了很多的利他行为基础及协同发展的动机。即便也还是会出现一些非预期状况，这恐怕也是发展人工智能最安全的途径之一。

汪玉：人工智能生态系统构建极为重要

（清华大学电子工程系副教授、党委副书记，

北京深鉴科技有限公司联合创始人）

◎ 人工智能产业趋势

在过去数十年间，有三个科技领域因为量的井喷而成为产业化聚焦点，一开始是互联网，接着是移动互联网，现在则是人工智能。虽然目前大家对人工智能的定义还不甚明晰，但无论何种智能，都需要一个物理的载体。目前对于这个载体的共识，仍然是芯片及运行芯片的软件系统。所以，当人工智能发展起来后，其所带来的对于硬件的需求量，会远远超过全球人口。这是因为，一开始的互联网，个人电脑（personal computer，PC）需要连线才能接到网络里，所以 PC 的数量不会超过全球人口；而在移动互联网端，目前全球手机的量已差不多接近或超过全球人口，这得益于中国的很多手机公司在印度、非洲、拉美等地区的大力推广。

随着芯片需求的暴增，我们面临的一个重大问题就是如何去定义人工智能芯片。这首先需要定义什么是人工智能。机器学习就是人工智能吗？好像不完全是。深度学习就更不完全是了。做芯片的人需要有一个清晰的软件和应用要求，这个清晰的软件和应用要求决定了硬件怎么去做。

当前最通用的一种做法，是用 CPU 或 GPU 去实现各种功能，因为它们（CPU 或 GPU）是一种通用处理器。而现在大家都在运用的深度学习，只是其中的一种算法，可以针对这个算法去做硬件加速器，这样深度学习某一项具体应用就可以用到更高效的专用芯片。在高效性和通用性之间任何一个点，可能都会有公司选择去做芯片，所以我们预计未来 5～10 年是一个应用驱动的片上系统时代。很多大公司会选择购买通用芯片，但同时也不会放弃做自己的芯片的权利。这是一个很明确的趋势，而在这样一个趋势下，生态系统的构建对人工智能行业极为关键。

比如，芯片从能用到好用，仍是远远不够的，因为再往后走，让大家喜欢用、离不开的是软件。而在这一块，中国与国际领先水平的差距比较大。CPU 我们也能做出来，可以做得很好，但为什么卖不出去？就是因为上层的基础软件和应用生态处于劣势。从显卡起步的英伟达公司做到了，它也就成功了，完成了从芯片公司到系统公司的转变。我所创业的深鉴科技之所以被赛灵思收购，也是因为赛灵思不希望只是做芯片，而是希望能够构造自己的生态和软件工具链，包括软硬件一体的解决方案，这正是深鉴科技的强项。收购了深鉴科技之后，赛灵思在人工智能或深度学习这个分支上就可以从最下面的芯片一直做到应用，而不是仅仅提供一个芯片。它可以为客户提供完整的解决方案，从而降低客户的使用门槛。

这一过程给我的感受是：当前的人工智能，并不是造出一个新的行业，而是一个外加（plus）的过程，即"人工智能＋"，这对传统的各个行业大概算是一个福音吧。

另外是如何让传统行业把人工智能运用起来，这非常关键。我做芯片后，越来越觉得不能仅仅从硬件平台的角度来推动整个行业和全社会的产业升级，更应该从应用驱动这个角度结合软硬件层技术去做，因为数据不可能在一家做算法的公司或做芯片的公司，只有做应用的人才掌握所有的数据。所以，做应用的公司未来将怎样整合数据、算法和计算平台，也是值得关注的产业趋势。

◎ 深鉴科技：一个中国企业如何进行全球化及打造吸引力的小微样本

在从研究到转化的过程中，我有两个体会非常深刻，一是高层次人才的稀缺，二是风投资本对创业公司的选择盲目跟风。深鉴科技的创始团队有四位成员，我和韩松是大学教授，单羿和姚颂当时是学生，我们是一个以技术为主的团队。在2015年年底我们准备融资时，以深度学习为主要原理的AlphaGo还没有"出来"，当时我们所接触到的国内风投资本没有一家能看懂我们在做什么，因此我们去了硅谷，在那里我们得到了金沙江创投的支持，拿到了第一笔融资。后来，国内的风投才陆续跟进。

深鉴科技发展的历程我不赘述，其实我们更多的是在经历一个全球化的过程，高科技行业往往需要依赖全球化的环境才能做到更优。所以在 2016 年世界顶级的深度学习会议 ICLR 上，我们发布了论文"Deep compression：compressing deep neural networks with pruning, trained quantization and huffman coding"，并和 DeepMind 一同获得最佳论文奖；在 FPGA 2017 大会上，我们的"ESE：efficient speech recognition engine with sparse LSTM on FPGA"被评为唯一的最佳论文。2016 年和 2018 年，我们的研究成果在 HotChips 发布，这也是一个工业界注重的国际会议。很少有初创公司能够像这样多次获得在全球顶级会议上分享的机会，我们也因此跟赛灵思、阿里、英伟达、三星、联发科等行业内顶级上下游公司建立了良好的沟通渠道。

另外，我们一直在关注两个应用领域：数据中心和辅助驾驶。举例来说，未来所有人的数据都在云上，所有的数据都放在 App 背后的数据中心，因此数据中心的竞争将会非常激烈。数据中心可用的芯片种类必将是非常非常多的，无疑，这将是人工智能领域的兵家必争之地。

深鉴和赛灵思的合作可以追溯到我 2007 年开始从事 FPGA 方向的研究。一直以来，我都在使用赛灵思的平台进行学校中的研究工作。2016 年公司成立伊始，我们就在硅谷与赛灵思建

立正式合作，到 A 轮的战略投资和后续共同商务拓展，再到
2018 年赛灵思收购深鉴科技，双方越走越近。收购完成后，赛
灵思也把他们完全独立的人工智能研发部门放到了中国，这是
体现"中国企业吸引力"的一个很好的案例。

◎ **对产学研深度结合发展的建议**

深鉴科技让我经历了从学术成果转换，到初创企业退出的
完整的过程。基于这个过程，我想对我国人工智能的研究发展
提出一些建议。

第一是人工智能的定义。应用其实有很多样，但到底什么
是智能？我们的环境是否能够鼓励这种多样化的研究？中国的
优势是集中力量办大事，但如果没有极宽泛的多样化基础，很
难有新的东西出来。

第二是深度学习与数据唇齿相依，而数据掌握在产业的手
里面，如何使产业能够和学校、研究机构充分合作，是一件非
常重要的事情。产业可以提需求，然后可以利用学校和研究所
里的"大脑"，但是学校和研究所的"大脑"需要数据资源。希
望有一套有效机制促进产学研的合作。

第三是不跟风。如今深度学习已经是十分热门的领域，现
在继续跟风没有什么好处。虽然现在在很多高规格的国际会议
上，中国学者发表的文章数量很大，但是研究领域集中度太高，
这是非常不好的现象。人工智能有那么多的研究方向，我们还
有很多该做的事情没有做。

第四是军民融合，军事上的智能和民用智能有本质上的差异，所有的应用环境都是不一样的。如何做针对性的研究，如何进行军民融合，也是我国人工智能研究发展的一个关键点。

此外是产业方面的建议。中国自改革开放以来，经济发展方式从 20 世纪 80 年代以贸易为主的发展，到 90 年代以房地产为基础的经济发展，再到 2000 年以后互联网和移动互联网模式的发展，未来，我们一定会进入以硬科技及核心技术来推动发展的时代。所以，首先，如何完善学校和研究机构的知识产权转化是非常关键的。我和团队在深鉴科技上取得的成功，其中一个重要条件是清华大学有明确的知识产权转化政策，比如怎么去分配知识产权、发明人能拿多少、谁来评估、评估过程等非常明晰，所以我才敢大胆地去做。

其次，对硬科技创新型小企业，需要不一样的扶植态度，这里不仅包括政府的扶植，还包括大企业对小企业的容忍度与合作。在深鉴科技成长的过程中，我们就切身感受到了非常大的压力。我们有没有可能真正积极地引导大型企业以产业合作的方式来帮助小公司成长？这可能和直接给钱一样有用。

再次是长期稳定的产业投资策略。人工智能本身就是长周期的项目，要真正做出与大脑类似的东西，需要十年甚至几十年持续的投入。产业资本、政府、研究机构能不能做到长期的稳定投入，也是至关重要的。

刘哲：伦理研究应与人工智能的技术发展相嵌融合

（北京大学哲学系副主任、长聘副教授）

◎ 把伦理研究嵌入技术设计之初

受国家标准化管理委员会和国家机器人标准化总体组委托，我主持了《中国机器人标准化白皮书》的制定工作。在研究过程中，我注意到其他国家（如英、美、日等国）出台的机构白皮书以及相关政府报告中，人工智能和机器人并不判然分离。在我国相关伦理标准规划中，这两个领域的伦理标准工作则是分别进行的。由于这两个领域伦理问题交集很多，我建议人工智能和机器人伦理标准工作能够协调合作进行，希望能够达成共识。

在人工智能和机器人伦理标准方面，我国的研究相对其他国家，包括日本、韩国在内，有一定程度的滞后。国际社会对中国相关科技发展缺乏伦理监管的诟病非常不利于我们的技术发展。我们可以仔细想想，在过去几十年的经济高速发展过程中，伦理和社会价值驱动并不是经济发展的根本增长模式。现在，当我们走到以硬科技作为平台来推动经济发展的阶段时，我们已经绕不开对伦理和社会价值驱动的研究。这些技术无论是在工业、民用还是军事领域使用，都涉及太多关于人的价值以及社会价值的问题。

之前我在参加一些座谈时，有个直观感受，即很多人倾向于把人工智能和机器人的监管治理委托给法律。然而，目前人工智能的概念还很模糊，包括产业的发展方向、技术发展的突破口都相当开放，没人可以准确预测下一步会发展成什么样。在这些新兴科技自身尚未获得充分认知，对个人和社会的冲击尚未成型的时候，讨论怎么立法、靠什么法律监管，这是根本无法做到的。法律规制具有一定的滞后性，当人工智能和机器人带来的现实问题还未出现的时候，是很难从法律方面进行监管的。从技术发展角度来说，当其引发的问题还没有出现的时候就立法，甚至很可能会直接扼杀对国家工业、军事、民生产生重要影响的技术突破，导致其无法继续发展。在这个背景下，人工智能和机器人伦理监管是各国正在普遍采取的一种策略。

从英美这些国家的做法来看，它们意图把伦理价值融入人工智能和机器人技术设计初期，而不是等事情发生了再去敲打。这种前瞻性的伦理路径是非常值得借鉴的。在我们思考技术发展的时候，应该把伦理价值关注转换成技术研发人员和工程师能懂的代码，在技术、产品设计的初期去实现。举个例子，在做《中国机器人标准化白皮书》的时候，我们看到有很多的论文来自荷兰的两个大学（TU Delft 和 University of Twente），但这两个大学在我们国内所熟知的传统哲学领域并没有非常显赫的声誉。让我们特别诧异的是，它们的工作非常深入和系统，它们把人工智能和机器人的伦理研究紧密地融入科技研发的平台上。后来，我们从国内科技界同人那里了解到，这两所大学都以机器人科技研发见长。它们的相关伦理研究并不是哲学系里一批人在单独工作，而是依托大学自身的技术工程背景进行跨学科整合。从技术发端之始，它们就进行着跨学科的团队合作，以此来推动伦理在科技创新中的深度融合。这对于我们未来产学研结构的调整是非常重要的启发。

◎ 人工智能和机器人领域的伦理难题

第一，对于工业机器人，大家首先关注的是它的安全问题。协作型机器人出现之前，发生过一些严重的机器人事故，各国都有。协作型机器人出现之后，大家更多关注的是其对就业岗位的冲击。但也有另一种声音，据国际机器人联合会（IFR）统计，机器人的确削减了很多就业岗位，但也增加了许多新兴岗位。美国的机器人和人工智能战略中，提出人力资源管理部门要形成新的培训体系，为新的岗位提供培训平台，这一点在应对人工智能和机器人带来的岗位冲击时至关重要。然而，要想让再次就业成为可能，就需要调整大学教育甚至中小学教育模式。就业人员的素质不是一两天就能够培训出来的，也不是单纯靠技术知识灌输就可以获得的。若此问题解决不好，人工智能和机器人的广泛应用对于中国就业就是刚性冲击，会导致大量失业的出现。

第二，在工厂和车间中，当机器人和人进行协作作业时，工人在生产流程中被安排在什么样的位置是非常重要的。可以设想，如果我们现在的这个会议是由机器人来指挥，我们要服从机器人的各种指令，人类会觉得自身的价值严重受损。所以，我们在设计人工智能和机器人时，还要充分考虑人自身的自我价值评价。

第三，当协作机器人大量进入工业生产中时，人与人之间的协作交流机会会大大减少，这容易造成很多人员心理方面的问题，也是需要我们重点考量的。

在医疗健康领域，情况更加复杂。有案例表明，IBM Watson 在通过大量扫描和解读医学影像后，给出的诊断结论和治疗建议可能与人类医生的结论相反。在中国本已异常复杂的医患关系现实下，如果出现这种问题，患者和医生应如何面对？如果由此出现治疗问题，到底是人工智能设备还是医院，抑或医生来承担责任？还是大家一起捆绑承担？这些问题都是我们在引入这类新兴技术的时候从一开始就要考虑的。

目前，保险业也开始对人工智能和机器人在医疗领域的应用产生兴趣，这将带来另外的风险。保险公司可能会在掌握医疗大数据（包括基因数据）基础上提高投保门槛，并对采取什么样的治疗方案进行相当深度的干预，这些是和整个行业的利益捆绑在一起的。

另外一类——医用机器人，比如现在很受欢迎的达·芬奇机器人，可以进行机器人手术治疗。在其官网上，我们能看到很多案例介绍。达·芬奇机器人的优势在于其精准度高、创口小和术后康复时间短。但由于每个患者个体差异非常大，机器人手术会面临出现在个别患者身上的复杂情况。在这样的复杂情况下，人类医生不得不介入，反而导致创伤面更大，康复过程更加复杂。这样的责任该由谁来承担？是机器人还是医生、医院、保险公司等？从表面来看，医疗技术的进步可能是患者的福音，但当我们真正介入行业的时候会发现，这里面其实还存在很多问题。我国医疗资源的分配本来就很不均衡，这种高科技医疗机器人的使用，是否会加剧既有的不平衡？

还有一些进入我们家庭生活的服务机器人，这些机器人在面对人类同时间多元需求时，无法区分需求的优先等级。设想正在陪伴孩子娱乐的机器人在接到孩子母亲要求做一些厨房家务的指令时，它将无法分配优先级并进行相应的回应。

还有日本在养老院推出的陪护机器人，最初设想是通过把机器人摆在桌上，唤起老人对机器人的关爱，从而引发老人彼此间的互动，以改变老人之间缺乏沟通的孤独、封闭状态。但实际上，这些陪护类机器人所面对的基本都是老人、儿童这类弱势群体，尤其是自闭症儿童，这类人群很容易形成对机器人和人工智能系统的单向情感绑定，这对于他们要更好地进行人类社会交流的目标而言是灾难性的。

再来讲讲军事机器人，近年来有关这类机器人的伦理讨论在国际上有很多。当机器人走上战场时，它们将如何区分平民和战斗人员？此外，如果把大量机器人派到战场上，这是否会大大降低发动战争的门槛，而并非减少战争？这对于国际政治秩序的冲击也将是非常大的。

　　实际上，今天很多人工智能和机器人技术研发是和社会的需求紧密相关的。比如护理机器人，因为在日本、北欧以及中国普遍出现的人口老龄化问题，导致我们不得不在此领域投入更多的力量来应对未来社会的潜在风险。再比如医疗领域，也和我们医护人员严重不足息息相关。在无人驾驶领域，产业界会说人类驾驶交通事故率较高，无人驾驶可以让交通变得更安全。实际上，用以规则为基础的方式为无人驾驶汽车嵌入一套道德法则是相当困难的。即便在人类社会中，我们的道德规则体系之间也常常相互冲突，这不仅包括两类现代伦理体系——义务论和后果主义这样的伦理原则冲突，也包括古典美德伦理和现代伦理的冲突；而且不仅涉及东西方文化差异，还涉及非洲和拉美这些地域的文化差异。如果人们在价值体系、所诉求的道德原则以及行为准则方面，均展示出巨大的文化差异，在这种情况下，应该为机器人嵌入什么样的伦理原则？由于今天社会国际化和流动性的增强，每个社会内部的伦理价值都是多元的。在这种情况下，谁有权决定哪一种伦理原则应该被嵌入？难道由科技公司巨头来为人类决定道德生活规制？再则，责任分配和归属也面临非常大的问题。不管采取什么样的伦理原则，一旦出现了交通事故，该由谁来承担责任？是制造商、驾驶员还是机器人系统本身？以上这些问题还仅仅是冰山一角。无论如何，人工智能和机器人产品带来的挑战和风险都是我们要去面对的。

◎ 英美的人工智能伦理研究

欧盟早在 2004 年就启动了对人工智能和机器人伦理问题的关注。英国议会的上院制订了一个雄心勃勃的计划，他们提出英国要在人工智能和机器人伦理方面成为国际领袖。由此，英国要引导和规划全球人工智能和机器人的使用和研发。作为 21 世纪的一项平台性技术，人工智能和机器人伦理标准对科研、产业方向布局都会产生重大的影响。目前，国际上，英国标准协会（BSI）和美国 IEEE 对人工智能和机器人伦理标准的研究和制定相对领先，研究投入高且持续性很强。英国标准协会以后果主义伦理的基本框架来制定标准，美国 IEEE 则试图遵循新亚里士多德主义的美德伦理框架，并在《人工智能设计的伦理准则》第二版中增加了大量的对印度、非洲、日本伦理传统的跨文化研究。其负责人约翰·海文斯（John Havens）在 2017 年第二版发布会上曾表示：随着我们日益意识到文化和伦理价值的多元性，我们必须要认识到针对新兴科技的伦理标准和价值需要达成国际性共识。

根据目前技术发展平台，各国推出的人工智能和机器人伦理标准还没有深入涉及具有完全道德自主性的人工智能和机器人系统。基于现在的技术发展以及可预见的未来，具有完全自主性的人工智能和机器人产品暂时不会出现，所以我所看到的各个标准也暂时未赋予机器人与人类同等的道德地位。

邓东灵：我们相信，量子人工智能将带来颠覆性的应用

（清华大学交叉信息研究院助理教授）

◎ 量子计算机正在迅猛发展

2018 年 6 月，美国通过《国家量子行动计划》法案，拟投入 13 亿美元，通过 10 年时间，加速美国的量子科学发展。除美国外，当前欧盟、澳大利亚、俄罗斯等国家和地区在量子信息领域都做了大量前期部署工作。2017 年以来，申请欧盟研究委员会（European Research Council，ERC）的量子项目急剧增多，这主要得益于量子计算机的迅猛发展。我国在这方面的部署也已卓有成效，涌现出一批优秀的科研成果。

有了量子计算机以后，用量子计算机做人工智能会是什么情况？这是一片亟待开垦的领域。

我们先了解一下什么是量子计算以及它为什么可以加速。《淮南子·说林训》中有一则寓言："杨子见逵路而哭之，为其可以南可以北。"大意是说，杨子听闻邻居的羊在道路分叉的地方走丢了，羊可能往南走也可能往北走，他不知道到底要往哪边去寻找，难过得哭了。在量子世界里，情况就不一样了：杨子可以把所有的路径叠加（superposition）起来，同时寻找。得益于量子叠加原理，量子计算自然而然地有着并行计算的特点。

　　在经典的计算机里，存储信息都是一个个 0 和 1 的数字串，n 个比特存储的信息只是一个数据。虽然有 2^n 种可能性，但只能存储其中一个数据，这是经典计算机的局限性所在。可是，量子计算就不一样了，量子可以叠加。大家可能都听过"薛定谔的猫"，在这个假想的实验中，在一个盒子里放一只猫及少量的放射性物质，之后，放射性物质有 50％ 的概率会衰变并释放毒气杀死这只猫，也有 50％ 的概率不衰变而猫将活下来。在经典物理中，盒子里必将发生这两个结果之一，猫非死即活。而在量子世界里，如果不打开盒子，里面的猫将处于既可以活也可以死的叠加状态。

　　依赖量子的叠加原理做一个量子计算机的话，它同样需要 0 和 1 来编码信息，但量子计算机编码的时候，0 和 1 可以处在叠加态。叠加起来的话，n 个量子比特可以把 2^n 的数据完全存下来，也就是量子计算机能够以指数的形式存储数据。而所谓的计算也就是信息的处理过程。在经典计算机中，如果用 n 个比特编码一个数据，那么每一次操作只对这一个数据进行了处理。而在量子计算中，n 个量子比特可以编码 2^n 个数据，这样一次操作就对 2^n 个数据同时进行了操作，也即量子计算机可以并行地做指数多个操作，从而实现非常惊人的加速。

◎ 量子人工智能的研究现状

　　如果用量子计算机研究人工智能，我们未必需要一个完全发展好的通用量子计算机，有时可能只需要一个具有特定功能的量子模拟器就行了。如人工智能里面一些优化问题可以用量子退火机（quantum annealer）来解决。

目前，学术界对量子人工智能尚没有明确的定义。在我看来，这可以从数据和算法到底是量子的还是经典的角度来考虑，只要数据或算法有一个是量子的。就可以属于量子人工智能的范畴。据最开始狭义的理解，量子人工智能主要是用量子算法解决一些经典的人工智能问题，这样数据是经典的，算法是量子的。但其实这只是一方面。另一方面，也可以用人工智能解决复杂的量子问题。量子的一些应用非常难，比如合成药品和处理各种化学反应，这些过程很难通过求解量子方程式来模拟，但我们可以用人工智能的方法来解决部分问题。再比如求解量子多体哈密顿量的基态能量问题，也可以借助人工智能的方法。最后还有一种情形，那就是：算法是量子的，数据也是量子的，但这一领域目前还没有实质性进展。我的研究组准备在这个未开垦的交叉领域做一些探索，它包括量子信息和计算、凝聚态物理和机器学习等。

在用量子算法解决一些经典的人工智能问题方面，清华大学交叉信息研究院段路明教授课题组提出了量子生成模型，是量子学习算法理论方面的一个突破。他们证明了量子生成模型，相比于经典生成模型，在表示能力、预测能力、学习能力三个方面，都可以有指数加速。这是一个很强的结果。目前，我们正在准备做实验来实现这个算法。

2018 年，我们也做了一个量子对抗神经网络的实验。对抗神经网络是机器学习的前沿热点问题，在机器学习会议上，大概有多于一半的论文都在讨论生成式对抗网络。2018 年，几个研究组做了一些工作，从理论上把生成式对抗网络推广到了量子，提出了量子生成对抗网络。这个模型也有可能做到指数级的加速。我与清华大学孙麓岩研究组及中科大邹长铃研究组合作，最先通过实验演示了量子对抗神经网络，表明从量子数据集中学习有用的信息是切实可行的。

在用机器学习、人工智能的方法解决量子多体问题方面，我们也做了一些工作，包括各种量子相的探测、量子相变的刻画等。还有就是用受限玻尔兹曼机表达量子态，这是 2017 年 Matthias Troyer 团队在《科学》杂志上引入的想法。我们在这个方向做了很多工作，包括怎么用神经网络表达拓扑量子态，以及神经网络态的一些量子纠缠特性等。反过来讲，现在人工智能很强大，但仍不能被理解，我们只是把它当成一个黑盒子。我们做这些研究，也是想从物理的角度理解为什么人工智能非常强大有效。我们发现，神经网络量子态的纠缠度可以非常大，这意味着它可以不受纠缠的限制。从这个角度讲，它为理解人工智能为什么有效提供了一个新的视角。2018 年，我还在《物理评论快报》（*Physical Review Letters*）上发了一篇论文，其中就涉及怎么用人工智能在多体量子系统中探测贝尔非定域性。

◎ 一边是"量子霸权"，一边是人才奇缺

展望未来，当下讨论比较多的是"量子霸权"。"量子霸

权"是什么意思？如果我们有一个量子计算机，当完全可操控的量子比特达到 70 多个的时候，这时有一些问题用经典计算机是完全没有办法解决的，哪怕是使用神威·太湖之光超级计算机。只有量子计算机能解决这些问题，这就是"量子霸权"。2017 年以来，量子计算机飞速发展。IBM 在2015—2016 年做出量子原型机时，只有四五个量子比特；如今，IBM 20 个比特左右的量子计算机都可以在线使用了。而 2018 年 3 月，谷歌宣布推出一款 72 个量子比特的通用量子计算机 Bristlecone，并实现低于 1% 的错误率。Bristlecone有望实现"量子霸权"。

今后，我们可能会进入一个量子大数据时代。我们现在是在经典大数据时代，今后量子仪器越用越多，我们也会积累越来越多的量子数据，到那时，人类如何从海量的量子数据中提取有用的信息，如何用量子大数据及量子算法来实现更强的人工智能，都是亟待研究的重要问题。现在大家说人工智能可能是第四次工业革命的原料，到了量子大数据时代，或许由量子人工智能引领的第五次工业革命就会到来。

传统人工智能的研究人才相比量子领域的还要多些。量子人工智能研究国内刚刚起步，人才基本没有，不是稀缺，而是奇缺。我希望国家尽早规划相关人才的培养以及布局相关研究，因为我们相信，量子人工智能确实能带来颠覆性的应用。

张涛：营造健康良好的人工智能产业环境

（华为产业战略与政策部高级产品经理）

◎ 当前人工智能的发展是全球产学研结合的结果

梳理我国人工智能独角兽企业近年发展脉络，可以发现典型的产学研结合的过程：人工智能四大独角兽企业（旷视科技、商汤科技、寒武纪、依图科技）的核心人员均有美国硅谷的背景，他们基于学术界的理论算法研究，借助美国本地基础训练数据库进行快速研究孵化，孵化完成后将算法带回国，在风险投资的助力下，快速进行产业化，并得到相应的财务回报。从这个过程中可以看到，与我国本土公司相比，这些人工智能公司得益于孵化过程中美国优于我国的产业环境。

从这些案例当中，我们总结了以下几点：

一是，美国在个人数据和隐私保护上做得比较好，包括未来将数据转移至云计算后的数据共享，美国已经有云计算服务相关的法规，对相关数据保护做了规定。二是，美国有良好的数据交换和分享机制，相对独立的第三方数据分享机制和公司实体对产业孵化有很强的促进作用，值得我们借鉴。三是，美国有合理的公共数据共享机制。

综合来看，美国明确了相关界限和规则，让相关人工智能企业在作为时能够有据可查、有法可依。这方面我们的法律法规还存在比较大的灰色空间。

◎ 我国人工智能发展两大挑战

一是人工智能对数据的巨大需求与个人隐私保护以及数据主权之间的矛盾。我们是全球最大的数字消费市场之一，但没有相应的隐私保护机制；我们有全产业链的生产制造体系，但很多核心生产设备还依赖进口。二是如何建立有效的数据交换和共享机制，推动人工智能产业的孵化和发展。

◎ 对我国人工智能发展的四点建议

一是明确数据主权和数据隐私保护，在进行相关规则制定时，要对产业链现状进行综合考量。

二是建立相应数据共享和交易机制。市场对数据有需求，但是没有相关数据交易规则，企业不敢去从事相关数据的交易，因为后果难以承担。

三是政府应考虑设定机制，将部分公共数据提供给产学研使用。因为中国与美国在算法上差别不太大，利用数据对算法进行不断训练，让人工智能产业尽快成熟，就非常重要。

四是政府应基于某些场景推动建立公共训练数据库。图像识别的快速孵化就是因为美国拥有公共的数据集供训练，国内初创公司依图、旷视都是在美国进行了初始的训练，然后在中国应用过程中不断地完善。我国也应该在众多行业领域逐步建立数据训练集。

整体来看,在人工智能发展前期,政府应以鼓励为主,不要设定太多限制。在发展过程中,我国应该坚持隐私保护、商业机密保护和数据安全的原则,同时防止发生数据垄断,保持数据存储中立性,并制定涵盖人工智能数据流通、共享和交易全流程的相关法规。

附录 A　人工智能领域新一代十大最具成长性技术展望（2018—2019 年）

当前，全球正在经历科技和产业高度耦合、深度叠加的新一轮变革。大数据的形成、理论算法的革新、计算能力的提升及网络设施的演进驱动人工智能进入新一轮创新发展高峰期。新技术持续获得突破性进展，呈现出深度学习、跨界融合、人机协同、群智开放、自主操控等以应用为导向的新特征。

基于 2018 世界机器人大会发布的《新一代人工智能领域十大最具成长性技术展望（2018—2019 年）》，我们遴选了十项最具特色的成长性技术。

1. 对抗性神经网络。对抗性神经网络指由一个不断产生数据的神经网络模块与一个持续判别所产生数据是否真实的神经网络模块组成的神经网络架构，创造出近似真实的原创图像、声音和文本数据的技术。

该技术有望大幅提升机器翻译、人脸识别、信息检索的精度和准确性，随着三维模型数据序列能力的提升，未来将在自动驾驶、安防监控等领域产生可观的应用价值。

2. 胶囊网络。指在深度神经网络中构建多层神经元模块，用以发现并存储物体详细空间位置和姿态等信息的技术。

该技术能使机器在样本数据较少的情形下，快速识别不同情境下的同一对象，在人脸识别、图像识别、字符识别等领域具有广阔的应用前景。

3. 云端人工智能。云端人工智能指将云计算的运作模式与人工智能深度融合，在云端集中使用和共享机器学习工具的技术。

该技术将庞大的人工智能运行成本转移到云平台，能够有效降低终端设备使用人工智能技术的门槛，有利于扩大用户群体，未来将广泛应用于医疗、制造、能源、教育等多个行业和领域。

4. 深度强化学习。深度强化学习指将深度神经网络和具有决策能力的强化学习相结合，通过端到端学习的方式实现感知、决策或感知决策一体化的技术。

该技术具有无需先验知识、网络结构复杂程度低、硬件资源需求少等特点，能够显著提升机器智能适应复杂环境的效率和韧性，将在智能制造、智能医疗、智能教育、智能驾驶等领域拥有广阔发展前景。

5. 智能脑机交互。智能脑机交互指通过在人脑神经与具有高生物相容性的外部设备间建立直接连接通路，实现神经系统和外部设备间信息交互与功能整合的技术。

该技术采用人工智能控制的脑机接口对人类大脑的工作状态进行准确分析，达到促进脑机智能融合的效果，使人类沟通交流的方式更为多元和高效，未来将广泛应用于临床康复、自动驾驶、航空航天等多个领域。

6. 对话式人工智能平台。对话式人工智能平台指融合语音识别、语义理解、自然语言处理、语音合成等多种解决方案，为开发者提供具备识别、理解及反馈能力的开放式平台的技术（见图 A-1）。

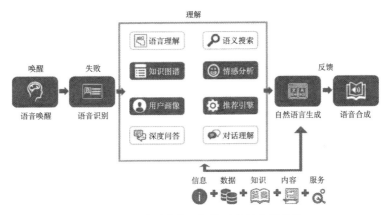

图 A-1　对话式人工智能平台的典型结构

该技术能够实现机器与人在对话服务场景中的自然交互，未来有望在智能可穿戴设备、智能家居、智能车载等多个领域得到大规模应用。

7. 情感智能。指利用人工智能手段模拟表情、语气、情感等类人化情绪响应，以打造具有情绪属性的虚拟形象的技术。

该技术可赋予机器设备更好的对人类情感的识别、理解和引导能力，为用户带来更具效率和人性化的交互体验，未来将在智能机器人、智能虚拟助手等领域得到更为频繁和深入的应用。

8. 神经形态计算。神经形态计算指仿真生物大脑神经系统，在芯片上模拟生物神经元、突触的功能及其网络组织方式，赋予机器感知和学习能力的技术。该技术的目标在于使机器具备类似生物大脑的低功耗、高效率、高容错等特性,将在智能驾驶、智能安防、智能搜索等领域拥有广阔应用前景。

9. 元学习。元学习是指将神经网络与人类注意机制相结合,构建通用算法模型,使机器智能具备快速自主学习能力的技术。该技术能够使机器智能真正实现自主编程,显著提升现有算法模型的效率与准确性,未来的进一步应用将成为促使人工智能从专用阶段迈向通用阶段的关键。

10. 量子神经网络。指采用量子器件搭建神经网络,优化神经网络结构和性能的技术。该技术充分利用了量子计算超高速、超并行、指数级容量的特点,有效缩短了神经网络的训练时间,未来将在人脸识别、图像识别、字符识别等领域具有重要的应用价值和广阔的前景。

附录 B 世界主要国家人工智能战略投资及推动力量

国别与地区	时间	政策/规划	推动力量	资金投入
美国	2015 年 10 月	《美国国家创新战略》	国家经济委员会和科技政策办公室	—
	2016 年 10 月	《为人工智能的未来做准备》	白宫科技政策办公室	—
	2016 年 10 月	《国家人工智能研究与发展战略计划》	国家预算办公室	—
	2016 年 12 月	《人工智能、自动化与经济》	人工智能特别委员会等	—
	2018 年 5 月	白宫人工智能峰会	—	—
	2019 年 2 月	《美国人工智能倡议》	—	—
中国	2015 年 5 月	《中国制造 2025》	国务院 科技部	—
	2016 年 8 月	《"十三五"国家科技创新规划》	人工智能规划推进办公室	—
	2017 年 7 月	《新一代人工智能发展规划》	人工智能战略咨询委员会等	—
日本	2015 年 1 月	《机器人新战略》	总务省 文部科学省	1 000 亿日元
	2016 年 7 月	《日本下一代人工智能促进战略》	经济产业省	—
	2017 年 3 月	《人工智能技术战略》	人工智能技术战略委员会等	924 亿日元

续前表

国别与地区	时间	政策/规划	推动力量	资金投入
印度	2018年6月	《国家人工智能战略》	中央部门成立人工智能小组	—
欧盟	2014年	《2014—2020欧洲机器人技术战略》	欧盟委员会	28亿欧元
	2018年4月	《人工智能合作宣言》	欧洲机器人技术平台等	92亿欧元
	2018年6月	"数字欧洲"项目		111亿欧元
德国	2014年	《新高科技战略》	联邦教育研究部	
	2018年7月	《联邦政府人工智能战略要点》	联邦政府内阁	150亿欧元
	2018年9月	《高科技战略2025》	联邦经济事务和能源部等	30亿欧元
	2018年11月	《德国联邦政府人工智能战略》		
法国	2013年	《法国机器人发展计划》	法国数字委员会	1 500万欧元
	2017年3月	《国家人工智能战略》	国家信息与自动化研究所	2 500万欧元
	2018年3月	《法国人工智能发展战略》	人工智能伦理委员会等	15亿欧元
英国	2016年10月	《机器人技术和人工智能》	英国人工智能理事会	
	2016年11月	《人工智能:未来决策面临的机会与影响》	国家人工智能研究中心	—
	2017年10月	《在英国发展人工智能》	工程和物理科学委员会	
	2018年4月	《人工智能行业新政》	开放数据研究所等	10亿欧元
	2018年4月	《产业战略:人工智能领域行动》		
韩国	2016年3月	人工智能"BRAIN"计划	韩国科技信通部	8.4亿美元
	2016年8月	九大国家战略项目	韩国电子通信研究院等	2.2万亿韩元
	2018年5月	《人工智能研发战略》		20亿美元

附录 C 人工智能领域核心专利

表 C-1 IBM 在人工智能领域的核心专利

专利号	标题	简单同族	价值（美元）	申请日	过期年
US9400608	Systems and methods for transformation of logical data objects for storage	7	1 026 万	2015 - 08 - 10	2030
US20180025127A1	Decision-support application and system for medical differential-diagnosis and treatment using a question-answering system	9	975 万	2017 - 09 - 26	2036
CA2717504C	Open architecture based domain dependent real time multi-lingual communication service	7	893 万	2009 - 03 - 10	2029
CN103563294B	用于云计算平台安全性的认证和授权方法	4	886 万	2012 - 06 - 26	2032
US20070186077A1	System and method for executing instructions utilizing a preferred slot alignment mechanism	9	883 万	2006 - 08 - 01	2022
US8782086	Updating dispersed storage network access control information	6	826 万	2010 - 04 - 14	2030
CN102341815B	使用记忆切换元件的具有尖峰—时间依赖塑性的电子学习突触	6	817 万	2010 - 04 - 09	2030
EP1320848B1	Eye gaze for contextual speech recognition	6	813 万	2001 - 09 - 13	2021
CN103703472B	用于确定视频中的对象的部位及相关属性的方法和系统	11	812 万	2011 - 07 - 27	2031
US9792059	Dynamic resource allocation for distributed cluster-storage network	5	805 万	2016 - 07 - 20	2032

表 C-2 微软在人工智能领域的核心专利

专利号	标题	简单同族	价值（美元）	申请日	过期年
EP1484893B1	Origination/destination features and lists for spam prevention	13	2 066 万	2004 - 05 - 21	2024
EP1494397B1	System and methods for determining the location dynamics of a portable computing device	10	1 970 万	2004 - 05 - 19	2024
EG25523A	A method of increasing sync rates between a client device and a server device the method comprising acts	18	1 922 万	2008 - 02 - 17	2025
US7904293	Sub-band voice codec with multi-stage codebooks and redundant coding	15	1 674 万	2007 - 10 - 09	2025
CA2471671C	A system and process for generating high dynamic range images from multiple exposures of a moving scene	9	1 608 万	2004 - 06 - 18	2024
CA2642529C	Efficient encoding of alternative graphic sets	11	1 513 万	2007 - 01 - 16	2027
CA2756046C	Intelligent tiers of backup data	8	1 503 万	2010 - 04 - 21	2030
CA2645969C	Creating host-level application-consistent backups of virtual machines	10	1 449 万	2007 - 02 - 15	2027
CA2742125C	Providing selected data through a locked display	7	1 395 万	2009 - 12 - 03	2029
US8630861	Mixed lossless audio compression	8	1 319 万	2012 - 01 - 30	2032

表 C - 3　　　　　谷歌在人工智能领域的核心专利

专利号	标题	简单同族	价值（美元）	申请日	过期年
KR101817822B1	Zone driving	25	2 937 万	2011 - 09 - 30	2031
US9842380	Digital mapping system	17	2 015 万	2011 - 08 - 31	2025
US20170070491A1	Authenticated session establishment	26	1 720 万	2016 - 11 - 18	2036
US20170263112A1	Smart-home device providing follow up communications to condition detection events	45	1 445 万	2017 - 05 - 26	2037
CN103761968B	具有并行识别任务的语音识别	13	1 339 万	2009 - 07 - 02	2029
EP3182408A1	Automatically monitoring for voice input based on context	8	1 306 万	2011 - 08 - 04	2031
KR101667006B1	Multi-dimensional disambiguation of voice commands	5	1 186 万	2010 - 09 - 08	2030
US9881608	Word-level correction of speech input	10	1 142 万	2017 - 05 - 30	2037
US9818399	Performing speech recognition over a network and using speech recognition results based on determining that a network connection exists	9	1 140 万	2016 - 05 - 23	2020
US8381189	Bug clearing house	10	1 073 万	2011 - 09 - 30	2031

表 C-4 百度在人工智能领域的核心专利

专利号	标题	简单同族	价值（美元）	申请日	过期年
US9865267	Communication method, apparatus and system based on voiceprint	3	211 万	2015 - 12 - 08	2035
CN103076892B	一种用于提供输入字符串所对应的输入候选项的方法与设备	4	209 万	2012 - 12 - 31	2032
US9760832	Method and apparatus for predicting based on multi-source heterogeneous data	4	181 万	2014 - 12 - 29	2034
US9792913	Voiceprint authentication method and apparatus	5	179 万	2015 - 12 - 23	2035
US20170169036A1	Method and device for inquiring map	5	109 万	2015 - 01 - 16	2034
US9396387	Image identification method and image identification device based on fingertip tracking	2	95 万	2014 - 12 - 16	2034
KR101726667B1	Grammar compiling methods, semantic parsing methods, devices, computer storage media, and apparatuses	3	95 万	2015 - 11 - 23	2035
US20170305546A1	Autonomous navigation method and system, and map modeling method and system	2	84 万	2014 - 12 - 10	2034
KR101768509B1	On-line voice translation Method and device	3	81 万	2015 - 11 - 20	2035
US20160094511A1	Method, device, computer storage medium, and apparatus for providing candidate words	3	80 万	2015 - 11 - 30	2035

表 C-5　　　　　　腾讯在人工智能领域的核心专利

专利号	标题	简单同族	价值（美元）	申请日	过期年
US20160275588A1	Method，device，and system for obtaining information based on audio input	9	843万	2016-05-31	2035
EP2696557B1	System and method for accessing third-party applications based on cloud platform	3	314万	2012-02-02	2032
CN103167395B	基于移动终端导航功能的照片定位方法和系统	4	282万	2011-12-08	2031
US9530045	Method，system and non-transitory computer storage medium for face detection	5	251万	2014-09-25	2033
US20170249502A1	Systems and methods for facial property identification	2	227万	2017-05-16	2033
RU2586010C2	Method and device for storing data using hashing	2	215万	2011-08-18	2031
US9149724	Network game system without dynamic obstructions and processing method thereof	4	188万	2013-11-11	2033
US9704485	Multimedia information retrieval method and electronic device	3	180万	2015-02-04	2033
KR101612199B1	Method and device for automatically playing expression on virtual image	5	177万	2014-01-16	2034
TWI519992B	登录验证方法以及系统、电脑存储介质	4	173万	2013-07-02	2033

表 C-6 阿里巴巴在人工智能领域的核心专利

专利号	标题	简单同族	价值（美元）	申请日	过期年
EP3223165A1	File processing method, system and server-clustered system for cloud storage	6	685万	2012-05-31	2032
HK1141103A1	Method and system for saving storage space of database	5	650万	2010-08-03	2030
EP2833324B1	Image quality analysis for searches	7	624万	2012-09-21	2032
HK1183357A1	Method for generating image index and device thereof	5	613万	2013-09-16	2033
TWI603206B	基于伺服器群集的资料处理方法和基于群集的资料处理系统	5	587万	2007-12-21	2027
US20170255646A1	Method and apparatus of recommending candidate terms based on geographical location	4	570万	2017-05-22	2032
TW201730803A	人机识别方法及系统	4	544万	2013-06-28	2033
US20170318010A1	Method and system for distinguishing humans from machines and for controlling access to network services	3	491万	2017-05-17	2033
US8744839	Recognition of target words using designated characteristic values	4	478万	2011-09-22	2031
US8671097	Method and system for log file analysis based on distributed computing network	3	447万	2007-09-29	2029

各章执笔人

第一章　宫学源（国际技术经济研究所）

第二章　宫学源（国际技术经济研究所）

第三章　宫学源（国际技术经济研究所）

第四章　张　宇　宫学源（国际技术经济研究所）

第五章　王　桓（中国电子学会）

第六章　王晓嫒（智慧芽）

第七章　张欢欢（国际技术经济研究所）

第八章　康　宸（国际技术经济研究所）

第九章　魏　莹（国际技术经济研究所）

第十章　肖　尧（国际技术经济研究所）

图书在版编目（CIP）数据

人工智能全球格局：未来趋势与中国位势/国务院发展研究中心国际技术经济研究所，中国电子学会，智慧芽著 . —北京：中国人民大学出版社，2019.9

ISBN 978-7-300-27393-8

Ⅰ.①人… Ⅱ.①国… ②中… ③智… Ⅲ.①人工智能－产业发展－世界 Ⅳ.①F49

中国版本图书馆 CIP 数据核字（2019）第 187910 号

人工智能全球格局

未来趋势与中国位势

国务院发展研究中心国际技术经济研究所

中国电子学会　　　　　　　　　　　著

智慧芽

Rengong Zhineng Quanqiu Geju

出版发行	中国人民大学出版社			
社　　址	北京中关村大街 31 号		邮政编码	100080
电　　话	010 - 62511242（总编室）		010 - 62511770（质管部）	
	010 - 82501766（邮购部）		010 - 62514148（门市部）	
	010 - 62515195（发行公司）		010 - 62515275（盗版举报）	
网　　址	http://www.crup.com.cn			
经　　销	新华书店			
印　　刷	德富泰（唐山）印务有限公司			
规　　格	148mm×210mm　32 开本	版　次	2019 年 9 月第 1 版	
印　　张	11.25 插页 2	印　次	2021 年 12 月第 4 次印刷	
字　　数	217 000	定　价	59.00 元	